朝貢貿易與仗劍經商

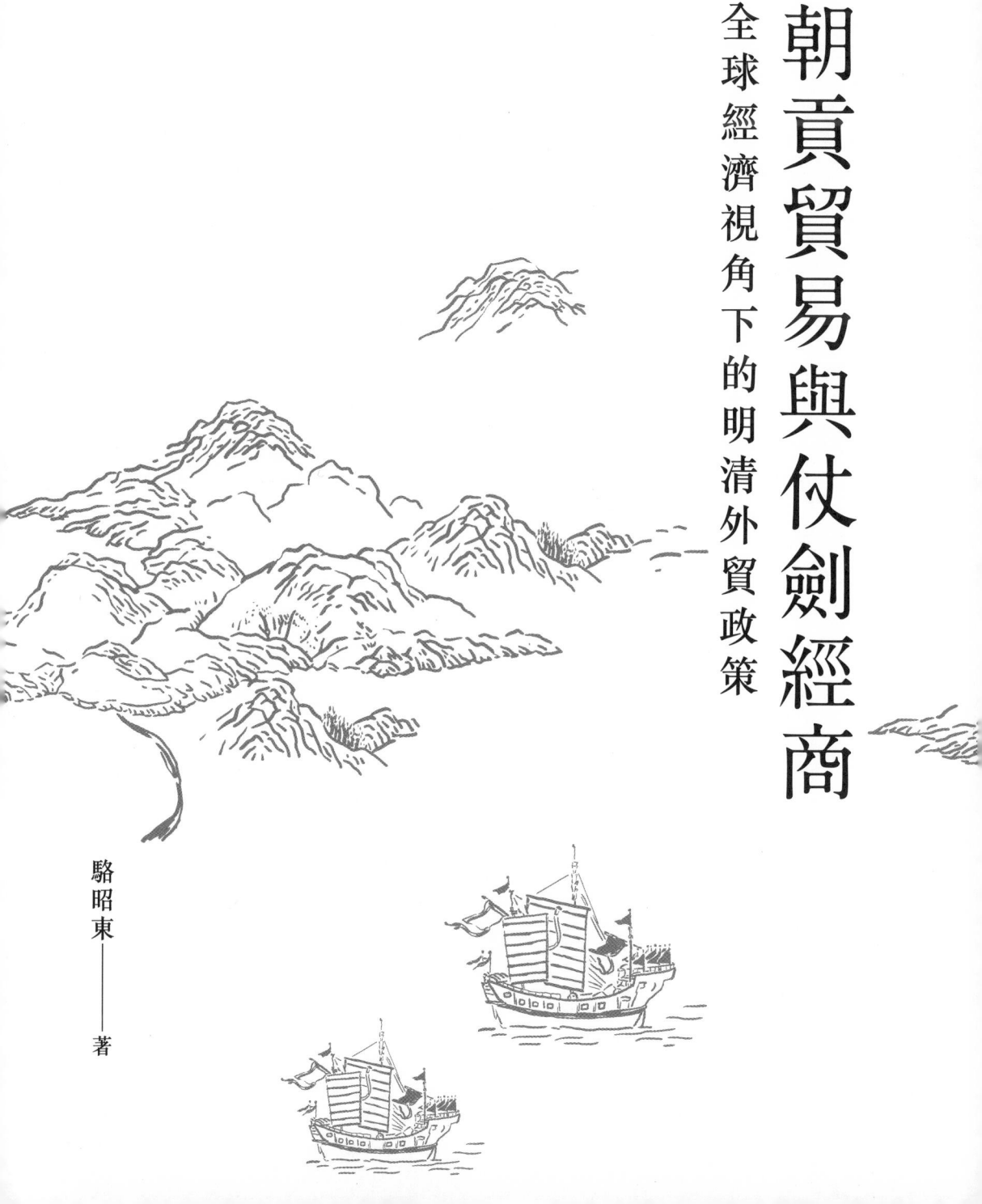

全球經濟視角下的明清外貿政策

駱昭東——著

前言

從大航海時代開始的經濟全球化，是人類歷史進程中最重要的現象之一；尤其是全球化中「國際貿易」的擴展，使得世界各民族各地區相互影響，並改變了整個世界的面貌。歐洲國家的國際貿易擴展到非洲、美洲和亞洲。歐洲、美洲和非洲之間形成了繁榮的大西洋三角貿易；歐洲將手工業品運到非洲，非洲將奴隸運到美洲，美洲為歐洲提供農礦產品和工業原料。同時，歐亞之間大規模海上貿易開始發展，美洲大陸與中國之間形成了馬尼拉大帆船貿易，美洲金銀的開採解決了歐亞貿易支付問題，隨著美洲金銀的流動，亞洲的棉紡織品、絲綢和瓷器等流向歐洲。

在全球貿易發展中，中國並沒有置身事外。隨著海外需求的增長，大量中國的茶葉、絲綢和瓷器等以美洲和日本白銀為媒介流向海外，當時，中國還成為世界白銀的終極窖藏地。在這種海外市場需求劇增的背景下，中國商人紛紛出海貿易，形成了一批海上貿易集團。國內長途貿易也蓬勃發展，商幫進入興盛階段。但隨著歐洲的崛起，中國國際貿易地位發生了大逆轉。中國海商退居沿海，東南亞海上貿易商路被西方商人把持，重要貿易港口也由西方商人占據。到了十九世紀中葉，中國已由曾經世界最大的淨貿易出口國淪為淨進口國，茶葉、絲綢與瓷器等被歐洲產品取代，興盛一時的商幫紛紛衰敗。

然而，貿易往來僅僅是歷史的一個面向，另外還有國家權力對國際貿易無所不在的干預。亞洲地區，早在明初，中國就建立起一個以明朝為核心的朝貢貿易圈。朝貢貿易圈中，「夷國」須向中國臣服，取得朝貢資格並接受中國冊封，才能合法發展與中國的貿易關係。這種貿易關係建立和維持的方式是傳統中國文化和經濟的吸引力，貿易往來以和平方式為主。另一端，在歐洲的貿易世界中，每一步的貿易擴張背後都有政府對商人的支持。葡萄牙通過軍事力量將貿易範圍推廣到非洲、亞洲與南美洲；西班牙不甘落後，通過建立殖民政權幫助商人占領和壟斷市場；荷蘭、英國採取了更加完善的貿易政策，在國內通過關稅等手段打擊別國商品，在國際市場上創造性地將政權、軍事和商人力量組合成三位一體的股份公司搶奪市場。

國際貿易是影響人類歷史整體進程的重要因素，而國家權力對貿易的干預又無所不在。因此從全球史的角度分析國家對國際貿易的干預十分重要。本書將從全球史的視角分析明清政府對貿易的干預，即明清貿易政策的經濟影響。並將明清對外貿易政策放在中西貿易大背景中進行分析，從「歐洲貿易擴張」與「中國朝貢貿易體系建立」兩者的比較中分析中西貿易政策的差異；從歐洲商人奪取亞洲國際市場與明清政府的應對中分析貿易政策的變遷；從海外市場需求與競爭同明清商業興衰之間的關係來分析明清貿易政策的成敗，再從中探討國際貿易中中敗西勝的原因。

與大部分研究明清對外貿易政策的文獻不同，本書從全球史觀和貿易政策比較的視角來進行研究，以期獲得不同的看法和觀點。

全球史觀從以下三個方面影響本書的研究。

第一，將明清貿易政策放在全球經濟聯繫中進行考察。明清中國構築了亞洲朝貢貿易體系，西方通過軍事與武力開創了一個弱肉強食的貿易世界。這兩種不同的貿易體系之間從偶爾的經濟聯繫發展到大規模的貿易往來。明清中國在這種全球經濟聯繫中扮演了重要的角色。本書受全球史觀的啟發從這種相互影響和相互聯繫中著手分析。

第二，明清政府的對外貿易政策深受「華－夷」觀念的影響，但將「華－夷」關係放在世界經濟中進行考察，會發現明清與外界的關係是多重的。中國與朝鮮是傳統的朝貢關係，但是中國與日本就存在著競爭關係。西方國家加入亞洲貿易圈之後，開始將國與國的貿易關係與仗劍經商的貿易方式引入中國的對外貿易關係中。這種不同關係影響到了中國對外貿易政策的調整與貿易地位的變化。

第三，將中西放在對等的位置考察。不是將中國看做被動，西方主動；也不是以歐洲的標準衡量中國，或者用中國的標準看待歐洲。對等的位置有助於發現中西方政府在國際貿易中各自的訴求與努力，以及客觀地分析中西方的相互影響。

本書不僅比較中西貿易政策的差異，而且研究中外之間的互動對貿易政策的影響。所謂中外之間的互動，是指中西貿易政策與貿易方式相互作用，從而影響了中國貿易政策的調整與中國商業的發展。

本書從十五世紀中西各自構築不同的貿易體系開始談起，雖然這個時期中西直接的大規模交流還沒有開始，但是這個時期卻是此後中西貿易政策差異產生的開始。由於這個時期中西政府與商人形成了不同的關係，所以雙方構造的貿易體系與採取的貿易政策便截然不同。此後隨著中西經濟交往的密切，中國政府在應對西方商人時需要調整原有的措施，而西方政府為了急切地打開中國市場，也需要針對中國的貿易政策進行調整。由於各國政府面臨不同的發展環境，因此形成了不同的貿易思想與經濟政策，並對國際貿易的發展產生了不同的影響。正是這種不同，最終造成中國商人在國際貿易競爭中失利，而西方商人取得了優勢。

目錄

第一章

大航海時代歐洲國家海洋貿易擴張和明代朝貢貿易體系建立的比較

大約從十五世紀開始，傳統中國政府與西方國家逐漸形成各自不同的貿易秩序。歐洲國家依靠國家暴力擴展貿易，維持商業壟斷。其貿易的發展與否取決於國家對商業的保護和競爭對手的強大與否，政府在軍事方面擊敗了競爭對手就意味著獲得了商業地位。在歐洲貿易世界中盛行的是弱肉強食、征服與被征服的原則。相反地，傳統中國依靠自身經濟和文化吸引力建立和維持著自己的朝貢體系。朝貢體系的發展取決於政府的控制力與和平的商業貿易，這個體系所要確立的是「華－夷」關係。雖然這兩個巨大的貿易體之間尚未開展大規模貿易，但是貿易政策的不同已經預示著未來相遇之後可能發生的歷史。

本章將具體比較兩種貿易秩序與政策的異同。第一節論述歐洲政府對貿易擴張的作用；第二節論述明政府朝貢制度與朝貢貿易；第三節具體比較兩種貿易政策的差異。

第一節
歐洲國家的海上貿易擴張

哥倫布發現新大陸後，歐洲各國紛紛倚劍經商，角逐大西洋。這種倚劍經商的貿易方式其實並不是一千五百年後的發明，而是對原來地中海地區貿易方式的繼承。從十五世紀開始，地中海貿易體系的運作方式逐漸擴展到非洲與美洲，中心由地中海區域轉移到伊比利半島。之後隨著西北歐的興起，荷、英等國擠占了伊比利半島貿易中心的地位，荷、英作為後來者不需要重新開拓貿易世界，而是直接從葡、西手中奪取貿易壟斷權，並以新的更加穩固的方式經營。

一、地中海貿易圈的建立

1. 義大利商人奪取地中海貿易壟斷權

經歷過長期戰亂之後，十一世紀歐洲經濟開始復甦，各國政府積極支持商人開拓貿易。

當時歐洲狹小的領土上國家林立，國家間競爭激烈，從跨國貿易中獲取財富無疑是增加國力最為便捷的方法。[1]在這些國家中，表現最為突出的是義大利商人，尤其是威尼斯商人，成為歐洲跨國貿易的主要力量，威尼斯也成為歐洲貿易中心。究其原因，是因為義大利商人成功地利用了軍事與政權力量的支持，這也正是此後歐洲貿易政策成功的關鍵所在。

義大利商業崛起是從奪取信奉伊斯蘭教薩拉森人的商業地位開始的。薩拉森人首先經由非洲、西班牙，控制了地中海的南部與西部；通過對巴利阿里群島、科西嘉、撒丁、西西里諸島的占領，全面控制了地中海貿易區。如何從薩拉森人手中奪取地中海貿易控制權成為義大利商業發展必須解決的問題。但是僅靠商人的力量根本無法實現這一目標，於是義大利商人將目光投向了十字軍。

在常見觀點中，十字軍東征被看作宗教戰爭，但是這種以宗教為名義進行的戰爭卻有著重大的商業目的。教皇烏爾班二世在一〇九五年演說中就直接指出，歐洲「太狹窄不能容納它的稠密人口；它的財富也不多；連它所產的糧食也幾乎不能夠供應它的種田的人們」[2]。十字軍東征的經濟目的與義大利商人的訴求一拍即合，所以威尼斯和熱那亞商人幾乎承擔了十字軍的一切費用，所謂宗教意義上的十字軍東征演變成用武力為義大利商人開拓市場的軍事行動。

在開始的軍事行動中，義大利商人與十字軍僅僅是相互「暗送秋波」，但在第四次十字軍東征中實現了軍隊與商人正大光明的聯合。第四次十字軍東征本來的目的是埃及埃宥比王朝，由於十字軍沒有船隻過海，於是請求威尼斯人給予幫助，威尼斯人遂以擴展商業範圍為條件。「北部義大利的商業城市，尤其是威尼斯，對十字軍東征充滿熱情，主要不是為了宗教，他們把它看作向地中海世界經濟滲透的另一步驟。他們希望在東部地中海獲得海港，從而同阿拉伯商人進行有效的競爭」。[3]於是十字軍首領改變軍隊進攻方向，轉而進攻君士坦丁堡。事後，威尼斯分得了拜占庭的許多領土。

借助十字軍東征，威尼斯在耶路撒冷建立了一個具有重大商業價值的殖民地。湯普遜對耶路撒冷殖民地有過這樣的論述：「真正移入境內而永久居住的人，是從地中海沿岸港口來的商人階層。因此，商業興旺起來。」[4]這樣，十字軍在東方建立的王國成了商人前來經營的據點和商品貿易的中轉地。

借助軍事力量支持，義大利商人掌握了地中海貿易的壟斷權。威尼斯人在泰爾、西頓、卡法等地設立了商站，並於一二〇四年成立了愛琴海殖民帝國，掌握了達達尼爾海峽和博斯

1 〔美〕甘迺迪：《大國的興衰：一五〇〇—二〇〇〇年的經濟變遷與軍事衝突》，蔣葆英等譯，中國經濟出版社，一九八九，第十九—三十七頁。

2 〔美〕詹姆斯·W·湯普遜：《中世紀經濟社會史》上冊，耿淡如譯，商務印書館，一九八四，第四八五頁。

3 Norman F. Cantor, *The Civilization of the Middle Ages* (New York: Haper Perennial, 1994), p.249.

4 〔美〕詹姆斯·W·湯普遜：《中世紀經濟社會史》上冊，第四九四頁。

普魯斯海峽兩個重要的貿易通道；熱那亞人也在科西嘉到卡法、俄羅斯大平原上，建立了許多國外代理商行。

2. 威尼斯商人獨占地中海貿易圈

義大利商人包括熱那亞、威尼斯和佛羅倫斯等地的商人，其中最為出色的卻是威尼斯商人，其中原因不得不引人深思。通過對比，本書認為威尼斯商人與其他城市商人最大的不同是得到了城市政府的全力支持與保護。威尼斯出現這種狀況並非偶然。從一一七二年開始，商業貴族開始在威尼斯議院和議會中取得政治勢力，一二九七年的「關閉法」確立了世襲的商業貴族。相較之下，熱那亞與佛羅倫斯內部政治矛盾重重，政府對商人沒有任何支持措施。正是有了城市政權的保護與支持，威尼斯商人得以排擠他國商人、壟斷地中海市場。

威尼斯政府對商人的支持包括三個方面。首先是排擠義大利其他城邦的商人，因為這些商人是威尼斯商人的主要競爭對手。其次是幫助商人維持地中海貿易的安全與壟斷。在採取了這些措施之後，威尼斯政府還將控制貿易的手段推行到歐洲其他地區。

在對待競爭對手方面，威尼斯政府採取了赤裸裸的軍事侵略方法。一三七九年，威尼斯政府消滅了熱那亞的艦隊，奪取了基奧賈。基奧賈的商業地位十分重要，是威尼斯潟湖通往亞得里亞海的門戶。這個門戶被控制後，熱那亞艦隊便不能在亞得里亞海出現。有了戰略性的地理優勢，威尼斯商人可以方便地將商業擴展到東方、德意志和中歐。一三八三年，威尼斯又占領了扼守亞得里亞海咽喉的科孚島。一四〇五～一四二七年，又占領了帕多瓦、維羅納、布雷西亞、貝加莫等內陸城市。通過軍事侵略，威尼斯商人獲得了地中海貿易圈中海上及陸上貿易的壟斷權，其他城邦的商人則被排斥在外。

其次，政府積極幫助商人維護海上貿易安全。商人船隻容易遭到他國商船和劫匪的搶劫，尤其是在經濟危機期間，常常發生商船被劫事件，這大大影響了正常的貿易。為此，威尼斯政府建立起了佛蘭德爾大艦隊保護商船制度，艦隊的船隻由國家建造，每年由投標最高者帶領遠航。這個艦隊不僅提供軍事保護，在和平時期還從事貿易，所以是一個亦軍亦商的組織。佛蘭德爾大艦隊活動範圍包括威尼斯、墨西哥、那不勒斯、西班牙、摩洛哥、英國、布魯日、呂伊斯、米德爾堡和安特衛普，主要從事絲綢、香料、棉紗、硝石、木材、錫、牛皮、金屬器具等商品的貿易。[5]布羅代爾對此評論說，佛蘭德爾大艦隊旨在推行「傾銷」政策，對付曠日持久的危機；它既是一種國營企業，又包括私人的有效合作，是出口商為了降低運費和維護對外國商人的競爭地位乃至於立於不敗之地而設置的海上聯合機構。[6]總之，

5 〔美〕詹姆斯．W．湯普遜：《中世紀晚期歐洲經濟社會史》，徐家玲等譯，商務印書館，一九九六，第三三三—三三四頁。
6 〔法〕費爾南．布羅代爾：《十五至十八世紀的物質文明、經濟和資本主義》第二卷，顧良譯，三聯書店，一九九三，第一二七頁。

是商人與政權力量最好的聯合。

最後，威尼斯商人在歐洲其他地區排擠商業對手，控制貿易市場。為了將歐洲建成一個「貨艙中心」，威尼斯採取「貨棧」制度控制貿易。所謂貨棧即安排一條街和一些房屋作為外國商人強制隔離的集中點。最成功最典型的貨棧是德意志商業區中心里亞托橋的「德意志商館」。威尼斯規定所有與其貿易的德意志商人均得住進貨棧安排的房屋，在當局的監視下存放貨物、出售貨物，出售的利潤必須購買威尼斯商品；德意志商人須親自到威尼斯購買商品，威尼斯商人不能將貨物運往德國。對此，德意志商人不能有異議，否則貨物將被沒收。通過這種辦法，大宗貿易的利益均被納入威尼斯商人之手，德國商人則被排斥在外。不僅是在德國的貿易，威尼斯還把「貨棧」制度強加於它所控制的所有城市。通過這種控制方式，威尼西亞共和國的所有交易，勒旺各島嶼或亞得里亞海各城市的全部出口，即使是送往西西里或英國的貨物，都必須經過威尼斯港口轉口。

二、貿易中心由地中海轉向伊比利半島

義大利商人的武裝貿易僅僅是地中海區域內的「小打小鬧」，葡萄牙與西班牙將這種貿易方式擴展到全世界，貿易中心也由地中海轉移到伊比利半島。葡萄牙、西班牙貿易開拓的方式比較原始，「以最殘酷的暴力方式進行赤裸裸的劫掠」，包括搶劫財富、販賣黑奴、武

力壟斷等。但這種方式卻幫助兩國將貿易擴張到全球，建立起了世界性的貿易網路，將全球財富源源不斷地輸入歐洲，引起了歐洲商業革命。

1. 葡萄牙的崛起

葡萄牙本是歐洲的一個窮國，偶爾參與到國際貿易中來。在政府與商人利益聯合起來之後，就走上了貿易擴張之路，並成為世界貿易強國。一三八三～一三八五年，葡萄牙發生了一場革命，國王權力得到加強，商人與國王聯合起來，商人的階級地位得到提升，為政府支持商人貿易建立了基礎。在商人的慫恿下，葡萄牙開始拓展國際貿易，這段貿易擴張史是由三個著名人物書寫的：亨利親王、葡萄牙王阿豐索五世和曼紐一世，他們的共同特徵就是熱衷於武力擴展商業。

亨利親王是葡萄牙海外貿易的奠基者，他以自己的親身實踐向後人證明，成功的貿易政策是軍事、掠奪和強制經濟的結合。雖然一些正史喜歡宣揚亨利親王創辦航海學校、培養航海人才的政績，但是從其從事的事業來看，親王更感興趣的是掠奪財富。一四一五年，亨利親王率領葡萄牙軍隊，攻占了直布羅陀海峽南邊的穆斯林據點休達，使得葡萄牙獲得了在北非的立足點，這個城市是沿非洲海岸向南尋找通往東方新航路的要衝。之後，亨利親王繼續沿著非洲西海岸向南探險。一四二〇年武裝占據馬德拉群島，獲得大量高品質的木材。

此外，亨利親王在殖民地推行強制經濟，發展有利於本國的貿易。一四三二年向亞速群島移民，開辦甘蔗和葡萄種植園。十五世紀初，葡萄牙將奴隸販運到馬德拉群島，開墾了三萬公頃的土地，發展種植業。[7]

亨利親王一直垂涎於國際市場中的黃金、象牙和奴隸。黃金、象牙是貴重物品，可以直接從市場上獲取收益，奴隸則是種植園的重要勞動力。為此，親王組織力量向撒哈拉以南的非洲探索。一四四一年，葡萄牙人繞過位於今茅利塔尼亞境內的布朗角，到了沙漠和潮溼地帶之間的過渡帶，他們在此掠奪了大量黃金、奴隸，並將之運回里斯本。為表彰亨利親王的這些功勳，阿豐索五世賦予亨利壟斷奴隸貿易的權力。

繼承亨利親王事業的是葡萄牙王阿豐索五世，他有著更加成功的一套辦法。阿豐索在國家力量和商人力量之間尋找到了合適的結合點，從而使海外貿易走得更遠。一四六九年，阿豐索把幾內亞的貿易專利權賣給富商戈米斯，條件是每年須將考察推進一百海浬。富商戈米斯看到了這種交換後的巨大商機，積極著手擴展貿易。在其主持下，幾內亞的黃金貿易發展起來。一四七一年，戈米斯派出遠征隊首次越過赤道，一四七二年又穿過貝南灣，於是西非漫長海岸上的大量財富展現於葡萄牙人面前。在戈米斯的經營下，穀物、象牙、黃金與奴隸貿易興盛起來。我們現在所知的穀物海岸、象牙海岸、黃金海岸和奴隸海岸等都是這時形成的。

除了利用貿易特權動員商人力量之外，阿豐索還為商人提供了極大的政治與軍事支援。一四七九年，阿豐索和西班牙國王斐迪南及王后伊莎貝拉簽訂《阿爾卡索法》條約，取得了自諾恩角到印度之間所有海洋和島嶼的獨占權。一四八二年，葡萄牙在黃金海岸的艾爾明修建了西非沿海的第二個武裝據點聖喬治堡，這個據點發展成幾內亞灣的貿易中心。在種種措施支持下，葡萄牙貿易擴展到了剛果河口岸，成為當時世界上最大的販奴國，販奴數量從每年五百～一千名很快增長到三千多名。[8]此外，象牙、幾內亞胡椒和黃金貿易也蒸蒸日上。

曼紐一世將兩位前輩的事業推廣到全世界。在貿易擴張方面，他有更大的野心，正是在他的主持下，葡萄牙政府對商人的支持達到了極致，葡萄牙的海外貿易事業也達到了頂峰。曼紐一世不滿足於非洲的貿易，他早就垂涎於種種傳說中有關亞洲的財富。一四九七年，他派出達伽馬，探索抵達印度的航路，還創立了一支龐大的軍隊專門從事貿易擴張，這支龐大的遠征隊擁有戰船十三艘，戰鬥人員一千二百人，由貴族卡布拉爾率領。在做好這些準備之後，向印度洋挺進指日可待。

在印度洋，葡萄牙人遇到了競爭對手摩爾人與埃及人。這些商人在印度洋從事貿易已經多年，有自己的武裝，不會隨便就向葡萄牙人屈服。曼紐一世命令卡布拉爾，凡是遇到這些國家的商船，就主動攻擊。在進行一段時間騷擾之後，他們發現效果並不明顯。於是曼紐一世策劃進行大規模的軍事打擊。一五〇二年，遠征隊的戰船由十三艘增加到三十艘，武器裝

---

7 Francisco Bethencourt, *Portuguese Oceanic Expansion 1400-1800* (Cambridge University Press, 2006),p.23.

8 〔葡〕薩拉依瓦：《葡萄牙簡史》，李均報等譯，中國展望出版社，一九八八，第一三三頁。

備也得到了很大的提升，並由熟悉印度洋的達伽馬率領。一五〇二年二月十日，達伽馬率領遠征隊對埃及貿易船隊和貿易中心卡利庫特進行毀滅性的打擊。從此，葡萄牙實現了從好望角赴亞洲貿易的願望（原來從紅海和波斯灣經過）。

擊潰卡利庫特之後，曼紐決定擴大行動範圍，奪取印度洋全部的制海權，壟斷全部香料貿易。實現這一切僅靠遠征隊是不夠的。於是他任命阿爾馬達為印度總督，授予他在好望角以東進行統治的最高行政權和司法權，可以統一指揮葡萄牙在印度洋上的所有人員。阿爾馬達沒有辜負葡王的期望，他很快在東非、紅海、波斯灣和印度奪得大片地盤，可以隨時補給海上商船和軍艦；在亞丁、荷莫茲和麻六甲建立據點，對波斯人、土耳其人、阿拉伯人和埃及人形成了制約。一五〇九年，阿爾馬達在第烏海面擊敗了印、埃聯軍，建立了葡萄牙在印度洋西部的海上霸權。

在攻占印度洋期間，葡萄牙還開闢了對美洲的貿易。一五〇〇年，葡萄牙的遠征隊過了維德角以後，沒有到達卡利庫特，風暴把他們送到南美的巴西海岸，他們在那裡豎起一個刻有葡萄牙王室徽章的十字架，表示屬於葡萄牙。一五〇〇年五月二日，遠征隊從巴西出發，七月六日到達東非的索法拉，七月二十日到了莫三比克，二十六日到了基爾瓦。並在美洲建立了商站，開始貿易。

在政府的全力支持下，葡萄牙從一個偶爾參與海上貿易的窮國轉變為一個海上帝國，勢力遍布美洲、歐洲、非洲和亞洲。葡萄牙商人建立起了兩條穿越廣闊海洋的貿易航線，源源不斷地將世界範圍內的財富輸入歐洲。其中一條從里斯本出發，經過大西洋群島，沿非洲西海岸繞過好望角到東非，再穿越印度洋到果亞和麻六甲，進而向東至香料群島，向東北至澳門；另一條從里斯本出發，經大西洋群島，然後向西南航行至南美洲的巴西。

2. 西班牙展開貿易爭奪

西班牙在與阿拉伯人爭奪領土的過程中加強了君主的權威，從而走上了國家重商主義道路。阿拉伯人在七一一年占領伊比利半島，之後西班牙的基督徒與阿拉伯人進行了長期鬥爭。一四九二年，西班牙占領格拉納達，結束了長期的戰爭。在這個過程中，西班牙實現了統一，君主權力得到加強，開始推行國家重商主義。

西班牙的重商主義就是依靠國家力量擴張貿易。一四九二年，在西班牙君主的支持下，哥倫布發現了美洲；一五一九年，麥哲倫在西班牙君主的支持下繼續遠洋探險，之後在美洲建立殖民地。西班牙對美洲的殖民占領經過了三個階段：十五世紀末至十六世紀初，在探險的過程中，侵占了西印度群島；十六世紀二〇年代，占領了墨西哥和中美洲各地；十六世紀三四〇年代，征服了南美洲的廣大地區。到十六世紀中期為止，西班牙建立了一個包括今美國西南部、佛羅里達、墨西哥、西印度群島、中美洲和除巴西以外的整個南美洲的龐大殖民帝國。[9]

西班牙武裝貿易的擴展方式與葡萄牙不同。葡萄牙主要採取了商站制度，通過在不同地區建立商站，通過商站之間的聯繫建立起貿易網路；西班牙則建立起了殖民政權，將政治勢力滲透到當地；之後依靠殖民政權維持對當地的貿易壟斷與剝削。因此，相比葡萄牙，西班牙對貿易的壟斷和對殖民地的剝削政策更加系統和穩定。

西班牙在美洲建立了最高殖民統治機構總督府，總督由西班牙大貴族擔任，掌握美洲民政、軍政和司法大權。依靠殖民政權，西班牙採取了四種手段對美洲進行經濟掠奪。

第一，直接掠奪財富。在墨西哥、秘魯和玻利維亞發現了豐富的金礦之後，強迫印第安人開採，然後運回伊比利半島。為了控制全部金銀能夠流入西班牙，一五〇三年，西班牙統治者在塞維里亞設立「西印度貿易所」，負責管理美洲貿易。美洲貿易最重要的部分是金銀貿易，所以西印度貿易所實質上是金銀貿易關卡，負責接收美洲金銀，登記數量，然後分配。[10]據估計，在十六世紀，從美洲進入西班牙的金銀持續增長，在一個多世紀裡，以一五〇三～一六六〇年為準，大約有一萬六千噸白銀運達塞維里亞，是歐洲白銀資源的三倍，而黃金達一百八十五噸，使歐洲黃金供應量增長了二〇％。[11]而這一數字主要依據官方紀錄，不包括私自運回的金銀。英國人在一五八六年曾得到消息，西班牙金銀船隊實際帶回的金銀數量是官方登記數量的兩倍。[12]

第二，對殖民地進行剝削。委託監護制度是西班牙實行的一種剝削制度。根據規定，一部分有軍工和特殊地位的殖民者可以得到議定地區的監護權。監護主對監護區的土地沒有所有權但有使用權，有向當地居民徵收貢賦和徵用其去礦場、農牧場或市鎮從事勞動的權力。

當地居民必須永久地留在「監護區」內，不得隨意離開。

第三，實行壟斷貿易，規定殖民地只能與宗主國進行貿易，甚至殖民地之間的貿易也受到極為嚴格的管制。自一五四二年開始試行軍事護航的「雙船隊制」[13]，一切開往殖民地的船隻只許從塞維里亞起運；到達殖民地之後，只許在韋臘克魯斯、波托貝略或卡塔赫納停泊。所有的貨物必須由西班牙船隻裝運，這些船隻必須結對成行，按規定時間行駛。西班牙統治者還頒布法令，任何沒有特別允許的殖民者與外國人交易將被判處死刑。

第四，經營黑奴貿易。從一五一三年開始，向商人出售奴隸貿易授權擷取收入。一五九二年，西班牙王室以一百萬杜卡特的價格把阿西托恩的奴隸販賣權出賣給商人戈麥斯。從十六世紀中葉到十七世紀中葉，西班牙王室從其參加的罪惡的奴隸販運活動中直接獲利達五億里亞爾。[14]

---

9 〔美〕菲利普．李．拉爾夫：《世界文明史》第二卷，羅經國等譯，商務印書館，一九八七，第二二五頁。
10 Herbert Heaton, *Economic History of Europe* (NewYork: Harper & Brothers, 1936), p.248.
11 John H. Elliott, *Imperial Spain 1469-1716* (Harmondsworth: Penguin, 1963), p.174.
12 G. V. Scammell, *The World Encompassed: The First Eurpean Maritime Empires. c. 800-1650*, (London: Methuen, 1981), p.343.
13 李春輝：《拉丁美洲史稿》上冊，商務印書館，一九八三，第九七－九八頁。
14 吳秉真：《評當代西方學者對奴隸貿易的一些看法》，《世界歷史》一九八三年第十期，第八十五頁。

三、貿易中心向西北歐轉移

荷蘭、英國常常被稱為新興資本主義國家，其所實行的殖民政策與葡萄牙、西班牙不同。但是從政府對經濟的干預來說，與其說是不同，倒不如說荷蘭等國借鑒了西班牙等國的長處、吸取了其經驗教訓，從而使得貿易政策更加完善。在貿易擴張與壟斷方面，荷蘭等國與老牌資本主義國家沒有本質區別，其對世界市場的爭奪與對競爭對手的打擊並不更加溫和；同時對貿易的經營採取了更加先進的方式，即國家支援的貿易公司。正是因為政府更加積極的作為，使得其後來居上，貿易中心從伊比利半島開始逐漸轉移到北歐。

1. 尼德蘭

尼德蘭（即荷蘭）雖然還沒有脫離西班牙實現獨立，但是與西班牙的貿易政策相比，政府對商業的支援卻已經顯示出「海上馬車夫」的高明之處。尼德蘭吸取了西班牙貿易政策的教訓，[15]對本國商人採取了全面保護，不管是國內還是國外，都盡力為本國商人肅清市場。首先，在國內，極力吸引他國技術工人和商人前來貿易，發展起了繁盛的國家經濟；其次，支持本國商人爭奪歐洲貿易壟斷權；再次，在歐洲地位鞏固之後，開始搶奪世界市場；最後，建立起了公司這一政府與商人聯合的新形式。

尼德蘭政府在歐洲國家戰亂與宗教迫害盛行之際，積極吸引他國移民。移民中的手工工匠，對萊頓、哈勒姆、阿姆斯特丹、薩爾丹的紡織業做出了決定性貢獻。[16]大量他國船員與技術工人幫助尼德蘭建立了當時歐洲最為龐大的船隊。例如在十七世紀，荷蘭擁有歐洲其他國家船隻數量之和的船隊，聯合省的船隻總數可達六千隻，總載重量至少為六十萬噸。[17]荷蘭執歐洲海運之牛耳，重要的原因是它從歐洲貧困地區獲得了不可或缺的勞動力。許多來避難的人是擁有巨資的商人，他們在資金融通體系方面為尼德蘭提供了強大的支持，為建立從荷蘭到新大陸和地中海的商業網做出了巨大貢獻。選擇流亡荷蘭的人不是空手前往，他們帶著資本、能力和商業關係而來。[18]正是由於尼德蘭政府對他國商人、手工業者和技術工人的吸引，在其國內建立起了發達的手工業、強大的運輸體系和發達的金融體系，從而為海上貿易擴張奠定了強大的經濟基礎。

僅有市場與技術上的優勢是不夠的，壟斷市場才是上策。壟斷市場必須排擠競爭對手漢

15 西班牙政策最大的敗筆是鼓勵進口的貿易政策，歐洲大陸的商品紛紛流入西班牙，大量金銀外流，外國人控制了西班牙國內的貿易。由於這種失誤使得西班牙沒有能夠利用從殖民地獲取的財富發展起自己國內的工商業，從而最終在與其他歐洲國家的競爭中失敗。

16 〔法〕費爾南・布羅代爾：《十五至十八世紀的物質文明、經濟和資本主義》第三卷，第一九九頁。

17 〔法〕費爾南・布羅代爾：《十五至十八世紀的物質文明、經濟和資本主義》第三卷，第二〇三頁。

18 〔法〕費爾南・布羅代爾：《十五至十八世紀的物質文明、經濟和資本主義》第三卷，第二〇〇頁。

薩同盟和西班牙。從十五世紀開始，載運鹽和魚的尼德蘭船隻已在波羅的海與漢薩同盟競爭，並逐漸取得優勢。由於國內糧食不足，熱那亞和葡萄牙商人向阿姆斯特丹訂購小麥，於是阿姆斯特丹成為波羅的海的貿易中心。一五六〇年，尼德蘭已經把波羅的海貨物運輸的七〇%吸引過來。

西班牙企圖獨占波羅的海與伊比利半島之間的貿易，尼德蘭不但看中了這種貿易的利潤，而且也需要通過這種貿易獲取西班牙的白銀。於是趁一五六〇年西班牙農業陷入危機的時刻，賄賂西班牙貴族，將商業勢力滲透進來。一五八〇年西班牙征討葡萄牙期間，被占領區餓殍遍地，必須向北歐求助。就這樣，西班牙別無選擇，只得任由尼德蘭獨占了北方穀物與西班牙白銀之間的貿易往來。

取得歐洲貿易先機之後，尼德蘭繼續向世界範圍內擴張貿易。但是尼德蘭商人知道，世界範圍內貿易擴張需要一個強大國家政權的支持，尼德蘭還處在西班牙的控制之下。於是，在一五六六年，尼德蘭開始了反對西班牙的獨立戰爭，經過半個世紀的努力，終於在一六〇九年，西班牙被迫與尼德蘭簽訂了為期十二年的休戰協定，實際上是承認了尼德蘭的獨立。至此，尼德蘭成為世界上第一個資產階級掌權的國家。

建立起強有力的政權之後，也就是荷蘭開始與西班牙和葡萄牙搶占殖民地與世界市場，同時極力打壓正在崛起的英國之時，在太平洋，荷蘭總督簡・皮特斯佐恩攻擊葡萄牙艦隊，把葡萄牙人從印尼趕走，其後任於一六三六年又把葡萄牙人逐出斯里蘭卡，奪得販賣肉桂的壟斷權。在大西洋，荷蘭在非洲與葡萄牙展開戰爭。一六二八年荷蘭在古巴的馬斯坦港將一支西班牙艦隊捕獲，一六三一年又將西班牙的另一支艦隊擊潰，一六三六年圍困西班牙領地敦克爾克港，同年荷蘭海軍上將特洛浦率領一支大艦隊在當斯港擊敗西班牙艦隊。另外，荷蘭還封鎖了英國同波羅的海沿岸各地的貿易，並利用英國國內動亂的局面，奪取了北海和英吉利海峽的制海權。

與西班牙等國不同，在武裝奪取殖民地、排擠他國商人和壟斷貿易之外，荷蘭一方面採取了政府與商人聯合的新形式，即成立國家支持的商人公司，並賦予公司政治、軍事權力，提供武裝支援，保證公司能夠壟斷貿易；另一方面採取市場化原則管理公司，保證國際貿易的效率。這種形式保證了國家政權與商人利益的完美結合。

荷蘭成立的第一個國家與商人聯合的公司是東印度公司。一六〇二年經過議會批准，荷蘭各種私營貿易公司集資六百五十二萬荷蘭盾，在爪哇的萬丹合併成立荷蘭東印度公司。國家授予公司許多特權：公司獲得從好望角到麥哲倫海峽之間的貿易壟斷權，使得整個太平洋、印度洋成為公司貿易的獨占範圍，公司還有建立軍隊、與他國簽訂條約等特權。東印度公司擁有武裝戰艦四十一艘，商船三千艘，雇員十萬多人，儼然成為荷蘭海外政權的代表。

荷蘭成立的第二個公司是西印度公司，一六二一年荷蘭政府批准成立荷屬西印度公司，目標是搶奪西班牙、葡萄牙在美洲的殖民地，展開同英、法等國爭奪商業控制權的鬥爭。經過十年的努力，公司控制了從巴伊亞到亞馬遜河西海岸的大部分地區。一六二二年在哈德遜河口奪取曼哈頓島，建立新阿姆斯特丹城。此後，以哈德遜河為基地向東擴展到康乃狄克河的哈特福特，向南擴展到德拉瓦河畔。一六二三年占領南美圭亞那。一六三〇～一六四〇年，從西班牙人手中奪得加勒比海的阿魯巴島、庫拉索島等。

2. 英國早期的海盜

在十七世紀中期以前，英國還不是歐洲的海上大國，卻已經掌握了海上大國成功的祕訣，那就是武裝貿易。英國海上力量相對比較弱小，海外貿易控制在外國人手中。自亨利七世開始，英國確立了發展海上貿易的國家戰略，連續頒布促進貿易發展的航海法案。亨利七世在位時，就向全國性海外貿易商人團體頒發經營特許狀，以促進貿易商人與他國競爭。亨利七世還鼓勵建造大船和向國外購買大船，發展遠洋事業。亨利八世和伊莉莎白沿用這種措施，繼續推動海外貿易擴張。在國王的特許和支持下，英國商人組建了許多經營海外貿易的公司，包括莫斯科公司（一五五四年）、波羅的海公司（一五七九年）、土耳其公司（一五八一年）、非洲公司（一五八八年）和東印度公司（一六〇〇年）。

英國暫時還沒有力量抗衡葡萄牙、西班牙，故而採取了海盜襲擊的辦法掠奪財富。英國海盜都有著深厚的政府背景。伊莉莎白政府表面上頒布了鎮壓海盜的法令，暗地裡卻與海盜勾結，向他們投資、提供船隻，教唆他們到大西洋去搶劫西班牙船隻和港口。當時最著名的海盜是霍金斯和德瑞克，伊莉莎白給予他們最大的支持，他們因為掠奪財富和開闢殖民地有功，而被升為海軍大將。

霍金斯是普利茅斯的一個船主，他於一五六二年在非洲西海岸捕捉到一批黑人，將其偷偷販運到海地，再購買甜酒返回英國，賺取了高額利潤。一五六四年，霍金斯又開始第二次遠征販奴，這次女王也入了股。一五六七年，第三次航行中，女王借給他們兩艘王室海軍戰艦。他們在西非幾內亞海岸大肆搶劫，返航時遭到西班牙襲擊，霍金斯倉皇逃回英國。伊莉莎白採取了報復手段，將西班牙運送的白銀（約值十五萬鎊）沒收。為了安慰霍金斯，還授予霍金斯貴族稱號，任命其為海軍大將軍，重建海軍。

另外一名著名的海盜是德瑞克。德瑞克是一個比霍金斯更有眼光的海盜，他不在乎海上偶爾搶劫獲得的財富，他在乎的是尋找一個可以長期供其搶劫的對象。從一五七〇到一五七三年，德瑞克多次遠航美洲尋找搶劫對象，皇天不負苦心人，他發現西班牙在美洲生產的白銀，都經過秘魯由海船運至巴拿馬海峽，然後由騾群馱至大西洋的西班牙船上。他認為掌握了這條線路之後，就可以實現長期搶劫的計畫。一五七二年，德瑞克率領三艘小船從普利茅斯港出發，橫渡大西洋，在白銀運輸隊必經的巴拿馬海峽，一次就搶劫了白銀三十噸，英王對此大加讚賞。

但德瑞克的野心不限於此，他計畫在麥哲倫之後完成一次環球航行，以打破西班牙在太平洋上的統治地位，這是一個海盜挑戰國家殖民政權的計畫。一五七七年十一月五日，德瑞克率領由五艘船隻組成的船隊，從普利茅斯港出發，駛入太平洋，不久就搶劫了西班牙的美洲殖民地秘魯和智利等，最後來到北美西海岸，開始搶占殖民地，並豎立紀念碑，刻上女王的名字。一五八五年，德瑞克率領三十艘艦船直奔中美洲，搶劫了聖地牙哥，次年七月滿載而歸。

英國海盜引起了西班牙人的不滿，兩國之間的戰爭一觸即發。在這個時候，德瑞克又開始搶劫西班牙海軍。一五八七年四月，德瑞克偷襲了西班牙加的斯港口，摧毀西班牙戰艦約三十艘，獲得七十五萬鎊的財物。這顯然已經不是簡單的搶劫了，德瑞克將搶劫升級為國家之間的戰爭。雙方矛盾終於激化，爆發了海上戰爭，一五八八年英國戰勝西班牙海上艦隊，為海上霸權建立了基礎。

四、國家支持商人與歐洲貿易擴張

前面我們回顧了歐洲貿易擴張的歷程。歐洲建立的貿易世界經歷了由地中海沿岸為中心，到伊比利半島為中心，再轉向以西北歐為中心的過程，在後面幾個章節中我們將繼續講述貿易中心如何轉移到英國的問題。歷史表明，貿易中心轉移的一個重要原因是國家對商人的支持，國家採取了武裝貿易的方式支援商人。威尼斯商人奪取地中海貿易壟斷權的原因是政府全力支援商人。葡萄牙、西班牙將貿易擴展到全球，取代地中海貿易地位的原因是其將武裝貿易推向世界。但是由於葡萄牙採取的商站制度造成殖民體系不穩固，很容易被他國排擠；而西班牙又在國內經濟政策上失誤，[19]所以被後來居上的荷蘭取代。

按照比較優勢理論，自由貿易能保證資源的最優配置，最符合經濟發展的需要。但是對當時的國家來說，實行自由貿易完全是一種不可能的事。在分工比較原始的情況下，誰占據了商路誰就壟斷了貿易，壟斷了貿易就意味著獲取了商業利潤。因此，西歐海上強國在走上貿易擴張之路的過程中，無不體現出政府的作用。政府以軍事為先鋒，幫助商人開拓市場，排擠競爭對手，殘酷剝奪殖民地財富。正是在這個過程中，國家才不斷強大。而後崛起的國家欲超過原先的強國，無不在海外貿易中通過武力排擠掉原有的強國。

但經濟學的規律告訴我們，違背比較優勢發展原則必然帶來資源配置的扭曲，進而影響到經濟效益，西歐國家何以在國際壟斷貿易中獲得發展呢？對這個問題的回答需要突破經濟學對現實的虛構，回到當時的發展狀況中去。西歐的發展並非是比較優勢所預示的均衡路徑下的發展，其受到了資源與環境的制約，市場自身的力量不能幫助西歐國家擺脫發展的瓶頸。王國斌在比較中西發展歷史之後認為，在近代化早期的中國與歐洲，市場力量已經發展到極限，面臨資源制約，陷入「馬爾薩斯陷阱」。[20]彭慕蘭也認為市場力量沒有幫助歐洲擺

19 西班牙鼓勵外國商品進口，限制本國商品出口。

20 王國斌：《轉變的中國：歷史變遷與歐洲經驗的局限》，李伯重等譯，江蘇人民出版社，二〇一〇，第二十八—二十九頁。

脫「馬爾薩斯陷阱」，西方國家的發展遭到了生態制約。[21]那麼西方國家是如何擺脫資源制約，擺脫「馬爾薩斯陷阱」的呢？王國斌與彭慕蘭都認為新大陸的生態橫財是歐洲生態緩解的關鍵因素。（編注：「馬爾薩斯陷阱」，人口是按幾何倍數增長的，但社會中可以利用的資源則是按照算數倍數增長的，從而三代之後資源總量只會增長三倍，這些超過資源承載能力的人口一定會以某種方式消失。）

但是，中國也存在著東北、華北等地區向江南源源不斷地輸送緩解生態制約的資源，[22]中國為什麼沒有擺脫生態危機？彭慕蘭在其研究中暗指，奴隸制是生態緩解的制度基礎。中國江南雖然也從東北等地輸入粗棉、大豆等有「生態緩解」作用的產品，但是由於中國經濟資源的配置是在市場原則下進行的，東北等地在自身人口壓力下可以進行進口替代，發展本地紡織業。而美洲新大陸棉花和糖的生產完全以強制性經濟和奴隸制為基礎，進口替代無從談起，因而「核心」（英國）和「邊緣」（美洲殖民地）的分工得以固定。因此，美洲資源僅僅是歐洲生態緩解的必要條件，只有通過國家暴力、建立強制性分工體系和奴隸制度才能使歐洲擺脫生態制約，才能突破受到資源限制的均衡發展路徑。

歐洲貿易政策的特徵正是國家支援商人，採用暴力方式建立壟斷和強制性經濟。從威尼斯貿易擴展開始，歐洲逐漸建立起一個依靠國家暴力得以存在，並通過鼓勵私人貿易而獲取財富的貿易圈。這個貿易圈最初的中心在地中海，隨著後繼國家政府力量的強大，貿易中心逐漸北移，最終確立了西北歐的貿易核心地位。在轉移的同時，歐洲貿易圈範圍逐漸擴大，從地中海周邊地區逐漸擴張到世界範圍內。正是在國家力量的推動下，美洲金銀才能源源不斷地輸入到歐洲，這些財富才能幫助歐洲擺脫資源陷阱。因此，歐洲經濟成功的關鍵，不是市場自身的力量，而是歐洲國家對經濟的推動與促進。

21 彭慕蘭：《大分流：歐洲、中國及現代世界經濟的發展》，史建雲譯，江蘇人民出版社，二〇一〇，第三一〇—三二二頁。

22 彭慕蘭：《大分流：歐洲、中國及現代世界經濟的發展》，第二七六—三一〇頁。

第二節 明政府構築以中國為核心的朝貢貿易圈

本節主要論述明政府貿易政策的特徵與作用。在論述過歐洲的貿易政策之後，本節將明朝放在與歐洲對等的位置上進行考察，而不是以西方的標準來衡量中國，或者以中國的標準看待西方。這種對等的角度有助於發現明朝在國際貿易秩序中的訴求與利益。在某種意義上與西方相同，明朝也在國際貿易中積極開拓國家的影響力，並將其他國家納入中國勢力範圍之內。這種視角是為了更好地與西方比較。前一節我們說到，西方政府積極地幫助本國商人開拓市場，為歐洲貿易擴張做出重要作用，那麼，同樣追尋對外影響力的明朝又是如何影響本國貿易的呢？這正是本節論述的內容。

一、朝貢貿易秩序的建立：朝貢與海禁相配合

1. 明朝構築朝貢貿易秩序的目標與特徵

明政府並不關心中外貿易發展狀況，如何「懷柔遠人」，使「四夷賓服，萬國來朝」才是其最為重要的目標，貿易僅僅是達成這一目標的手段。《明經世文編》中有言：「柔遠之道，此前代之所行，亦我朝之故事也。」[23]洪武桂言良在《上太平治要十二條》中談道：「夫馭夷狄之道，守備為先，征討次之，開邊釁，貪小利，斯為下矣。蠻夷朝貢，間有未順，當修文德以來之，遣使以喻之，彼將畏威懷德，莫不率服矣，何勞勤兵於遠哉！」[24]在關於明朝對外關係的所有史料中，都體現出了三個方面的資訊：首先，是「懷柔遠人」，貿易是實現這一目標的手段而不是目的；其次，注重「文德」的手段，重要的是使夷國畏威懷德，實現文化上的感化，而不是武力統治；最後，征討是次要的，只是在迫不得已的情況下才會採取。可見，與西方截然不同，歐洲國家將貿易擴張作為政策的最終目的，而明朝僅僅將貿易作為達成政治目標的手段之一。

23 陳子龍編《明經世文編》卷六十二《敦懷柔遠人以安四夷疏》，明崇禎平露堂刻本，中國基本古籍庫，第四三五頁。

24 陳子龍編《明經世文編》卷七《上太平治要十二條》，中國基本古籍庫，第四十三頁。

「開關－閉關」模式本質上是從經濟角度出發並以市場原則否定明朝的政治訴求。但上述論述表明，經濟僅僅是政治的附屬，對明朝貿易圈的解構從政治出發，以此來反觀貿易在這種政治邊界中的發展，才能正視明朝的政治訴求。從政治出發反觀貿易的第一個結論是，明朝首先構築的是一種「華－夷」關係，其次才是這個關係下發展起來的朝貢貿易圈，或者說朝貢貿易是維持「華－夷」關係的工具。濱下在其著作《近代亞洲的國際契機》一書中也是首先論述了清朝的朝貢關係，然後再論述貿易狀況。但是濱下將中國古代的對外關係用「中央與地方關係在國際關係中的延伸」來概括，與之不同，本書用「羈縻」來形容中國駕馭夷國的手段。因為「華－夷」關係顯然不同於中央對地方的統治，從歷史情況中可以歸納出羈縻的三個特徵。

第一，以文化的感召使之臣服，而不是追求對外擴張。史料稱「羈縻之道，服而赦之，示以中國之威，道以王化之法，勿極武窮兵，過深殘掠」[25]。文化感召的實質是通過自身的長處達到影響外在的環境的目的，這實際上是儒家「內聖外王」思想在外交上的體現。這種方式與西方通過武力對外征服是截然不同的，也不同於中央對地方的控制。

第二，夷國要與明朝保持一定的聯繫。明朝通過建立朝貢制度來保持這種聯繫，朝貢體系下的聯繫方式包括朝貢、賞賜、冊封、互市、通使等，涉及政治、經濟與文化各個方面。定期進行朝貢儀式是夷國臣服與歸化的象徵，是夷國對朝廷權威承認的標誌，是文化感召力的體現。

第三，不實行直接統治。雖然許多史料表明明朝君主對夷國百姓還是比較關心的，但明朝並沒有設置代理政府去管理外國事務，基本上對外國事務持不干涉態度。這與西方國家直接設立代理政權不同。

華夷關係和羈縻的特徵，決定了明朝通過建立朝貢制度來維護華夷關係，而不是推行對外擴張或者海外代理政權的建立。朝貢制度通過對朝貢貿易參與者行為的規範以體現明朝對夷人的恩威與夷人對明朝權威的承認。朝貢貿易圈是在這種政治制度下形成的，在這種關係下的貿易實際上是朝廷用來「懷柔遠人」的工具，而不是為了增加國家財富。本書下面幾個部分將詳細討論明朝通過朝貢制度構築朝貢貿易圈的努力。

2. 朝貢制度與朝貢貿易

朝貢體制包括設立市舶司、朝貢行為規定、貿易品處理三個方面。市舶司是朝貢的具體管理機構，通過對朝貢及朝貢貿易中種種行為的控制與管理，來貫徹朝廷的政治訴求。對朝貢物品的處理既關照到了朝廷的政治目標，又一定程度上滿足了夷國的商業需求。從整個制度安排來看，這是一個相當完善和成熟的體系。

25 《晉書》卷一百一十四，清乾隆武英殿本，中國基本古籍庫，第一〇四三頁。

(1) 設立市舶司管理朝貢貿易

市舶司即「掌海外諸番朝貢市易之事」[26]，設置地點有所變化，其中設置時間最長的是寧波、廣州與福建市舶司。市舶司最初設立在太倉黃渡鎮，後因為海防緣故，將地點轉移至上述三地。史料記載：

> 太祖初定天下，於直隸太倉州黃渡鎮設市舶司，司有提舉一人，副提舉二人，其吏目二人，驛丞一人。後以海夷黠，勿令近京師，遂罷之。已復設於寧波、泉州、廣州。洪武七年，又設於浙江之寧波府、廣東之廣州府，其體制一同太倉。[27]

由於是官方管理機構，所以三大市舶司的職能依據管轄地域而不是貿易方便而劃分。寧波市舶司是專門對日本貿易的口岸。寧波市舶司下設有安遠驛，負責接待貢使，嘉靖年間由於倭寇、海盜侵擾，海防緊張，市舶司處於廢置狀態。福建為明朝東南主要的貿易口岸，永樂元年設置福建市舶司於府治南，專主琉球入貢，後因貢船多至福州河口，市舶司移至福州。廣東市舶司專為占城、暹羅諸番而設。[28] 廣東市舶司在廣州歸德門外西南一里的地方，設有懷遠驛，規模為三省驛館之首。

市舶司是明朝將海外貿易納入朝貢體制的手段與工具，雖然在長期的演變過程中，其職能有所變化，但從史料記載來看，主要職能一直延續了下來。市舶司的職能主要包括三

項：[29]

第一，查驗朝貢表文、勘合，辨其貢道、貢期，檢驗貢物，確定進京的人數。「四夷入朝，必先具諮布政司，乃與比對勘合，查照表文、方物。事理明白，然後遣使驅驛，否即卻之。」[30]

第二，負責對正貢以外的「附至番貨」給價收買，監督貢使在當地的交易活動，執行朝廷的朝貢禁令。在市舶司設立的地方，「除國王進貢外番，使人伴附搭買賣貨物，官給價收買」。[31]

第三，貢使居留期間，負責供應其飲食物品，並按照規定設宴款待，明廷在永樂三年分別在三處市舶司設置驛館，為各國貢使住宿之用。明朝對貢使及從人的招待都有詳細規定。

---

26 張廷玉：《明史》卷九十五《職官志》，清乾隆武英殿本，中國基本古籍庫，第二〇一八頁。
27 沈德福：《萬曆野獲編》卷十二，中國基本古籍庫，第三一七頁。
28 胡宗憲：《籌海圖編》卷十二，清文淵閣四庫全書本，中國基本古籍庫，第三八六頁。
29 李雲泉：《朝貢制度史論：中國古代對外關係體制研究》，新華出版社，二〇〇四，第一三一頁。
30 鄭舜功：《日本一鑑》卷七《市舶》，轉引自鄭梁生《明代中日關係研究：以明史日本傳所見幾個問題為中心》，文史哲出版社，一九八五，第六十六頁。
31 申時行：《大明會典》卷一百八，明萬曆內府刻本，中國基本古籍庫，第一四〇三頁。

(2) 朝貢貿易行為的規定

由於中國經濟對夷國的吸引力非常大，許多國家是以朝貢之名來行貿易之實，這顯然不符合朝廷要求，於是明廷對夷國朝貢時的種種行為都進行了嚴格控制，具體包括三個方面：貢期、貢道與朝貢規模。

第一，貢期的規定。對於朝貢國來說，貢期越頻繁越有利。因為通過朝貢貿易可以互通有無，滿足各國對中國手工業品的需求。然而朝廷並不這麼想，朱元璋就曾說，「諸夷限山隔海，若朝貢無節，實有勞遠人，非所以妥輯他們」[32]。

這段史料是朱元璋對各國貢期的具體要求：

> 洪武七年，太祖詔書禮部曰：古者中國諸侯於天（子），比年一小聘，三年一大聘；九州之外，番邦遠國，則每世一朝；其所貢方物，不過表承敬而已。高麗稍近中國，頗有文物禮樂，與他番異，是以依三年一聘之禮；彼若欲每世一見，亦從其意。其他遠國，如占城、安南、西洋瑣里、爪哇、浡尼、三佛齊、暹羅斛、真臘等處新附國土，入貢即頻，煩勞太甚，朕不欲也。今遵古典而行，不必頻繁，其移文使諸國知之。[33]

顯然，朱元璋是從「懷柔遠人」的態度出發的，明政府並非沒有意識到夷國的商業需求，只是不願看到華夷之間的關係變成純粹意義上的貿易關係。為此明朝對各國貢期進行了規定，並屢次要求各國遵守規定（見下頁表1-1）。

第二，朝貢國進貢的時候必須按照朝廷規定的貢道進行。為了加強對朝貢使者的管理，明廷要求朝貢國家必須在指定的港口停泊，然後按照規定的貢道入京。指定的港口即是三大市舶司，前文已經指出，三大市舶司接待不同的朝貢國。貢使在市舶司受到招待後，須按指定貢道進京。表1-2根據相關史料對三大市舶司朝貢路線規定進行了總結。

朝廷對貢道的限制非常嚴格，若朝貢國不按規定貢道前來，就會遭到禁止入貢的懲罰。明初缺乏相關資料，但從明中後期一些資料中可見一斑。弘治二年（一四八九），撒馬爾罕使臣由海路經過滿剌加進貢，禮部官員聞後上奏，「南海非西域貢道，請卻之」，孝宗從之。[34]弘治三年（一四九〇），廣東地方官員因對貢道的限制不嚴，致使吐魯番貢使於廣東登岸，為此，孝宗將怠忽職守的「廣東都、布、按三司及沿路關津官」治罪，並將貢使驅逐出境。[35]明初海禁很嚴，明廷十分關注內外勾結情況，故可判斷明初貢道的規定應該更加嚴格。

32 《明實錄》太祖實錄卷一百一十六「洪武九年五月甲寅朔」，上海古籍出版社，一九八三，第一七六三頁。
33 《明實錄》太祖實錄卷八十七「洪武七年三月癸巳」，第一四〇〇—一四〇一頁。
34 張廷玉：《明史》卷四百一十五《外蕃傳》，第八六〇〇—八六〇一頁。
35 《明實錄》孝宗實錄卷四十二「弘治三年閏九月丁酉」，第八六七頁。

表 1-1　明朝朝貢國貢期規定

國名	貢期
安南	三年一貢
占城	三年一貢
朝鮮	一年數貢
琉球	二年一貢（曾一年一貢）
日本	十年一貢
真臘	不一定
暹羅	三年一貢
爪哇	三年一貢

資料來源：《大明會典》《明實錄》《皇明外夷朝貢考》。

表 1-2　明朝朝貢國朝貢路線規定[36]

市舶司	朝貢路線
寧波市舶司	寧波安遠驛—餘姚—紹興—蕭山—杭州—嘉興—蘇州—常州—鎮江—揚州—淮安—彭城（今徐州）—沛縣—濟寧—天津—通州—北京
福建市舶司	泉州來遠驛—延平—建寧—崇安—浙江—北京
廣東市舶司	廣州懷遠驛—佛山—韶關—南雄—梅嶺—南安—北京

第三，規定朝貢規模。在海禁條件下，朝貢是當時中外貿易往來的唯一合法通道。由於朝廷對正貢物品採取厚往薄來的政策，對朝貢國進行賞賜，於是許多朝貢國在貢期與貢道未定的情況下，會趁機加大朝貢規模，企圖獲得朝廷更多的賞賜品。例如，琉球國資源匱乏，經濟上依賴中國產品，其入貢「欲貿中國之貨以專外夷之利」。[37]為此，明廷對朝貢使團及貢品的規模都進行了規定與限制。洪武五年（一三七二），明太祖因高麗頻繁來貢，除了規定貢期之外，亦規定「所貢方物，止以所產之布十匹足矣」，這是明朝規定朝貢規模的開始。[38]永樂初期，明朝規定琉球朝貢每船不過一百人，多不過一百五十人。[39]永樂初對日本朝貢規模規定每貢正、副使等勿過二百人。[40]

(3) 朝貢物品處理辦法

對朝貢物品的處理是否得當直接關係到朝貢制度的成敗。因為夷國貪圖的是朝貢貿易中

36 〔日〕木宮泰彥：《日中文化交流史》，胡錫年譯，商務印書館，一九八〇，第五二〇—五二七頁。原文見高岐《福建市舶提舉司志．賓貢》。
37 《明實錄》憲宗實錄卷一百七十七「成化十四年四月乙酉」，第一九八三、三一八六頁。
38 《明實錄》太祖實錄卷七十六「洪武五年十月甲午」，第一四〇〇—一四〇一頁。
39 申時行：《大明會典》卷一百五，第一〇二四頁。
40 申時行：《大明會典》卷一百五，第一〇二四頁。

的經濟利益，而明朝則期望能夠「用普懷柔」，這之間存在著動機的差異，這種差異就具體體現在朝貢物品處理當中。貢使進貢之時所帶物品分為兩個部分：一是進貢方物，以呈獻皇上，另外還帶來大量私人或者用來交換的物品。對於第二部分的物品，朝廷須認真對待，因為對這部分物品的利益往往是夷國來朝的重要原因。

明廷對朝貢物品的處理採取了兩種方式。對於進貢方物，明朝出於政治上「懷柔遠人」的考慮，採取「厚往薄來」的原則，在賞賜物上虧損較大。然而這部分所占朝貢物品比例較少，「所費不足當互市之萬一」。[41]而據其他史料，朝貢物品僅為全部物品的十分之一。[42]雖然沒有完全的統計，但是從一些年分進貢的比例可見端倪。如成化二十一年（一四八五），日本國王進貢的刀是三千六百一十把，而各大名、寺社附搭的刀卻達三萬五千餘把，幾乎是進貢物品的十倍。[43]由於從事貿易有利可圖，貢使往往帶來大量商人。《明史．天方傳》載，「番使多賈人，來輒挾重資與中國市」。而《明會典》載嘉靖二十九年日本朝貢時，「正副使二人，居坐六員，土官五員，從僧七員，從商六十人」。[44]可見，大量商人隨來進行貿易。

對於附搭進來的物品，明廷實行嚴格管制。外國進貢人員的交易活動必須按規定在兩個地方進行：一是京師會同館；二是沿海市舶司。在弘治以前，朝貢貿易主要在京師會同館進行；弘治之後，才見市舶司港口的互市。[45]私帶物品的貿易程序受到明廷嚴格控制，明廷對參與交易的中方商人都要進行嚴格細緻的挑選，常常造成雙方貨物不相投；按照規定，本來許多可以在沿海進行的交易必須到京師會同館進行。開市時間也有限期，規定朝貢之後，「許於會同館開市三日或五日」，只有朝鮮和琉球與中國關係密切，不拘期限，來即開市。明廷嚴格禁止夷人在館外私下交易，「潛入人家交易者，私貨入官，未給償者，量為遞減」，之後不許此類人再來中國貿易。而若有人「代替夷人收買違禁貨物者問罪，枷號一個月，發邊充軍」。

3. 海禁政策逐漸與朝貢相配合

海禁政策並非朝貢制度的一部分，但是客觀上卻起到了維護朝貢制度的作用。明朝海禁政策是為了防範倭寇與海盜，阻止裡外勾結，維護邊疆穩定而實行的，但是客觀上卻與朝貢制度相配合，形成了有朝貢才有互市、有朝貢才有貿易的局面。然而在論述海禁與朝貢相互

41 張瀚：《松窗夢語》卷四《商賈記》，轉引自李金明《明代海外貿易史》，中國社會科學出版社，一九九〇，第二十九頁。

42 李金明：《明代海外貿易史》，第二十九頁。

43 鄭舜功：《日本一鑑》卷七《貢物》，轉引自鄭梁生《明代中日關係研究：以明史日本傳所見幾個問題為中心》，第六十六頁。

44 申時行：《大明會典》卷一百五，第一〇二六頁。

45 梁方仲：《明代國際貿易與白銀的輸出入》，載《中國社會經濟史集刊》一九三九年第六卷第二期。

配合之前需要澄清關於海禁方面的學術爭議，並進而作為下一步論述的基礎。

關於海禁的第一個爭論是海禁實行的時間。本書認為明朝建立初期並沒有立即實行海禁，朱元璋對海上貿易持鼓勵態度。明朝初年，朱元璋曾經接見當時的大海商朱道山，以示對海商的支持。《送朱道山還京師序》曾記述此事，表明明初沒有實行海禁：

朱君道山，泉州人也，以寶貨往來海上，務有信義，故凡海內外之為商者皆推焉，以為師。時兩浙即臣附，道山首率群商入貢於朝。上嘉納道山之能為遠人先，俾居輦轂之下，優游詠歌，以依日月末光，示所以懷柔遠人之道。海外聞之，皆知道山入貢之榮有如是也。至是海船集於龍河，而遠人之來，得以望都城而瞻宮闕，且人見中國衣冠禮樂之盛，而相與詠歌之者。[46]

從其他史料也可看出明初貿易的狀況。洪武二年（一三六九），太祖諭參政蔡哲雲，福建地濱大海，民物庶富，番舶往來，私交者眾。[47]嘉靖《廣東通志》亦說，明前期「番商私齎貨物，入為易市者，舟至水次，悉封籍之，抽其十二，乃聽貿易」[48]。

正式海禁應該開始於洪武四年。根據《明史紀事本末》，太祖因為倭寇跋扈實行海禁，又使易受倭寇侵擾的濱海居民遷徙內地，將其壯丁編入軍衛。[49]洪武四年十二月，「命靖海侯吳禎，籍（及）方國珍所部溫、台、慶元三府，及蘭秀山無田粱之民，凡十一萬餘人，隸各衛為軍，且禁沿海民私出海」[50]。

另一個問題是，當時海禁的程度，究竟是全面禁止還是有條件的允許下海貿易。在《明史》卷二百五《朱紈傳》中曾這樣記載：「初，明祖定制，片板不許下海。」朱紈還這樣寫道：「我朝立法垂訓，尤嚴夷夏之防，至今海濱父老相傳，國初寸板不許下海。」[51]徐孚遠亦如此寫道：「凡有販番諸商，高給文引者，盡行禁絕，敢有故遠者，照例處以極刑。」[52]可見，確實有許多史料支持全面海禁的觀點，所以「片板不許下海」成為用來形容當時海禁嚴厲的一個常用詞語。

然而《大明律》的記載卻與此不同，從其內容來看，明朝並非一切貿易禁絕，而是對不同物品的貿易實行了不同規定：

---

46 王彝：《王常宗集．補遺》，載《文淵閣四庫全書》，中國基本古籍庫，第三十六頁。
47 《明實錄》太祖實錄卷四十二「洪武二年五月癸丑」，第八三二頁。
48 黃佐：《廣東通志》卷六十六《外志．番夷》，香港大東圖書公司，一九七七，第一七二四頁。
49 谷應泰：《明史紀事本末》卷五十四，載《文淵閣四庫全書》，中國基本古籍庫，第八四四頁。
50 谷應泰：《明史紀事本末》卷五十五《沿海倭亂》，第八四三頁。
51 張廷玉：《明史》卷二〇五《朱紈傳》，第五四〇三頁。
52 陳子龍：《明經世文編》卷四百，第三八一一頁。

凡泛海客商舶船到岸，即將貨物盡實報官抽分，若停榻沿港土商牙儈之家不報者，杖一百。雖供報而不盡者，亦如之，貨物併入官。[53]

凡沿海去處，下海船隻，除有號票文引，許令出海外，若奸豪勢要，及軍民人等，擅造二桅以上違式大船，將帶違禁貨物下海番國買賣，潛通海賊，同謀結聚，及為鄉導，劫掠良民者，正犯比照謀叛已行律處斬，仍梟首示眾，全家發邊衛衙充軍。[54]

凡將馬、牛、軍需、鐵貨、銅錢、段疋、紬絹、絲棉私出外境貨賣，及下海者，杖一百；挑擔馱載之人，減一等，物貨船車併入官。於內以十分為率，三分付告人充賞。若將人口、軍器出境及下海者，絞；因而走泄事情者，斬；其拘該官司及守把之人，通同夾帶，或知而故縱者，與犯人同罪；失覺察者，減三等，罪止杖一百，軍兵又減一等。[55]

上以中國金銀、銅錢、段疋、兵器等物，自前代以來，不許出番。今兩廣、浙江、福建愚民無知，往往交通外番，私易貨物，故嚴禁之。沿海軍民官司，縱令私相交易者，悉治以罪。[56]

這些史料記載十分詳細，涉及產品達十二種之多，對船隻規定也十分詳細。出海需要票號船引，而且二桅以上的大船屬於違禁。二桅大船主要是遠洋所用，所以明朝允許的海上貿易應該主要是近海貿易，居民下海捕魚當屬允許的範圍，禁止的只是遠洋出海貿易。

從史料的可信程度來看，當以《大明律》更為可靠。一是因為這畢竟是官方的規定，而朱紈等人的著作只是一種個人撰寫的文章，《明史》記載也十分模糊。雖然《大明律》於洪武三十年（一三九七）更定，但是卻在明初編輯而成。二是《大明律》對海禁規定記載得更加詳細，所以可能更加屬實。因此可以判斷，明朝並非是「片板不許下海」，只是禁止了遠洋貿易。

明朝海禁進一步嚴厲發生在胡惟庸事件之後。洪武十三年（一三八〇），有人上奏胡惟庸內外勾結謀反，胡遂被朱元璋處死。《明史・日本傳》云：

> 先是胡惟庸謀逆，欲藉日本為助，乃厚結寧波衛所指揮林賢，佯奏賢罪，謫居日本，令交通其君臣。尋奏復賢職，遣使召之。密致書其王，借兵助己。賢還，其王遣僧如瑤，率兵卒四百餘人，詐稱入貢，且獻巨燭，藏火藥、刀劍其中。即至，而惟庸已敗，計不行，帝亦未知其狡謀也。越數年，其事始露，乃族賢。而怒日本特甚，決意絕之，專以海防為務。

53 劉惟謙：《大明律》卷九《戶律五》，日本景明刻本，中國基本古籍庫，第七十八頁。
54 劉惟謙：《大明律》卷十五《兵律三》，第一一九－一二〇頁。
55 劉惟謙：《大明律》卷十五《兵律三》，第一二三頁。
56 《明實錄》太祖實錄卷二百三「洪武二十三年七月辛卯朔已酉」，第三〇五四頁。

此事之後，明朝實行了更加嚴格的海禁措施。根據相關史料，朱元璋開始只允許琉球、真臘、暹羅等國入貢，其他海外諸國一律斷絕往來。但這種措施主要是針對胡惟庸事件採取的一時之策，因為此後的朝貢國顯然不止這三個國家。朱元璋海禁之嚴厲應該是指其禁止國內市場流通番貨與禁止本國商品流出海外市場這兩項措施。政策規定番香、番貨皆不許買賣，見之必然銷毀，民間祭祀只准用松、柏、楓、桃諸香。[57]中國本地所產的香木，概不許銷往海外，否則重罪處罰。[58]這兩項措施對海外貿易猶如釜底抽薪。

永樂時期的海禁措施主要是針對不法商人對朝貢貿易的破壞。永樂皇帝對中外交流持積極態度，曾多次派鄭和下西洋，朝貢貿易非常繁榮，於是一些不法商人趁機從中牟利。從相關史料來看，常有一些不法商人冒充朝廷使臣，到海外索要寶物，或者盜竊朝貢物品，擾亂了正常的朝貢貿易秩序，所以朝廷規定嚴格禁止商人出海，並嚴厲打擊不法行為。[59]

宣德年間，海禁再度趨向嚴格。這主要是因為長期以來海禁執行已不如明初嚴厲，出現了一些官員軍民私造船隻出海，假借朝廷使臣之名向夷國索要貢物的現象。尤其是一些官民和海盜勾結，引起朝廷的注意。所以明宣宗下令「申明前禁，榜諭緣海軍民，有犯者許諸人首告，得實者給犯人家資之半。知而不告，及軍衛有司之弗禁者，一體之罪」[60]。

這些史料體現了朝廷對出海貿易的嚴厲禁止。正是在這樣嚴格的海禁制度下，朝貢貿易成為中外經濟交流的唯一管道，需要與中國貿易的國家必須經過朝貢的管道才能達成目的。所以海禁客觀上配合了朝貢制度，形成了朝貢與海禁互補的制度安排。

二、明朝朝貢貿易制度的內在缺陷

雖然明朝設立了專門的朝貢管理部門，對朝貢具體事宜的規定不可謂不詳細與嚴格，而且海禁政策從客觀上配合了朝貢貿易制度，形成了「有貢才有市」的局面，但是這樣的制度安排仍然存在內在的缺陷，這種缺陷是最終造成朝貢貿易制度失效的重要原因。

1. 海禁政策下朝貢貿易成為唯一合法的貿易通道

海禁客觀上使得明廷將所有貿易納入朝貢控制之下，明人王圻對此做了透徹的分析：「通華夷之情，遷有無之貢，減戎馬之費，抑奸商，使權利在上。」[61]然而與明廷考慮的不同，各大朝貢國的目的不僅僅是結交天朝，更主要在於朝貢體系下的商業利潤，即「雖云修貢，實則慕利」[62]。當時國外手工業比較落後，對明朝手工業產品的需求較大。但是朝貢體

57 黃佐：《廣東通志》，香港大東圖書公司，一九七七，第一七二六頁。
58 《明實錄》太祖實錄卷二百三十一「洪武二十七正月辛丑朔甲寅」，第三三七三—三三七四頁。
59 涂山輯：《新刻明政統宗》卷七，北京出版社，二〇〇七。
60 《明實錄》宣宗實錄卷一百零三「宣德八年六月壬午朔乙未」，第二三〇八頁。
61 王圻：《續文獻通考》卷三十一《市糴考》，明萬曆三十年松江府刻本，中國基本古籍庫，第五七〇頁。
62 顧炎武：《天下郡國利病書》，中國基本古籍庫，第二一七〇頁。

制的管理方式與這種貿易需求相衝突。首先，朝貢貿易制度嚴格控制來華貢使，對各國貢期、貢道、貢使的活動範圍都有詳細的規定。其次，控制朝貢交易地點，對參與交易的中方商人進行嚴格挑選，常常造成雙方貨物互不相投。許多在沿海就可以進行的貿易必須要經過貢道到京師會同館交易，到達會同館後卻未必能夠順利售出或採買到需要的貨物，這無疑加大了朝貢國的貿易成本與風險，而且貢期與朝貢次數的硬性規定很難符合市場需求的變動。

在這種情況下，以朝貢之名，在沿海進行私人貿易是一種更加簡捷便利的獲利方式。據明太祖實錄記載，朝廷規定安南、朝鮮的貢道在陸上，而實際上海路更為便利，因此，此兩國常違反規定自海路而來，在洪武年間曾受到朝廷的譴責。[63]這種狀況表明，明廷欲把所有貿易納入朝貢貿易中，客觀上需要海禁，以杜絕任何違例情況。而如果仍由私人貿易，各國又何必通過朝貢貿易這一非常不便利的方式滿足商品需求，通過沿海私人貿易購買所需商品顯然更加合理。這種趨勢任其發展，必然造成朝貢關係由政治性向經濟性轉化，所以海禁是對朝貢貿易的一個必要補充。

2. 財政約束決定朝貢貿易規模

朝貢國帶來的物品分為兩種，明政府對兩類物品採取不同的管理措施。第一類物品是進貢物，對這部分物品採取「厚往薄來」原則，朝廷的賞賜常常超過進貢物價值以體現「懷柔」目標，對此明太祖曾說：「諸蠻夷酋長來朝，涉履山海，動經數萬里。彼即慕義來歸，則賚予之物宜厚。以示朝廷懷柔之意。」[64]

但是進貢物品只占全部物品的一小部分，[65]大部分是附進物，即國王附進物和使臣自進、附進物。對於附進物品實行「官給鈔買」的方式，以低價買進，高價賣出，同時抽取一定比例的稅。如宣德八年（一四三三）日本入貢附帶的蘇木每斤定價為鈔一貫，而明政府抵付給官員俸祿時的定價為五十貫。[66]同樣是景泰四年（一四五三）的一批附進物，總價值在日本為二千至二千五百貫，而明政府給價僅為三千萬文，獲利甚鉅。[67]

朝廷通過「抽分」制也可獲取收入。明正德以前，對貢使攜帶貨物概不徵稅，但是存在抽分制度。洪武十七年（一三八四）規定，「凡海外諸國入貢，有附進私物者，悉免其稅」。[68]那麼抽分難道不是一種變相的稅收嗎？明初的抽分並非是稅收制度，明太祖規定：

---

63 《明實錄》太祖實錄卷一百六十二「洪武十七年戊戌朔丙寅」，第二五一四－二五一五頁。
64 《明實錄》太祖實錄卷一百五十四「洪武十六年五月甲辰朔戊甲」，第二四〇二頁。
65 李金明：《明代海外貿易史》，第二十九頁。
66 《明實錄》英宗實錄卷二百三十六「景泰四年十二月癸巳」，第五一四四頁。
67 郝楠：《明代倭寇變端委考》，《中國史研究》一九八一年第四期，第十五－二十六頁。
68 《明實錄》太祖實錄卷一百五十九「洪武十七年九月丙申朔甲子」，第二四五九－二四六〇頁。

「其諸番國及四夷土官朝貢，若附至番貨，欲與中國貿易者，官抽六分，給價以償之。仍除其稅。」[69]此段史料表明，官抽分之後，再給夷人價錢，實際上是一種免稅政策。通過抽分獲取收入的關鍵在於朝廷給價時定的價格。對附進物的經營與抽分制使朝廷獲得了可觀的利潤，[70]這些利潤可能正是朝貢貿易體系得以維持兩百餘年的原因之一。

即使政府能夠獲利，朝貢貿易的規模仍要受到中央政府財政能力的約束。因為「沒有貢舶即沒有互市」的安排使得進貢物總是與附進物聯繫在一起。附進物數量受到朝貢規模與次數的限制，這意味著朝廷在經營附進物上獲利越多，對進貢物的賞賜也必然越多。朝廷賞賜的產品幾乎全部由政府控制的官營手工業提供，中央政府所能承擔的朝貢

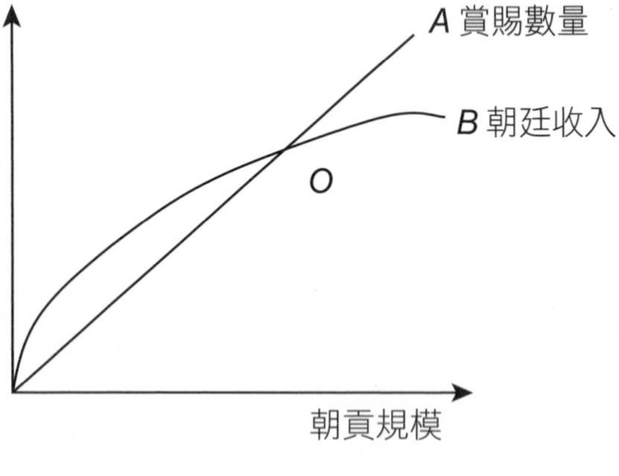

圖 1-1　財政收入約束對朝貢規模的限制

貿易規模往往取決於預先能夠提供賞賜物品的多少。朝貢次數超過一定範圍會給國家財政帶來巨大的負擔，明太祖在一三九〇年就對禮部尚書李厚吉說：「海外諸國歲一貢獻，實勞吾民。」[71]

本書把這種關係表示在圖1-1中。A線表示隨著進貢規模的增加，賞賜數量同比上升。B線表示朝廷收入，因為朝廷要對附進物進行折價，折價比例必然隨著附進物的增加而降低，所以最終B線的斜率會低於A線。B線之所以穿越A線是因為附進物的數量要遠遠大於進貢物的數量。朝貢貿易的淨收入為A、B兩線之間的部分，兩線相交於O點，此時朝廷收益達到最大，之後賞賜價值逐漸超過朝廷經營附進物的收入。要保證收入在O點之後不繼續減少，必須限制朝貢貿易規模與次數，所以明朝政府對各國朝貢次數與攜帶商品數量都進行了嚴格規定。

69 《明實錄》太祖實錄卷四十五，第九〇三頁。
70 關於明廷從朝貢貿易中獲利的研究見李金明《明代海外貿易史》，第二十八—三十四頁；萬明《中國融入世界的步履：明與清前期海外政策比較研究》，社會科學文獻出版社，二〇〇〇，第一五一—一五二頁。
71 《明實錄》太祖實錄卷兩百一「洪武二十二年四月甲午朔戊子」，第三〇一七頁。

3. 朝貢貿易的管理方式造成中央難以監督地方政府

明朝沒有設立專門管理朝貢貿易的機構，而是按照朝貢商品的流動，規定各部門與地方按職權劃分與地域所屬，分工負責。這種管理方式造成幾乎全部政府機關都參與到管理朝貢貿易中來。朝貢國首先接觸的是市舶司，雖然朝廷派有宦官監督市舶司的運行，但其並非朝廷直屬機構。市舶司的行政經費由地方提供，負責日常管理的官員屬於沿海或者邊關的地方政府。市舶司查驗各種手續之後，將貢使安排到驛館。之後按照指定的貢道運送北京。內陸地方政府負責陸上的招待與「遣官輔護」，[72]各地方衛所、府、縣都要承擔一定的涉外職能。[73]入京後，禮部負責朝貢往來宴賜之事，兵部設有南北會同館，南館負責東、西二洋的使節接待。戶部負責接受外國進貢來的奇珍異寶。接待外使時鴻臚寺以及太常寺等也要參與進來。

這種管理方式的好處是不用另設專門的朝貢貿易管理機構，將管理成本分散開來，減輕朝廷的財政負擔。缺陷在於增加了地方政府的財政開支，而且涉及的政府部門過多，各部門權責不明確，對朝貢過程中發生違禁事件易互相推諉，協調與監督的成本過高。中央政府難以監督沿海地方政府，以致地方政府在明中後期私下對民間海上貿易徵稅以擴展稅源。這正是明朝中後期朝貢貿易衰落的原因。

三、財政壓力與私人貿易雙重侵蝕下朝貢貿易衰落

明初海外貿易制度安排的內在缺陷，致使朝貢貿易制度在明中後期走向衰落。第一，在朝廷監管困難的情況下，擴大的海外市場需求對地方官員形成了巨大的誘惑，私人貿易被默許存在，從而不斷衝擊原有的朝貢貿易體制；第二，在財政能力下降的條件下，有限的朝貢貿易額難以滿足海外需求的擴大，私人違法貿易發展起來。

1. 地方政府對中央朝貢制度目標的背離

明朝對朝貢貿易的管理方式，造成各部門權責不明，難以協調與監督地方政府部門。按照前文的分析，要保證朝貢貿易政治目標的實現，必須嚴格控制私人貿易，但是朝廷離沿海市舶司非常遙遠，古代的交通極其不便，要準確瞭解地方政府是否私下允許私人貿易只有依靠兩種方式：一是邊關管理部門的上級，即省級官員的舉報；二是委派欽差進行監控。

省級官員是否舉報取決於舉報的政治收益與風險，但是省級官員與邊關官員的考慮是一致的，因為他們都同樣需要承擔朝貢貿易的管理成本，卻無法從中得到財政上的任何好處。按照明朝規定，朝貢貿易的收入主要歸內府，地方政府不但得不到收入，反而要負責貢使的接待、運送貢物、負責維修貢使的船隻等。正統四年（一四三九）福建監察御史成規言：

琉球國往來使臣俱於福建停住，館穀之需，所費不貲。日給廩米之外，其茶、鹽、醯、醬等物，云出於里甲，相沿已有常例。乃故行刁蹬，勒折銅錢，及今年未半年，已用銅錢七十九萬六千九百有餘。[74]

因此在面對開支困難，朝廷又難以監控的條件下，商船貿易帶來的稅收對地方政府形成巨大誘惑。據記載，首次不顧朝廷規定私下允許私人貿易的正是廣東布政使司。一五〇八年，廣東布政使司吳延舉等人以「缺少上供香料及軍門取給」為由，開始對外國來廣船隻進行抽分，從而打破了「貢船」貿易一統天下的局面。[75]這引起了朝廷的爭議，一五一四年武宗針對吳延舉等人的行為，要求「禁約番船，非貢期而之者即阻回。不得抽分，以啟事端」[76]。一五二九年提督兩廣侍郎林富上《請通市舶疏》，要求通番船，之後朝廷不得不讓步，地方政府才逐漸獲得了對商船的徵稅權。

省級監督難以發揮作用，欽差進行監控也往往適得其反。明朝常常委派宦官駐紮市舶司監督地方官員，但是欽差的辦公費用卻由地方承擔。這樣的財政安排無疑是又另設了一層地方機構，而沒有起到中央直屬的監督作用。事實上，宦官違禁狀況與地方政府相比有過之而無不及。比如控制明朝中期貢船貿易近二十年的市舶太監韋眷，「常遣其黨私與海外諸番通番貿易」[77]，番禺知縣高瑤發其贓銀巨萬。[78]成化二十三年（一四八七），天方國來華朝貢，太監韋眷對其隨意盤剝，而且還誣告天方貢使為間諜。[79]由於市舶太監並不關注地方經濟利益，所以與地方政府不同，他們不僅從違禁貿易中中飽私囊，而且對私人貿易任意盤剝。

可見這種朝貢制度設計，造成朝廷無法有效監督地方政府，於是也就無法克服中央與地方目標的不一致。中央的目標是政治上的「懷柔遠人」，地方政府則需要減輕地方財政負擔，獲取商稅收入，兩者目標相互衝突。地方政府對朝廷目標的背離是一種無法逆轉的趨勢，這造成明朝中期朝貢貿易制度的崩壞。

2. 朝貢貿易的衰落與私人貿易的興盛

明朝實行的朝貢管理體制使其難以對地方政府進行監督，而海外需求的增長又提高了地

72 鄭梁生：《明代中日關係研究：以明史日本傳所見幾個問題為中心》，第一二五頁。
73 高岐：《福建市舶司提舉司志·賓貢》。
74 《明實錄》英宗實錄卷五十八「正統四年八月丙子朔戊戌」，第一一二〇頁。
75 《明實錄》武宗實錄卷一百四十九「正德十二年正月乙亥朔戊寅」，第二八九八頁。
76 《明實錄》武宗實錄卷一百九十三「正德十五年十一月戊午」，第三六二〇頁。
77 張廷玉：《明史》卷一百六十四，第四四五八頁。
78 張廷玉：《明史》卷一百六十一，第三八二五頁。
79 張廷玉：《明史》卷三百三十二，第八四四四頁。

方政府禁止民間貿易的機會成本，於是總有私人貿易能夠在地方政府的默許下繞過朝貢體系的控制。而私人海上貿易的發展又會進一步侵蝕朝貢貿易，因為相對於控制嚴密的朝貢貿易體系來說，私人海上貿易是更為簡便的貿易方式。

正統之後，朝貢貿易開始衰落，而私人海上貿易興起。圖1-2統計了明朝各代朝貢次數。從圖中可以看出，永樂年間由於鄭和下西洋的影響，朝貢貿易非常繁榮，之後迅速衰落。特別是正統之後，朝貢次數持續降低。與朝貢貿易衰落相對應的是海外需求的增長與私人海上貿易的興起。大約從十六世紀開始，國際市場需求隨著美洲白銀被大量開採出來及日本白銀的流入而大增，據估計，十六至十八世紀，美洲大約產出了

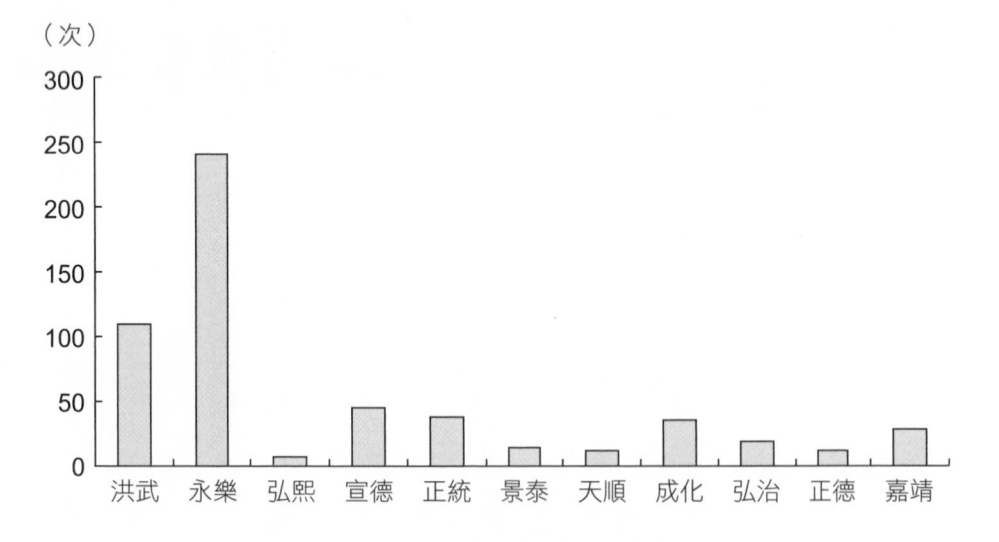

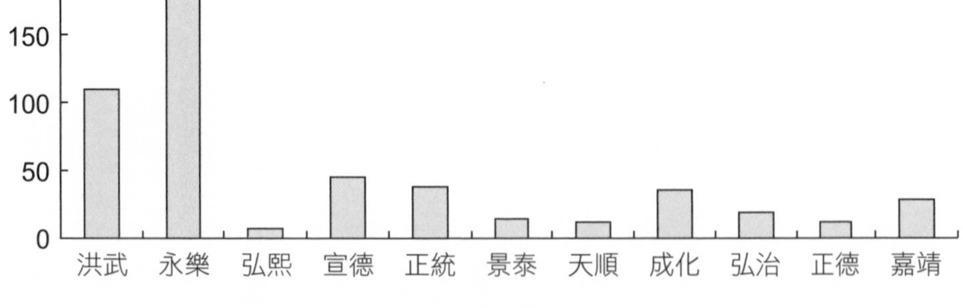

圖 1-2　明朝各代朝貢次數統計 [80]

六萬噸白銀，其中的三分之一到二分之一都流到了中國，[81]海外白銀的流入反映了海外市場對中國手工業產品需求的增長。宣德、正統以後，私人海上貿易興盛起來，「私船以禁馳而轉多，番船以禁嚴而不至」[82]。史書記載「成（化）、弘（治）之際，豪門巨室間有乘巨艦貿易海外者。奸人陰開其利竇，而官人不得顯其權利」[83]。當時「有力則通番船」，無本錢則以幫雇身分參與民間貿易已是普遍現象。[84]

朝貢貿易衰落與私人貿易興起存在內在的聯繫。根據圖1-1（本書五十四頁）的分析，財政能力決定了朝貢貿易規模。明中期朝廷財政能力下降，可供支援的朝貢貿易規模必然下降。同時海外需求增長，有限的朝貢貿易規模更加難以滿足市場需求，民間貿易只得以非法形式進行。正統以後，明朝國勢衰微，財政匱乏。正統十四年（一四四九）七月，瓦剌擾邊，明英宗率軍親征，在土木堡被圍，史稱「土木之變」，明朝國力受到重創。此後，由

80 原始數據見李慶新《明代海外貿易制度研究》，社會科學文獻出版社，二〇〇七，第五十六—五十八、一六八頁；李雲泉《朝貢貿易制度史論》，新華出版社，二〇〇四，第三十六頁。

81 〔德〕安德列．貢德．弗蘭克：《白銀資本：重視經濟全球化中的東方》，劉北成譯，中央編譯出版社，二〇〇〇，第二五七頁。

82 《明實錄》孝宗實錄卷七十三「弘治六年三月丙寅朔丁丑」，第一三六八頁。

83 張燮：《東西洋考》卷七《餉稅考》，中華書局，二〇〇七，第一三四頁。

84 黃啟臣：《黃啟臣文集》二，天馬圖書出版有限公司，二〇〇三，第二五六頁。

於宦官專權與政治腐敗，明中期先後發生了七次大規模的內亂。[85]內亂與邊患使政府財政捉襟見肘。[86]《明經世文編》記載正德初年歲入一百四十九萬餘兩，歲出超過四百萬餘兩。[87]財政支付能力的下降大大限制了朝廷所能容忍的朝貢次數與規模。對此，明朝有大臣反映：「雖曰厚往薄來，然民間供納有限。況今北虜及各處進貢者眾，正宜撙節財用。」[88]

一個疑問是雖然明朝中期財政匱乏，但是朝貢賞賜畢竟只占財政支出的一小部分。這一點並不能反駁財政能力對朝貢規模的限制，對此的解釋要涉及明代財政的特點。明代主要財政收入來源於田賦，大約占到全部收入額的七五%。[89]洪武帝採取了稅收定額制度，對各個稅課司局固定稅收額度。這種缺乏收入來源調整的財政制度，造成稅收基數非常有限。由於不能開源所以只好節流，政府儘量簡化職能，依據職能將支出固定化，達到將財政支出控制在一定範圍內的目的。這樣脆弱的財政體制造成政府支出上的剛性（編注：在一定範圍內，不隨其他變數〔政府收入〕的變化而發生增減的支出），一旦發生需要財政投入的重大危機事件，就會造成各個方面支出能力的下降。

3. 中央與地方對貿易控制權的爭奪

弘治年間，為了重振朝貢貿易，對朝貢制度進行了一些調整。首先對各國朝貢貨物抽分給價進行了重新規定。由於琉球、暹羅和滿剌加等國歷來進貢的方物最為豐富，[90]所以給這些國家巨大的優惠，對其進貢物品給出了高於正常估價二至一百倍不等的定價，[91]企圖以此吸引更多的國家來朝貢。另外多次重申海禁規定，據明憲宗實錄記載，分別在弘治五年、六年、七年、九年以及十三年不斷發布海禁法令。[92]這些措施由於沒有抓住朝貢貿易衰敗的根源，所以效果不理想，弘治年間朝貢次數僅為十八次，甚至少於成化年間的次數（見圖1-2）。

明政府還企圖通過委派更多的太監來進行直接有效的監控（見下頁表1-3）。明中期委派太監的數量呈上升趨勢，正德年間數量最多，達到十一名。但是朝廷同樣不能監控太監的行為，而且太監並不關注地方的利益，造成的結果是太監任意對邊關貿易進行盤剝。比如，

85 分別為正統九年（一四四四），正統十三年（一四四八），成化元年（一四六五），成化元年（一四六五），成化五年（一四六九），正德五年（一五一〇），正德、嘉靖年間。參與總人數至少有二十萬以上。見江地《明代中期政治經濟與農民戰爭》，《山西大學學報》一九八三年第一期，第八十一九十頁。
86 吳承明：《中國的現代化：市場與社會》，載中國社會科學院科研局編選《吳承明集》，中國社會科學出版社，二〇〇二，第二二〇頁。
87 陳子龍：《明經世文編》卷八十五《韓忠定公奏疏》，第六五九頁。
88 《明實錄》英宗實錄卷二百三十六「景泰四年十二月癸未」，第五一四八頁。
89 黃仁宇：《十六世紀明代中國財政稅收》，三聯書店，二〇〇一，第五十五頁。
90 李雲泉：《朝貢貿易制度史論》，第一〇四頁表四。
91 李慶新：《明代海外貿易制度研究》，第一七五頁。
92 李慶新：《明代海外貿易制度研究》，第一七八－一八〇頁。

成化十一年（一四七五），市舶太監韋眷就以「采造進奉物品」為由，奏疏加重對沿海商民的稅賦，引起了地方官員的反對。[93]另外，垂涎於商舶貿易稅收的市舶太監還與地方官員爭奪抽稅權。正德四年（一五〇九），「暹羅船有為風漂泊至廣東境者，市舶司太監熊宣計得預其事以要利，乃奏請於上。禮部阻之。詔以宣妄攬朝事，以內宮太監畢真代之」[94]。正德五年（一五一〇）畢真再次提出兼理商船抽分事務，這次獲得了允許。

太監的橫徵暴斂與中飽私囊引起了地方官員的普遍不滿。成化、弘治年間，廣東布政使陳選、彭韶以及番禺知縣高瑤等先後上奏彈劾太監。正德六年（一五一一），寧波知府在沒有上奏的情況下，將不法太監繩之以法。[95]嘉靖八年（一五二九），廣東巡撫林富疏請裁撤廣東市舶內官。嘉靖九年（一五三〇）之後，各地宦官陸續被裁撤。王川對當時市舶太監進行了研究，也發現委派宦官不僅擾亂了正常的市舶秩序，而且禁錮了私人海上貿易。[96]

表 1-3　明代委派市舶太監數目

	永樂	洪熙	宣德	正統	景泰	天順	成化	弘治	正德	嘉靖
福建	1		2	3			4	2	5	
浙江							1		3	1
廣東						1	2		3	1

資料來源：原始數據見李慶新《明代海外貿易制度研究》，第 130-132 頁。

第三節 中西貿易政策比較

本節主要比較中西兩種貿易政策的差異。歐洲貿易擴張並非依靠其在經濟上的優勢，歐洲並不能向國際市場提供有競爭力的產品。歐洲的擴張是在對他國財富渴求下進行的一種武力征服，因為歐洲自身提供不出優秀的產品，所以只能以武力將自己需要的貿易秩序強加於世界。相反地，明朝在構築朝貢貿易之前，相對於亞洲周邊國家在文化與經濟上具有絕對的優勢。明朝沒有依靠武力，而是依靠自身的吸引力建立起了一個和平的貿易體系。對兩種貿

93 譚希思：《明大政纂要》卷三十二，清光緒思賢書局刻本，臺北文海出版社有限公司，一九八八。

94 《明實錄》武宗實錄卷四十八「正德四年三月癸巳朔庚申」，第一一一〇頁。

95 徐兆昺：《四明談助》卷十，寧波出版社，二〇〇三，第三七二頁。

96 王川：《市舶太監與南海貿易——明代廣東市舶太監研究》，博士學位論文，中山大學歷史系，一九九九，第一一一頁。

易政策的比較將追溯到中西所處的不同發展環境，進而所產生的經濟思想，以及受到不同思想指導下政府的經濟政策，本節將通過這種比較來揭示中西貿易體系的不同以及對中國商業的影響。

一、不同的國際環境是中西貿易政策差異的外在約束條件

中國與西方面臨不同的國際環境。在西方的政治體系中，每個國家既要同其他國家競爭，同時又需要與別國進行貿易；而中國沒有可以與之匹敵的對手，在貿易上，對別國的需求較少，而他國對中國產品需求較大。這種狀況決定了中西方對國際貿易持不同的看法，西方國家注重的是如何在競爭中謀求生存，注重商業利益；而中國更加關注通過國際關係「懷柔遠人」，增加統治者的權威與合法性，商業利益並不十分重要。

歐洲的地理環境決定了歐洲是一個多元的政治體系。[97]歐洲肥沃土地的分布在地理上具有不連續性，土地肥沃的地區形成了人口密集、生活富裕的經濟政治中心，歐洲多元的政治體系正是以這些分散的中心區域為基礎形成的。[98]這些分散的政治體系之間沒有合併成一個國家，而是形成了誰也無法統治誰的政治單位。在十四世紀，歐洲大約有一千個不同的政體，到了十六世紀，由於民族國家的發展，大約有五百個獨立政體。

政治上的分散性使得國家之間存在著很強的競爭性。任何一個國家，在這個分散的政治

體系中如果不夠強大，就有被吞併的危險。自從羅馬帝國分裂以後，各國君主爭先充當歐洲霸主，從查理曼大帝到哈布斯堡王朝，以及查理五世、菲力普二世等，歐洲的霸主不斷變化，反映了國家勢力的變化與國家間的激烈競爭。國家競爭是歐洲內部戰爭的重要原因。自一四九二年至一六四七年一百五十多年間，在九十四次歐洲內部戰爭中，國家間的戰爭就達六十二次，導致戰爭最重要的原因是領土和霸權問題，其次是宗教、爭奪權力、民族、商業、爭奪殖民地等。[99]競爭的外在壓力，促使各國君主都十分重視國家力量的加強。

除了相互競爭，歐洲國家之間在經濟上的聯繫十分緊密。十一世紀歐洲商業復甦，經濟往來日益密切，第一個歐洲經濟世界開始孕育。[100]在這個經濟世界中，城市是流通的樞紐，以城市為核心形成了歐洲的經濟中心，先是地中海的威尼斯，接著是安特衛普以及阿姆斯特丹。在這個巨大的商業網中，北歐提供羊絨以及穀物等食品，地中海附近的義大利城市則運

97 E. L. Jones, *The European Miracle* (Cambridge University Press, 1981), p.105；〔美〕甘迺迪：《大國的興衰：一五〇〇－二〇〇〇年的經濟變遷與軍事衝突》，第三十六頁。
98 E. L. Jones, *The European Miracle* (Cambridge University Press, 1981), pp.105-106.
99 許二斌：《近代早期（一四九二－一六四七年）歐洲戰爭原因類型研究》，《鞍山師範學院學報》二〇〇三年第十期，第十一－十五頁。
100 〔法〕費爾南．布羅代爾：《十五至十八世紀的物質文明、經濟和資本主義》第三卷，第五頁。

來紡織品與東方的香料。在十七、十八世紀，隨著民族市場代替城市經濟，[101]荷蘭、英國等成為經濟中心，開始輸出工業品，而北歐充當了原材料提供者，地中海世界則經營著奢侈品的生產與貿易。

與歐洲多元體系國家競爭格局不同，中國很早就走上了統一的道路，鄰國相對弱小，缺乏之外在的競爭者。黃河流域肥沃的沖積平原非常適合人類定居，從而逐漸形成了中國的政治經濟中心。而這個中心因為需要調動全國資源應對水利問題，小國難以應對，於是形成了一個統一的面積廣闊的大國家，這個國家建立起了一整套完備的官僚體系。[102]一旦統一的國家形成，又缺乏鄰國的競爭，國家統治者面臨的最大威脅便是國家內部的反叛。所以政府更加注重保持社會內部的穩定，而不是與別國在國際貿易體系中爭奪財富。

中國傳統經濟自給自足的程度較高，對國際貿易依賴程度小。國外對中國商品的需求大於中國對國外商品的需求是中國與外部世界經濟關係的基本特徵。中國歷史上的對外貿易不是因為中國人渴求得到外國商品，而是因為外國人需要中國商品。[103]這種特徵從十五至十八世紀國際貿易進出口產品的種類可以得到反映，中國輸出品主要以絲織品、棉織品、陶瓷、冶金製品等手工業品以及茶葉為主，而輸入品的種類非常少，[104]大量的貿易出超部分以海外白銀流入的方式得到平衡。中國文明對周邊地區形成了強大的吸引力，周邊地區對中國的需求要遠遠大於中國對周邊國家的需求，這是傳統中國面臨的國際環境。

二、中西貿易政策的不同思想

由於發展環境的不同，導致不同的貿易觀念。西方國家將其他國家當作競爭對手，強調在競爭中謀求生存之道，因此其政策目標在於國家強大；此外，注重商業利益，強調從國際貿易中增強國家勢力的重要性。傳統中國的貿易秩序也具有相對的兩個特徵：第一，將重農抑商政策延伸到國際貿易中，不注重商業利益；第二，更加關注國際貿易的政治性與華夷秩序的構建。

大約從十四世紀到十八世紀，流行於歐洲，指導各國君主制定政策的是重商主義思想。重商主義的產生是與歐洲社會的變革聯繫在一起的。十三世紀，歐洲專制王權逐步建立，「國家利益高於一切」的思想開始出現。一三八五年，約翰由議會推舉為葡萄牙國王，從此葡萄牙王權加強，開始對外擴張，增加國家勢力。在葡萄牙之後，西班牙也成為一個民族國家。強有力的王朝政府的建立為遠洋探險提供了堅實的財源保障和軍事支援，從此兩國走上

101 〔法〕費爾南・布羅代爾：《十五至十八世紀的物質文明、經濟和資本主義》第三卷，第三一一頁。

102 黃仁宇：《中國大歷史》，三聯書店，一九九七，第七頁。

103 Mancall, Mark, *China at the Center: 300 years of Foreign Policy* (New York: Free Press, 1984), p.10.

104 聶德寧：《明末清初的民間海外貿易結構》，《南洋問題研究》一九九一年第一期，第八－十七頁。

了對外擴張、富國強兵的道路。英國的專制王權形成於都鐸王朝時期，從亨利八世到伊莉莎白時期，完成了建立強大民族國家的任務，從此英國成為歐洲強國之一。歐洲大陸的其他國家同樣加強了君主權力，為民族國家的形成準備了條件。隨著國家與國家意識的形成，各國都把國家富強作為發展目標，積極開拓海外市場，爭奪國際貿易。正是在這種背景下，重商主義成為各國君主制定貿易政策的指導思想。

重商主義思想的目標直指國家強大，其主要內容包括財富觀、對外貿易和國家干預三個方面。重商主義認為貨幣（金銀）是最好的財富，貨幣的多寡是衡量國家富裕程度的標準。由於西歐一些國家缺少金銀礦藏，所以重商主義將對外貿易看作財富來源的重要途徑，即通過少買多賣實現金銀的流入。例如湯瑪斯．孟認為，「對外貿易是增加我們財富和現金的通常手段，在這一點上，我們必須時時謹守這一原則」[105]。為了從對外貿易中獲得財富，重商主義還強調國家的作用，認為國家對經濟的干預是國家致富的重要保證，例如馬林斯就認為，實現財富的任務須寄託於國家身上，國家在對外貿易方面的干預十分重要。[106]重商主義關於干預經濟的思想實質上是主張政府幫助商人開拓國際貿易，例如壟斷對外貿易，頒布保護商業與工業的法令，限制或禁止貨幣輸出和商品進口，實行保護關稅，商業與國家政權結合進行殖民擴張等。

與西方社會的貿易理念截然不同，傳統中國在國際貿易中延續了重農抑商政策，不重視商業利益。重農抑商政策是中國歷代封建王朝最基本的經濟指導思想，主張以農為本，限制工商業的發展。明清也不例外。洪武十八（一三八五）年，太祖諭戶部曰：「人皆言農桑衣食，然棄本逐末，鮮有救其弊者。」[107]正是出於這種認識，明廷並不關注國際貿易中的商業利益，而是將其看作「懷柔遠人」的手段。永樂時期，有人建議明成祖對進貢船隻徵稅以增加收入，明成祖卻說，「商稅者，國家以抑逐末之民，豈以為利？今夷人慕義遠來，乃欲侵其利，所得幾何，而虧辱大體多矣。」[108]徵收商業稅收竟然成了「虧大體」的事情。

傳統中國不重視國際貿易中的商業利益，其建立的貿易體制不在於貿易而在於其政治性，即「自古帝王臨御天下，中國屬內以制夷狄，夷狄屬外以奉中國」的華夷秩序。華夷秩序是傳統儒家治國理念在外交上的延續。在儒家眼中，天下秩序應該是以「仁」為精神、以「禮」（宗法倫理秩序）為架構的。「禮者，天地之序也。」[109]華夷秩序是一種以天子為核心的、倫理等級式的天下模式。中國的天子與「四夷」的君長之間的關係，在名義上是類似於分封制下天子與諸侯之間的君臣關係，是宗主與藩屬之間的關係，而分封制下的諸侯對

105 〔英〕湯瑪斯．孟：《英國得自對外貿易的財富》，袁南宇譯，商務印書館，一九六五，第九十四頁。
106 〔英〕埃里克．羅爾：《經濟思想史》，陸元誠譯，商務印書館，一九八一，第七十頁。
107 《明實錄》太祖實錄卷一百七十五「洪武十八年九月戊子」，第二六六一頁。
108 《明實錄》太宗實錄卷二十四「永樂元年十月甲戌」，第四四七－四四八頁。
109 崔高維校點《禮記．樂記》，遼寧教育出版社，一九九七，第十六頁。

天子的「朝」、「貢」之制，則是維繫「中國」與「四夷」關係的基本方式，在這種理念之下，貿易只是傳統中國體恤遠人的方式。

三、國家與商人的關係

由於中西方對待國際貿易的態度截然不同，所以政府與商人的關係也不相同。歐洲各國把其他國家當作競爭對手來看待，貿易是各國增強國家勢力的重要途徑，政府支持商人從事貿易擴張，為了壟斷貿易，常常不惜動用武力。相比較，中國政府則採取了抑商政策，忽視商業利益，不支持商人，不保護商人，即使中國商人遭西方國家的屠殺也置之不理。

西歐國家普遍採取了支持商人開拓市場的貿易政策。早在威尼斯鼎盛時期，市政府就建立了佛蘭德爾大艦隊，保護商人貿易的安全。十五世紀，葡萄牙亨利親王開辦航海學校，培訓航海家幫助商人開拓遠洋貿易。西班牙君主國家體制建立之後，即實行重商主義政策。尼德蘭在十七世紀的興旺得益於對其他國家的工匠、商人和水手的吸引政策。[110] 英國為了增加本國產品的競爭力，運用保護關稅促進工業製成品的出口，頒布《航海法案》，規定葡萄酒等酒類的商品運輸必須由英國的船隻和水手進行，政府採取頒發獎金補貼航運等措施。

西歐政府不僅從政策上支持商人，而且直接代替商人開拓海外市場。西歐政府一方面通過軍事力量排擠競爭對手、壟斷貿易，另一方面在殖民地推行殖民政策，掠奪財富。一三八〇年，威尼斯市政府占領基奧賈，消滅熱那亞艦隊，幫助威尼斯商人取得地中海貿易的優勢。西班牙與葡萄牙直接派遣軍隊占領殖民地，然後將貿易專利權賣給本國商人。荷蘭獨立後，即搶占西班牙和葡萄牙的殖民地和市場，然後成立荷蘭東印度公司發展貿易。英國後來者居上，先是發動戰爭打敗了西班牙的無敵艦隊，並於一六五四年打敗荷蘭，迫使其承認《航海條例》，接著在十八世紀的一系列戰爭中沉重打擊了法國的海上勢力，從而為本國商人的海上貿易掃清了道路。之後，英國海上商船數量猛增，十八世紀全球共有八千多艘英國船隻游弋於海上貿易中。

由於朝貢貿易體系的本質不在於貿易而在其政治性，所以傳統中國並不支持商人從事國際貿易，而是關注如何通過這個體系「懷柔遠人」，維護華夷秩序。明代實行了朝貢貿易與海禁政策相配合的制度，朝貢貿易成為唯一合法的貿易管道，「是有貢舶既有互市，非入貢不許互市」，[111]從而將所有貿易納入朝貢體系之下，這種以有限交換為特徵的朝貢貿易自然不能滿足正常的市場需求。朝貢貿易也不是按照商業原則進行的，而是採取了「厚往薄來」的政策，以示朝廷對夷國的體恤。在開海期間，是否是朝貢國是能否與中國通商的前提。朝廷對商人出海實行種種限制，例如採用「船引」限制出海船隻數量，月港只准本地商人出海

110 〔法〕費爾南・布羅代爾：《十五至十八世紀的物質文明、經濟和資本主義》第三卷，第二〇七頁。

111 王圻：《續文獻通考》卷三十一《市糴考》，第五七四頁。

而不准外國商人入境，允許外商來廣州、澳門貿易，不准內陸商人從此兩地出海。縱觀明清兩代，海禁及種種對貿易的限制措施屢屢頒布，束縛了國際貿易的發展。

傳統中國不但不支援商人，而且對中國商人遭受外國殖民者的殺戮與剝削置之不理。西班牙殖民者分別在一六〇三年、一六三九年、一六六二年和一六七二年四次對在馬尼拉經商的華人進行大屠殺，造成中國商人到馬尼拉經商的船隻大幅度減少。[112] 對此，中國政府不但沒有採取任何措施保護商人，反而譴責這些華人是愧對祖先的逆子。[113] 荷蘭殖民者將在印尼經商的華人視為自己的競爭對手，於一七四〇年在巴達維亞屠殺了大量華人，事件發生後，閩浙總督策楞在向皇帝上奏此事時竟然宣稱「噶喇吧番目戕害」的漢人是咎由自取。[114]

四、建立和維持貿易方式的不同

國家與商人的關係不同，所以中西建立與維持貿易的方式也不相同。在西方貿易世界中，歐洲各國要與其他國家競爭，爭奪貿易利潤，國家常常採取武力手段支持商人開拓貿易，這個貿易世界是依靠軍事與暴力形成的，帶有征服與被征服、剝削與被剝削、掠奪與被掠奪的不平等性。傳統中國建立的華夷秩序是一種和平的貿易關係，朝貢貿易建立的基礎是他國對中國經濟的需要，而不是中國對他國的武力強迫，所以不存在中國剝奪他國的狀況。

西方國家建立的貿易世界帶有很大的不平等性與暴力性質，包括獨占貿易市場，剝奪他國商人從事貿易的機會，以及將殖民地強制納入歐洲貿易體系。西方國家建立資本主義世界貿易體系的過程，就是國家間相互征服與剝奪的過程。葡萄牙與西班牙率先走上貿易擴張之路，雙方就如何瓜分世界多次發生衝突，最後經過羅馬教皇的調節才暫停糾紛。為了稱霸印度洋，葡萄牙軍隊摧毀了摩爾人與埃及商人的貿易據點。十六世紀，西班牙為了排擠他國商人，保護本國商船，成立了無敵艦隊，最終壟斷了歐洲與東方及美洲的貿易。荷蘭獨立後，展開對西班牙與葡萄牙殖民地的搶奪，終於在十七世紀中葉取代西班牙成為世界商業霸主。英國也積極展開海外貿易爭奪，於一五八八年重創西班牙無敵艦隊，在十七世紀中後期與荷蘭展開貿易權爭奪，從十七世紀末開始與法國多次發生戰爭，爭奪海上霸權，最終建立起「日不落帝國」。

按照彭慕蘭的觀點，西方的發展得益於來自新大陸的「生態橫財」，然而「生態橫財」的獲得是靠強制與暴力的手段將新大陸經濟強制納入歐洲貿易體系。西班牙、葡萄牙占領美洲之後，美洲開始向歐洲提供貴金屬、原料和食品。這種轉變並不是基於美洲大陸自身的經

112 范金明：《十六世紀後期至十七世紀初期中國與馬尼拉的海上貿易》，《南洋問題研究》一九八九年第一期，第七十—七十九頁。
113 陳子龍：《明經世文編》卷四百三十三《初報紅毛番疏》，第四一五五—四一五六頁。
114 中國人民大學清史研究所編《清史編年》第六卷，中國人民大學出版社，二〇〇〇，第一五六頁。

濟發展需要產生的，殖民者對美洲土著居民進行掠奪與推行奴隸制是這種轉變發生的前提。西班牙等殖民者首先在美洲圈占土地，迫使大量土著居民變成沒有生產資料的雇用勞動者，然後利用這些勞動力從事美洲金銀礦的開採和種植園的勞作。除了上述雇用勞動者，殖民者還採取了奴隸制度。由於美洲勞動力缺乏，殖民者從非洲販賣黑人奴隸到美洲，強迫他們從事勞動。荷蘭與英國等建立了特許公司經營殖民地事業，其掠奪財富的手段與西班牙和葡萄牙沒有本質差別。荷蘭東印度公司成立之初，便被授予可代表國家宣戰、建立武裝、構築炮臺等特權，儼然成為殖民者的機構代理。對於英國東印度公司，馬克思曾說，其是「一個軍事的和擁有領土的強權」。[115]正是在這種暴力與強制手段之下，西歐國家能夠低成本利用美洲白銀在世界市場上購買所需產品，同時西歐本土利用殖民地低廉的原材料從事工業生產，再將工業品輸向全世界。

相比之下，華夷關係是一種和平的關係。華夷關係的實現既不是依靠政治上的從屬關係，也不是以武力征服他國使其屈從，而是依靠「懷柔遠人」使他國產生「向化之心」。朝貢體系的基本精神，是強調「耀德不觀兵」的「德化」，這一點在孔子的「遠人不服，則修文德以來之」中，在《禮記．中庸》的「柔遠人，則四方歸之」中，都有充分的體現。明初朱元璋在談到對外政策時說：「海外蠻夷之國，有為患於中國者，不可不討；不為中國患者，不可輒自興兵。」[116]武力只是維護基本國家安全的手段，而不是征服他國的工具。朝貢貿易體系得以維持幾百年的原因是夷國對中華帝國文明的需求，以及中華帝國通過朝貢貿易向夷國的經濟流動。通過朝貢中的封賞與朝貢貿易，朝貢國獲得了巨大的經濟利益，而中國換來的是宗主國的地位被周邊國家承認。從這個角度來說，華與夷的關係是互惠互利的關係，只是雙方利益訴求有所不同。

因此，兩種體系相比，西方強調的是積極擴張，而中國追求的是「四夷來朝」、「德化來遠」，一個強調的是「去」，一個強調的是「來」。正是朝貢制度的這種特徵，決定了朝貢貿易體系不可能以中國對夷國的掠奪為機制，而是以周邊地區對中國文明的內在需求為動力。「華夷」之間的經濟交往雖然較少，但是經濟關係是平等互惠的，經濟交流促進了各國經濟的發展和社會的進步。相反地，西方貿易體系的建立，是以掠奪殖民地的財富、資源和勞動力為基礎的，資源、財富從殖民地向宗主國流動，從而形成了一種征服與被征服、剝削與被剝削、掠奪與被掠奪的國際貿易關係，這是西方貿易體系的一個基本特徵。

五、從中西貿易政策差異看中國對外貿易發展

由於中西貿易政策的不同，所以決定了國際貿易演變和發展前景的差異。西方國際貿易

115 《馬克思恩格斯全集》第九卷，人民出版社，一九五八，第一六九頁。
116 陳仁錫：《皇明世法錄》卷六《太祖高皇帝祖訓》。

得以維持和擴張的重要原因是政府，所以貿易中心的轉換以及貿易興衰與國家經濟功能的發揮密切相關；相反地，朝貢貿易體制得以維持的前提是明政府是否能夠控制市場力量對朝貢貿易的侵蝕以及對地方官員行為的監督。

在西方國家貿易擴張過程中，貿易中心經由地中海轉移到伊比利半島，之後到荷蘭，轉換的關鍵原因是新的政府在貿易擴張中發揮了更加積極的作用，從而取代了原來的國家。威尼斯在商業上的衰敗是因為不敵葡萄牙的競爭。雖然十三世紀歐洲與東方的貿易完全受到威尼斯商人的控制，但是由於葡萄牙在直航印度中獲得成功，隨之而起的大規模貿易，尤其是香料貿易大大打擊了威尼斯的商業地位。而葡萄牙對非洲與新大陸貿易的拓展直接擊潰了威尼斯的貿易地位並取而代之。葡萄牙由於其建立的殖民商站制度極度脆弱，容易受到他國的武裝排擠，所以在新興的荷蘭面前，不斷地失去對全球市場的控制。而西班牙鼓勵進口外國工業品，限制本國工業品的輸出，大大便利了荷蘭工業的興起，從而最終被荷蘭打敗。

隨著西方貿易中心的轉移，西方國家貿易圈的範圍在逐漸擴張。明朝朝貢貿易圈不具有擴張性，而西方國家建立的貿易世界具有不斷向外擴張的特點，由原來的地中海沿岸，逐漸推廣到非洲、美洲，並在十六世紀初到達亞洲。因此，中西兩種不同的貿易體系即將並最終在亞洲海域發生碰撞。在這種相遇的過程中，中國商人與政府將會遇到一個截然不同的貿易對手與貿易秩序。在這個西方所推廣的國際貿易中，通過暴力來打擊他國商人和壟斷貿易是一種常態，而且新的貿易商人會不斷吸取原有貿易商人的教訓，採取更加使亞洲商人難以擺脫的控制手段來進行掠奪貿易。新成立的荷蘭就建立了東印度公司推廣在亞洲的貿易，之後的英國東印度公司除了武力，還採取鴉片等手段。在這種形勢下，明朝政府及其建立的朝貢貿易體系又該如何應對呢？

明朝後期的歷史表明，明政府既無力維護明初苦心建立起來的朝貢貿易體系，也無法應對西方國家的仗劍經商。

無力維護朝貢貿易體系：

第一，明政府被迫實行有限制的開海政策。明後期，政府陷入尷尬的境地，如果不對私人貿易進一步採取措施，只會使地方政府長期陷入違法的境地。但將所有貿易一概絕之，斷絕一切對外往來，在現實上既不可能，也違背朝貢體制的政治目標。正是在這種形勢下，與其允許民間貿易不斷侵蝕朝貢體系，進而置地方政府於違反朝廷法度的狀況，不如轉而承認民間貿易的合法地位，並通過各種限制性措施將其置於可控範圍內。朝廷政策的轉變可以從隆慶三年（一五六九）工科給事陳吾德的奏疏「禁私番」中看出，「……今既不能禁絕，莫若禁民毋私通，而又嚴飭保甲之法稽之」[117]。

第二，澳門被葡萄牙人占據。澳門成為葡萄牙人的居住地反映了朝廷對地方官員的失控。澳門體制是在朝廷對地方政府違例行為予以承認的情況下建立的。嘉靖年間，葡萄牙在

117 《明實錄》穆宗實錄卷三十八「隆慶三年十月辛丑」，第九五六頁。

廣東地方官員的默許下，得以在澳門居住。廣東海道副使要求葡萄牙自稱滿剌加，而不叫佛朗機，以便瞞過朝廷的追查。直到萬曆十年（一五八二），居澳葡人答應「服從中國官吏的管轄」，自稱「中國皇帝的順民」，並懇請廣東總督「對他們加以扶助與慈愛」，朝廷才對其居澳權予以承認。[118]

這兩點變化都是對本章第二節中揭示的朝貢制度缺陷的直接證明。而在此需要著重指出的是，這兩點變化預示著明朝國際貿易蘊含著更大的危機，即無力應對西方商人仗劍經商。

無力應對西方國家的仗劍經商：

朝廷並沒有放棄朝貢貿易制度的政治目標，只是對民間貿易由主動控制轉為防範，通過對貿易許可權的控制來維護原有的朝貢體系。因此商人的利益實際上被排斥在國家利益之外。對商人利益的排斥造成明朝的對外貿易政策存在著兩大根本性缺陷。

首先，明政府不保護商人。與「開關－閉關」模式片面強調開放有利於發展不同，認為在當時的條件下，如果明政府不保護商人，單純的開放，將使中國商人獨自面對西方的仗劍經營。本書並不否認開海客觀上促進了中外貿易的發展，但是這種轉變由於不是從經濟發展的角度出發，孕育著更大的危機。在國際貿易中，由於不存在一個有效保護商人產權的制度，商人利益很容易遭受到各種力量的侵犯。明後期西方殖民者東來，沒有國家武裝支持的中國商人常常成為其他國家或者海盜侵犯的對象。

事實證明，明朝中後期，中國商人由於遭到西方商人的掠奪，海上貿易受到極大的損害。一五一一年葡萄牙攻占麻六甲，造成我國海外貿易船不能直接同蘇門答臘西北部的亞齊進行貿易，出海船隻大幅度下降。據記載，一五一〇年左右，每年有八至十艘中國船到達麻六甲，可是一五一三年僅有四艘中國船到達。[119]一五五七年葡萄牙在澳門立足後便控制了中國與日本的貿易。在十六世紀最後的二十五年裡，日本輸出白銀的大部分都由澳門的葡萄牙人運走，每年為五六十萬兩。而到了十七世紀最初的三十年裡，葡萄牙人每年從日本運出白銀一百多萬兩。[120]一些中國商人不得不自己組織武裝力量保護貿易安全，有的甚至打著外國殖民者的旗幟進行貿易。部分商人甚至轉向海外開闢港口，或者移居東南亞等地做生意。但這些方法不能從根本上保護商人的利益，從而在後來發生了西班牙殖民者在馬尼拉對我國商人進行慘無人道的屠殺事件。對於這樣的事件，明政府不僅沒有保護中國商人的生命財產，相反地卻認為，「商賈棄家遊海，壓冬不回，父兄親戚，共所不齒，棄之無所可惜，兵之反以勞師」。[121]這是因為移居海外的商人實際上脫離了朝廷的控制，是對現存制度安排的一種

118 鄧開頌等：《澳港關係史》，中國書店，一九九九，第一二〇頁。
119 李金明：《明代海外貿易史》，第一八四頁。
120 全漢升，李龍華：《明中葉後太倉歲入銀兩的研究》，《中國文化研究所學報（香港）》，一九七二年第五卷第一期，第七十二—九十三頁。
121 陳子龍：《明經世文編》卷四百三十三《初報紅毛番疏》，第四一五七頁。

挑戰，朝廷自然不會維護他們的利益。

其次，明朝對商人利益的排斥，使得政府根本不會從經濟發展的角度制定貿易政策，而只能從維護朝貢體系的目標出發，於是政府的貿易政策不能依據經濟形勢變化而做出調整，而且常常給商業交往帶來諸多不利。明朝對所有商品的徵稅依據商品不同而有所差異，這種差異都不是從調節市場需求變化而制定的。徵稅原則對中外商人一律平等，以體現天朝上國的寬廣胸懷。同時實行了一些減稅的措施，客觀上有助於恤商。明廷恤商是為了政治穩定，而非促進經濟發展。相比之下，一些西方國家卻利用稅收保護國內的產業。比如一五三四年英國國王獲得調控貿易的權力之後，對進出口商品徵收附加稅以保護國內製造業。明朝對商人出洋船隻大小進行嚴格控制，「凡沿海去處，下海船隻，除有號票文引許令出洋外，若奸豪勢要及軍民人等，擅造二桅以上違式大船，將違禁貨物下海，處斬。」[122]而當時英國卻鼓勵外國商人造船，規定造一百噸以上的船隻，國家每噸給予補助金五先令。[123]這表明政府對貿易的管理都是出於維護政治穩定的考慮，而不是出於調整經濟的需要。在其他國家採取保護政策的前提下，必然造成中國商人在國際貿易中處於不平等地位的危險。

對於古代長途貿易來說，利潤主要來源於產地與銷地的利潤差價。一旦西方國家通過關稅[124]剝奪外國商人的利潤，或者武裝貿易壟斷商路與銷地，中國商人就很容易在國際市場中失去競爭力。而此後的歷史表明，由於清朝繼承了明朝的朝貢體系，根本無法應對西方國家通過關稅和武裝貿易等手段逐漸剝奪中國茶葉與瓷器商人利潤的不利狀況，使中國失去了最有競爭力的兩個大宗商品出口市場。[125]因此，從這個角度來看，明朝貿易制度的演變過程已經預示著貿易衰落的開始。

122 申時行：《大明會典》卷一百三十二，第一二四六頁。

123 張乃和：《十五至十七世紀中英海外貿易政策比較研究》，《吉林大學學報（社會科學版）》二〇〇一年第四期，第九十四—九十九頁。

124 英國就曾經運用提高關稅來排擠印度的棉織業以保護本國剛剛興起的棉紡織業。見〔法〕費爾南·布羅代爾《十五至十八世紀的物質文明、經濟和資本主義》第三卷，第四一七—四二二頁。

125 趙亞楠：《近代西方海外擴張與華茶生產貿易的興衰》，碩士學位論文，南開大學經濟研究所，二〇〇七，第十四頁；劉強：《中國製瓷業的興衰一五〇〇—一九〇〇》，碩士學位論文，南開大學經濟研究所，二〇〇八，第三十二頁。

第二章

中西初遇：明末清初西方商人的到來與明清政府的應對

一五一一年，葡萄牙占領馬來半島的滿剌加（麻六甲），滿剌加使臣向明廷申訴，這是中西兩種貿易制度的首次碰撞。滿剌加作為明朝的朝貢國，卻被葡萄牙占領，這件事情具有標誌性意義，表明隨著西方商人的到來，仗劍經商與華夷秩序之間的衝突將不可避免。

本章主要講述中西初識之時發生的故事。之所以用「初識」這個詞，是因為中西之間的貿易尚未大規模展開，西方國家也未在亞洲貿易中取得優勢，這一歷史發生在明末清初之時。第一節講述了明末西方商人到來後，對明朝朝貢貿易制度構成的挑戰與明朝的應對；第二節講述清初政府對西方商人叩關採取的措施，並將清朝的貿易政策與英國進行了對比。分析發現，雖然西方商人尚不能在亞洲國際貿易中取得優勢，但是由於明清政府不保護商人，造成西方國家逐漸形成對亞洲海上貿易壟斷的格局；而在政府的保護與支持下，西方商人的勢力日漸增長，中國商人的優勢即將喪失殆盡。

第一節 明代後期西方商人的到來與明政府的應對

葡萄牙、西班牙等國相繼來到亞洲，並試探打開與中國的貿易。西方國家就像對待以往所有被征服國一樣，採取了兩手措施，一方面企圖通過表面上的善意使對方放鬆警惕，另一方面準備武裝侵略。但是西方國家發現，明朝與以往被征服的國家是不同的。西方國家所帶的幾隻船在中國南海的騷擾行為如同蚍蜉撼大樹一般毫無效果；他們轉而採取友善的態度，但這也無法達到目的。

與西方國家一樣，明朝一樣面對著如何對待這些新來國家的麻煩。在翻遍典籍之後，明朝發現這些國家是從沒有出現過的新國家，它們不同於傳統意義上的朝貢國。雖然對其野蠻行為進行了懲罰，這些國家的態度也發生了轉變，但是其對天朝與它們之間關係的理解顯然是不符合明朝的設想的。於是，如何從朝貢關係中找到準確的定位來對待這些國家就成為一個需要解決的問題。

在雙方這種互相較量的過程中，西方商人發現雖然不能征服中國，也不能打開中國的貿易口岸，但他們在亞洲的商業目的卻有可能實現。因為明朝雖然強大，卻不保護商人，打開與中國貿易的辦法就是在亞洲占據貿易據點，然後壟斷海上貿易商路，等著中國商人將產品賣給他們。但是這樣一來，遭到損害的便是中國商人的利益。雖然中國商人在商品上具有絕對競爭優勢，但在出海貿易中卻要處處受制於西方商人。

可見，當時的中西雙方，中國勢力較為強大，還有足夠的能力維護西方國家對華夷秩序造成的挑戰。但由於西方國家採取的是仗劍經營的方式，追求的是商業利益；對於明朝來說，商業利益並不重要，重要的是華夷秩序的維護。因此，雖然明朝維護了華夷秩序，但是對商業利益的忽略造成中國商人遭到西方商人仗劍經營的不利影響。

一、葡萄牙：由「征服者」轉向「天朝順民」

1. 刺探消息：企圖以歐洲擴張思維打開朝貢貿易圈

這部分的分析先從葡萄牙國王與使臣之間的兩封信開始。第一封信寫於一五〇八年（正德三年），葡王曼紐一世，也就是葡萄牙貿易擴張的奠基人，派出迪奧戈（Diego Lopes de Seqneira）打探有關中國的情況。由前文已知，在一五〇九年葡萄牙打敗了埃及軍隊，稱霸印度洋。就在這一年前，葡王就將目光瞄準了中國。曼紐一世給迪奧戈的信的原文如下：

你必須探明有關秦人的情況，他們來自何方？路途有多遠？他們何時到麻六甲或他們進行貿易的其他地方？帶來些什麼貨物？他們的船每年來多少艘？他們的形式和大小如何？他們是否在來的當年就回國？他們在麻六甲或其他任何國家是否有代理商店或商站？他們是富商嗎？他們是懦弱的還是強悍的？他們有無武器或火炮？他們穿什麼樣的衣服？他們的身體是否高大？還有其他一切有關他們的情況。

第二封信寫於一五一二年，是一名叫托梅．皮列士（Tome Paras）的宮廷藥劑師，他在收集到有關中國的情況後，將其做了一個評估，然後報告給葡王。報告宣稱中國是「一個偉大、富饒、豪華、莊嚴的國家」，「廣州是印度支那到漳州沿海最大的商業中心」，「全國水陸兩路的大量貨物都卸在廣州」。此外皮列士錯誤地估計了大明王朝的實力，他認為：「中國人非常懦弱，易於被制服，麻六甲政府不用多大兵力就能把中國置於我們統治之下，只消用麻六甲總督的十隻船，就能從海岸攻擊全國。」[126]

這兩封信只有兩個主題：那就是是否存在重大商機；中國是否容易被征服。作為葡萄牙海外擴張的主要推動者，曼紐一世的擴張原則也只有兩條，那就是可獲得多大收益，以及軍

126 托梅．皮列士：《東方志：從紅海到中國》，何高濟譯，江蘇教育出版社，二〇〇五，第八十八－九十八頁。

事征服的可能性。就像對待所有曾被征服過的國家一樣，他也以這種邏輯看待中國。

他們除了知道中國存在商機之外，其他方面一無所知，或者做出了錯誤的判斷。對於中國的朝貢體系，對於亞洲國家與中國貿易的方式等，他們毫不知情。這也並不奇怪，在西方貿易政策的邏輯下，根本無須知道這些，他們的原則很簡單，那就是征服。

在這種動機和行動邏輯的驅使下，葡萄牙開始著手向亞洲進軍。當然，他們還沒有能力直接到達中國，他們必須在亞洲找到立足點，這個立足點正是印度的果亞和馬來半島的滿剌加。一五一〇年，葡萄牙人占領了印度西海岸的果亞；一五一一年，繼續攻陷馬來半島的滿剌加。

滿剌加是明朝的朝貢國之一，葡萄牙用武力將其作為貿易據點，這件事具有雙重意義。第一，按照「懷柔遠人」的理念，各朝貢國須平等相處，朝廷對朝貢國懷有安撫作用，葡萄牙對明朝朝貢國的侵略是對朝貢體制的破壞；第二，武裝占領，然後展開貿易，西方這種爭奪海洋貿易的方式必然與中國推行的和平的華夷秩序相衝突。

2. 首次交鋒：武裝貿易與「懷柔遠人」的碰撞

皮列士的報告直接影響了葡萄牙與明朝的首次交鋒。葡萄牙的目的十分直接，那就是征服中國，開展貿易。然而他們的問題是錯誤地估計了明朝的實力與其在經濟上的地位。對於明朝來說，一時難以找到正確的方式對待葡萄牙。他們究竟是外族侵略者還是朝貢國家？他們的外形特徵、在中國沿海的行為表現都大不同於朝貢國。雙方便是在這種情況不明的形勢下開始了首次的相遇。

葡萄牙初次來到中國，便開始圈占領土。一五一三年（正德八年），若爾熱（Gorge Alvares）在沒有中國授權的情況下，在屯門島豎起了一塊刻有葡萄牙國王徽章的石柱，這塊石柱象徵著屯門島歸葡萄牙所有。接著，他們對中國的貿易形勢進行了考察，並向葡王報告。這分報告的結論認為，中國的絲織品、麝香、珍珠等運到麻六甲，「可獲得三十倍」，中國「無所不有」，商機無處不在。[127]

報告刺激了葡萄牙征服中國貿易的野心。一五一七年（正德十二年），葡王派出裝備最為精良的船隊，在宮廷藥劑師托梅．皮列士的率領下，從麻六甲駛往中國，他們的目的是「嘗試接觸中國的權力中心，建立與葡萄牙人之間的一個和平、互利關係的基礎」[128]。當然，和平與互利僅僅是托梅自我粉飾的語言。

葡使到來之時，明朝並不知道滿剌加已被葡萄牙侵占；而若爾熱在屯門島立碑的事件根本沒有引起朝廷的重視。地方官員以審慎且懷疑的態度接待了葡萄牙使團。八月十五日，在屯門遇到明朝水軍，葡人稱自己為佛朗機（feringis）使團，要朝見中國國王。總督衙門吩

127 張天澤：《中葡早期通商史》，姚楠等譯，中華書局香港分局，一九八八，第四十一頁。
128 托梅．皮列士：《東方概要中的東南亞》，蔚玲譯，載《文化雜誌》一九九六第四十九期，第十九—三十六頁。

咐：《大明會典》原不載此國，令在驛中安歇，待奏准方可起送。[129]

兩種貿易體系之間的交鋒是以禮儀的衝突開始的。九月葡使獲准進入廣州。《廣東通志》記載了當時的情形：正德十二年，駕大舶突至廣州澳門，銃聲如雷，以進貢請封為名。[130]此處「銃」的含義應該是槍，因為兩國交往鳴炮是英國在此之後發展起來的。此處鳴槍即宣布葡人的到來，也表明葡使企圖以平等國家之間的方式來處理兩國之間的交往。然而，明朝不這麼看。廣東按察司僉事兼海道的顧應祥是這麼反映這件事的：驀有番船三隻至省城下，放銃三個，城中盡驚。顯然他認為這是一種不守規則的事件，驚擾了百姓。

明朝官員很快發現新的朝貢國家根本不會行拜見的禮儀，這對明朝來說是個大問題，因為禮儀是朝貢國家尊重明朝天朝上國地位的極為重要的象徵。當時廣東官員派出三堂總鎮太監甯誠、總兵武定侯郭勳前去視察葡使情況，發現「其頭目遠迎，俱不跪拜」。在明朝官員眼中，夷國地位要低於明朝，葡人頭目跪拜官員是最為正常不過的事情；葡人卻認為這是平等國家之間的交往，下跪不符合禮儀。廣東官員錯誤地認為問題在於葡使不熟悉禮儀，而沒有看到雙方對國家關係的不同理解。於是，他們想出了一個所謂的辦法，訓練葡使學習禮儀。史料載：

遠夷慕義而來，不知天朝禮儀，我係朝廷重臣，著他去光孝寺習儀三日方見。第一日始跪左腿，第二日始跪右腿，三日才叩頭，始引見。[131]

葡使是否最終下跪無確切資料證實，但是這段史料很有可能是廣東官員的自我吹噓。葡萄牙使團在明朝引起的反應是頗耐人尋味的。首先是明朝皇帝明武宗的反應。葡萄牙抱著征服世界的野心而來，而明武宗卻抱著一種褻玩的態度，將這些紅髮碧眼外形奇特的外國人視為玩物。尤其是葡使火者亞三竟然博得皇帝歡心，被留在宮中。對於葡使的通商請求，朝廷卻遲遲未予答覆，這樣使團的許多事務被暫時擱置下來。

然而此時，駐留沿海邊境的葡萄牙士兵早已按捺不住，在首領西芒（Simao d'Andrade）的帶領下，擅自修築要塞，架設火炮。同時西芒縱容士兵搶劫地方百姓。大英博物館手稿部《韋爾斯利文件集》第一三八七五號記載了西芒的暴行：這位司令官對待中國人的態度與葡萄牙人在過去一些時候對待亞洲各民族的態度完全一樣。他未經獲准就在屯門島上建立起一座要塞，從那裡他趁機向出入於中國港口的所有船隻掠劫和勒索金銀。他從沿海地區擄走年輕婦女，捕捉中國人，過著最可恥的放蕩淫樂生活。他手下的那些水手與士兵也就起而效之。[132]

129 萬明：《中葡早期關係史》，第二十九—三十頁。
130 黃佐：《廣東通志》卷六十六。
131 轉引自萬明《中葡早期關係史》，第二十九—三十頁。
132 張天澤：《中葡早期通商史》，第七十頁。

麻六甲國王之子端．穆罕默德也來到北京，向明朝陳述了葡萄牙在麻六甲的罪行。滿剌加是明朝的朝貢國，葡萄牙的侵略顯然是對朝貢體系巨大的破壞。在明朝的大臣看來，這是一件極為損害明朝國際地位的事件，也是倫理精神所不能容忍的。正德十五年（一五二〇）十二月，監察御史邱道隆以葡萄牙吞併滿剌加，倡言逐其使臣：「滿剌加乃敕封之國，而佛朗機敢併之，且啖我以利，邀求封貢，決不可許，宜卻其使臣，明示順逆，令還滿剌加疆土，方許朝貢。倘執迷不悛，必檄告諸番，聲罪致討。」第二年七月，滿剌加貢使至京，「請省諭諸國王，及遣使助兵復其國」。經禮部議定，「絕佛朗機，還其貢使」。[133]當時御史邱道隆、何鰲分別上疏，陳述葡萄牙的罪行，要求驅逐葡萄牙人。

一五二二年，明世宗即位，立即下令處決使臣江彬及火者亞三，將托梅押送廣州，並責令葡萄牙人恢復滿剌加（麻六甲），還其故土。[134]九月二十二日，托梅等人被投入監獄，嘉靖三年（一五二四）死於獄中。同時地方官員也開始了對葡萄牙人的清理。

廣東地方政府命令葡萄牙人離開屯門，禁止貿易，並派出兵丁抓捕不守命令的葡人。但居留屯門的葡萄牙人拒不撤走，還請求援兵前來增援，企圖通過戰爭打開貿易。廣東海道副使汪鋐調集戰艦五十艘，對屯門形成了包圍之勢。據史料記載，汪鋐親自上陣指揮，大敗葡萄牙海軍。面對葡萄牙的戰艦，汪鋐乘風勢，採取了火攻之法，將許多小船灌以脂膏，因風縱火，燒了大批葡萄牙軍艦。並乘勝追擊，登上屯門島，擊潰了葡軍。[135]

中葡衝突的消息還沒有傳到里斯本，葡王曼紐便已派出瑪爾廷（Martim Affonso de Mello

Continbo）為特使前往中國，要求簽訂「和平條約」，並在屯門建立一個要塞。一五二二年，葡人乘四艘船從印度柯欽起航，七月，船隊來到珠江口，在香山縣西草灣遭到明備倭都指揮使柯榮、百戶王應恩所率水師的截擊。其重創葡船，捕獲葡船二艘，斬敵三十五人，俘虜包括船長佩羅德・奧門在內的四十二人，後押至廣州全部處決。

中葡官方的首次交往就這樣以葡萄牙的失敗告終。這件事表明葡萄牙還沒有能力挑戰明朝的華夷秩序。雖然葡萄牙仍然占據著麻六甲，但是卻不能依靠這個貿易據點與亞洲貿易中心——明朝展開正常的貿易。但顯然明朝從這件事中沒有看到其對中國商業的影響。

3. 地下交易：葡人海盜貿易

葡萄牙人在武裝征服與獲取正常貿易途徑失敗之後，轉而走向海盜貿易。「海盜」這個詞本身帶有違法與道德譴責的傾向，但是在歐洲貿易體系中，這是一個再正常不過的行為，它是歐洲人爭奪貿易的一種方式。海盜的行為表明在官方交往失敗之後，葡國沒有放棄在亞洲的貿易擴張，而是採取了另外一種方式。

133 《明實錄》世宗實錄卷四「正德十六年七月己卯」，第一五七頁。
134 張廷玉：《明史》卷三百二十五，第八三八六頁。
135 王崇熙：《新安縣誌》卷二十三《藝文志》，嘉慶二十五年刊本，成文出版社，一九七四。

葡萄牙海盜主要集中在浙江寧波和福建漳州等地。他們與江浙沿海的海盜和倭寇勾結，從事搶劫活動。葡人與中國沿海的海盜如李光頭、王直等從事走私貿易。俞大猷曾指出，「數年之前，有徽州、浙江等處番徒，勾引西南諸番，前至浙江之雙嶼港處買賣，及貨盡將去之時，每每肆行劫掠」[136]。據史料記載，葡萄牙海盜對沿海百姓的生活造成了很大的影響，地方官甚至是皇帝都為此事惱怒不已。[137]

因此，朝廷決定剿滅這些海盜，尤其是浙閩提督朱紈在剿滅葡萄牙海盜中立下重要功績。朱紈精心部署，調福建都指揮使盧鏜、柯榮等集兵於海盜猖獗的雙嶼，激戰後斬獲葡萄牙海盜無數，從此，雙嶼港「賊船不得復入」[138]。葡商在浙江難以立足，轉徙而南，到達漳州和泉州的月港、浯嶼，為副使柯喬抗禦擊潰。「佛朗機國人行劫至詔安」。朱紈遣盧鏜等率官軍迎擊於走馬溪，俘獲夷王船隻，擒斬二百三十九人，致使夷賊「去者遠遁，而留者無遺；死者落水，而生者就縛。全閩海防，千里肅清」[139]。

4. 另求他徑：賄賂地方官員以求商機

軍事侵略、海盜這兩種曾經屢試不爽的方式在中國遭到打擊之後，葡人陷入了恐慌，究竟如何才能獲得貿易機會呢？葡人在追求貿易方面是鍥而不捨的，他們沒有退縮，終於找到了朝貢制度的另一個突破口，即朝廷無法完全監督地方官員。利用朝貢制度的這一缺陷，葡萄牙開始賄賂明朝地方官員，以求獲得一線貿易機會。

前文已經指出，由於朝貢制度的缺陷，地方官員在明中後期常常私下允許民間貿易的存在，並對貿易徵收商稅以增加財政收入。葡萄牙就是利用這種機會能夠定居澳門，並與中國展開貿易。葡萄牙獲得澳門定居權的兩個關鍵人物是黃慶與汪柏。葡萄牙人首先賄賂的是黃慶，但黃慶僅僅是廣州地方都指揮使，沒有權力作出決定，故請示廣東海道副使汪柏，汪柏竟然答應了這一請求。據葡方資料顯示，當時汪柏以徵收二〇%的關稅為條件，允許葡人入廣州貿易，但沒有說葡人可以定居澳門。[140]但是，隨著商業往來的增多，葡萄牙人開始修築以供停歇的房屋，逐漸形成了澳門居住地，地方官員對此採取了默許的態度。

《廣東通志》這樣記載：

嘉靖三十二年，舶夷趨濠鏡者，托言舟觸風濤裂縫，水濕貢物，願暫借地晾曬，海道副使汪柏徇賄許之。時僅蓬累數十間，後工商牟奸利者，始漸運磚瓦木石為屋，若聚

136 俞大猷：《正氣堂集》卷七，福建人民出版社，二〇〇七，第一二三頁。
137 C. R. Boxer, *South China in the Sixteenth Century* (London: Printed for the Hakluyt Society, 1953), p.193.
138 顧炎武：《天下郡國利病書》，第一三四七頁。
139 張廷玉：《明史》卷二百五，第二〇四三頁。
140 金國平編譯《西方澳門食療選萃（十五至十六世紀）》，廣東人民出版社，二〇〇五，第二一七—二二五頁。

落然。自是諸澳俱毀，濠鏡獨為舶藪矣。[141]

允許葡萄牙人租居澳門是地方官員的私人行為，朝廷開始並不知情。這種狀況可以從嘉靖四十四年（一五六五）朝廷對葡萄牙求貢事件的態度看出。據《明實錄》記載，嘉靖四十四年癸未，「有夷目啞若囈歸氏者，浮海求貢。初稱滿剌加，已復易辭葡麗都家，兩廣鎮巡官以聞，下禮部議。南番國無所謂葡麗都家者，或即佛朗機詭托也。請下鎮巡官詳審，若或詭托，即為謝絕，或有漢人通誘者，依法治之」[142]。朝廷拒絕了葡萄牙的求貢，而且嚴厲要求如果「漢人通誘者，依法治之」。如果朝廷同意葡萄牙定居澳門，那麼對於求貢這樣的向天朝稱臣的事大可不必拒之，更不至於處辦通誘者。因此，可以推測，直至一五六五年朝廷仍不知葡人定居澳門的事。

如果朝廷並不知情，那麼葡人繳納的稅收以及每年五百兩的地租，可能最終落於地方官之手。按照相關史料記載，沒有專門衙門和官員負責徵收地租，而是由海道副使汪柏和葡商直接聯繫。吉薩斯（Montalto de Jesns）曾記載汪柏表示五百兩銀是供御用的財物，「將送入鐵櫃」。但這可能是汪柏粉飾自己的行為，因為吉薩斯明確指出，五百兩銀並不納租於中國政府，僅是對廣東海道副使每年繳納的賄賂。他說：「十七世紀早期耶穌會教士為表明葡萄牙人擁有澳門的權力而作的一次申呈。從這次申請的紀錄來看，葡人得到了澳門半島和港口後，除了繳納商船停泊稅外，還向皇帝的國庫繳納了一定數額的租金。然而，這筆錢並未上繳國庫，卻被海道一人獨吞了，葡人因此稱之為『海道賄金』」。[143]

直到一五七三年（萬曆元年），海道受賄之事才為其他官吏所知，乃改為地租，收歸國庫。[144]這一狀況持續了十至十二年。當時的事情較為富有戲劇性。一次，葡人去趕市集，中國官員循例身穿紅袍，走出衙門來收繳停泊稅。和以往一樣，他們用糕餅和一罈酒來招待葡人。這時，葡人的翻譯佩德羅告訴海道，葡人還帶來了五百兩銀子作為澳門的租金。此時其他官員也在場，海道只好說銀子應該送入地界司，因為這是御庫財物。此後，每年五百兩租金之例就相沿下來。[145]

這一年是隆慶開海的第二年或者第三年。隆慶開海也只是有限的開放，尤其是對葡萄牙人這樣的商人是採取防備態度的。然而在沒有朝廷允許的情況下，地方政府就可以這樣擅自將葡萄牙商人的關稅納入國庫，可見明朝中後期貿易制度在地方執行過程中被任意變通的情況之嚴重。

141 郭棐：《廣東通志》卷六十九《外志·澳門》，廣東省中山圖書館館藏照相本。
142 《明實錄》世宗實錄卷五百零四，第八三二三頁。
143 徐薩斯：《歷史上的澳門》，黃鴻釗等譯，澳門基金會出版社，二〇〇〇，第二十五頁。
144 蒙他篤：《澳門史話》，香港，一九八四。
145 徐薩斯：《歷史上的澳門》，第二十五頁。

5. 明政府的管制：葡人淪為天朝順民

賄賂地方官員寄居澳門並非長久之計，最終會被朝廷知道。對於這件事，朝廷大臣之間曾發生了一場爭論。史料反映爭論的焦點在於是否要驅逐澳門的葡人。萬曆三十五年（一六〇七），番禺舉人盧延龍上疏驅逐澳門葡人：「番禺舉人盧延龍會試入都，請盡逐澳中諸番，出居浪白外海，還我濠鏡地，當事不能用。」[146]萬曆四十一年（一六一三），廣東御史郭尚賓上疏指出，葡人入澳已成尾大不掉之勢，乃廣東地方官吏之失。閩廣人士均樂於與澳門葡人交易牟利，澳夷則日漸恣橫，在澳門藏匿倭奴、黑番與亡命之徒，不遵守漢宮法度，故應先准其免予抽分一二年，然後逐之浪白外海，但許市易。[147]

但當時東北邊患，朝廷顧不上，而澳門貿易與沿海居民生存關係巨大，開海是廣東海關稅收的一重大來源，於是朝廷採納了兩廣總督張鳴岡嚴格控制的措施。張鳴岡分析了局勢，認為葡人雖然很好驅逐，但一旦他們成為海盜就不好控制了。與其允許非法形式的存在，不如採用合法的約束。這個邏輯與明末開海禁的邏輯一樣，反映出明朝控制沿海貿易與安全情況的困難之處，葡人得以寄居澳門也正是利用了這一明朝難以克服的缺陷。

張鳴岡在上疏中稱：「粵東之有澳夷，猶疽之在背也；澳之有倭奴，猶虎之傅翼也。今一旦驅斥，不費一矢，此聖天子威德所致。惟倭奴去而澳夷尚存，議者有謂必盡驅逐，需大兵臨之，以弭外憂；有謂濠鏡內地，不容盤踞，照舊移出浪白外洋，就船貿易，以消內患。據稱濠鏡地在香山，官兵環海而守，彼日食所需，咸仰給於我，一懷異志，我即斷其咽喉，無事血刃，自可制其死命。若臨以大兵，釁不易開，即使移出浪白，而瀚海茫茫，渺無涯涘，船無定處，番舶往來，何從盤詰；奸徒接濟，何從堵截，勾倭釀釁，莫能問矣！似不如申明約束，內不許一奸闌出，外不許一倭闌入，無啟釁，無弛防，相安無患之為愈也？」[148]

在葡萄牙人獲得許可寄居澳門之後，朝廷的問題是如何管理葡人，使得其行為符合華夷關係、符合朝貢制度的規定，不做出違背天朝上國的行為。明朝採取了嚴格控制加「懷柔」的辦法。

首先，朝廷從三個方面嚴格控制葡人的行為，防止其做出不倫行為。

第一，建立關閘。萬曆二年（一五七四），官府在連接澳門與香山的蓮花莖設置關閘，設官守之。通過關閘即可控制澳門的飲水與食品，欲達到「畏我威懷我德」的功效。[149]

第二，設立保甲。萬曆十一年（一五八三）至二十六年（一五九八），兩廣總督在澳門設立保甲，相互約束。同時在市區中心街道各處設立高柵。保甲由海防同知與市舶提舉司管理。

146 陳澧：《香山縣誌》卷二十二，上海書店，二〇〇三，第七八〇頁。
147 黃啟臣：《澳門主權問題始末》，《中國邊疆史地研究》一九九九年第二期，第一—十一頁。
148 張廷玉：《明史》卷三百二十五，第八三八六頁。
149 蓮花莖關閘門上匾額書有：「畏我威懷我德」。

第三，設立禁止條約。萬曆四十二年（一六一四），張鳴岡命海道副使俞安性修訂《澳夷禁約》，並將禁約碑文立於議事亭前。《澳夷禁約》分為五款，其文如下：

(1) 禁蓄養倭奴。凡新舊夷商，敢有仍然蓄養倭奴，順搭洋船貿易者，許當年歷事之人，前報嚴拿，處以軍法。若不舉報，一併治罪。

(2) 禁賣人口。凡新舊夷商，不許收買唐人子女。倘有故違，舉覺而占吝不法者，按名追究，仍治以罪。

(3) 禁兵船編餉。凡番船到澳，許即進港，聽候丈抽。如有拋泊大調環、馬騮洲等處外洋，即係奸刁，定將本船人貨焚戮。

(4) 禁接買私貨。凡夷趁貿貨物，俱赴省城公賣輸餉。如有奸徒潛運到澳與夷，執送提調司報導，將所獲之貨物盡行給賞首報者，船器沒官。敢有違禁接買，一併究治。

(5) 禁擅自興作。凡澳中夷寮，除前已落成，遇有壞爛，准照舊式修葺。此後敢有新建房屋，添造亭舍，擅興一土一木，定行拆毀焚燒，仍加重罪。[150]

其次，實行「懷柔」的政策，通過種種優待與體恤的辦法，企圖讓葡萄牙人對明廷「感恩戴德」。明政府對葡萄牙的優待包括三個方面：第一，在進出口船隻噸位稅上實行優於別國的待遇。如在一次貿易中，[151]葡商一隻二百噸位的船僅僅繳納了一千八百兩白銀作為噸稅，此後這隻船的貿易每次只用繳納首次數目的三分之一。而其他國家類似噸位的商船要繳納五千四百兩白銀，且在以後的貿易中沒有任何優惠。第二，葡萄牙人在廣州購買貨物所繳納的稅金僅僅為他國商人的三分之一。第三，若葡萄牙的船隻遇到海難，官方以對待朝貢國方式救援葡萄牙人。如官府負責將船隻轉送到澳門，還對因此所需要的費用給予補償，其他國家的船隻則無此待遇。

6. 交鋒的結局：誰是勝利者

那麼，究竟誰是這次交鋒的勝利者？在「殖民主義」或「帝國主義」研究者看來，明朝似乎維護了國家的地位，防範了殖民侵略，是一種勝利。在朝貢體系維護者看來，澳門的葡人向明朝稱臣納貢，自稱是「中國皇帝的順民」，儼然受到明朝懷柔政策的感化。但是做出此種結論為時尚早，必須具體地分析「懷柔」與「中國皇帝的順民」在當時語境下的含義，才能有助於揭示當時的真正形勢。

150 印光仁、張汝霖：《澳門記略》上卷《官守篇》，中國基本古籍庫，第六七〇—六八四頁。
151 徐薩斯：《歷史上的澳門》，第三十九—四十頁。

從明朝一方來看，朝廷的「控制」與「懷柔」起到了作用，獲得了葡人「中國皇帝的順民」的效果。而在葡人看來，這僅僅是一種交換手段，通過口頭的稱呼獲取商業的便利。對一個以貿易利益至上的國家來說，「中國皇帝的順民」是沒有任何意義的，不遠萬里從歐洲來到中國僅僅為了納貢稱臣是一種極為不符合經濟理性的行為。葡人注重的是澳門這一貿易基地的重要意義，其一方面可以獲得中國內地的商品，另一方面可以從澳門出發將中國商品運往世界各地。所以，從表面上看明朝與葡萄牙似乎各取所需。

然而在這種「各取所需」的背後卻是中國商業利益的巨大損失。明後期，葡萄牙人利用澳門貿易基地，獨占了當時南部沿海的貿易商機，海上貿易分額被葡萄牙人占有，而中國商人的貿易遭受打擊。首先，葡萄牙人在明末幾乎壟斷了中國與日本之間的所有貿易。由於明政府對日本的貿易實行嚴禁，葡萄牙人在日本長崎建立貿易基地之後，就成為中日貿易的唯一仲介。據估計，在十六世紀最後的幾十年裡，日本輸出的白銀大部分由占據澳門的葡萄牙人運走，每年為五六十萬兩；到十七世紀最初的三十年裡，葡萄牙人每年均從日本運出白銀一百多萬兩，有時多達兩三百萬兩。[152]而中國商人卻不能賺取其中的任何利潤。

其次，葡萄牙阻礙中國商船到南亞沿海一帶貿易，葡萄牙為了壟斷馬尼拉的貿易，阻止中國商船前往馬尼拉，他們散布虛假消息，說西班牙在馬尼拉已經臨近財政崩潰的邊緣，無法付出任何貿易款項，並無限誇大西班牙海盜的危險。在這些卑劣手段沒有奏效的情況下，他們搶劫出海的中國商船，並利用中國商船出海的減少，趁機搶占市場。一六三二年，馬尼拉市政委員會的備忘錄指出，葡萄牙人已經占去原先中國人同馬尼拉的貿易，造成商品價格大幅增長。[153]

「中國皇帝的順民」這一稱呼僅僅是特殊狀態下的一種權宜之計，葡萄牙不像亞洲其他國家，他並沒有承認朝貢體系，也根本不關心華夷關係究竟是怎麼一回事。他們仍然認為「葡萄牙的榮譽與尊嚴遭到弱小而膽大的中國人的肆無忌憚的踐踏。征服和軍隊都必須維護的民族尊嚴在中國被一掃而光」[154]。一旦軍事力量允許，重新找回尊嚴是遲早的事，只是這一任務不是由葡萄牙所完成的。所以，在「各取所需」的背後，蘊含著的是傳統中國走向衰敗的歷史宿命。

二、西班牙：「胎死腹中」的侵略計畫

西班牙的到來要晚於葡萄牙，在與朝貢貿易制度的對抗中，西班牙同樣只能通過軍事力

152 全漢升，李龍華：《明中葉後太倉歲入銀兩的研究》，《中國文化研究所學報》（香港），一九七二年第五卷第一期，第七十二－九十三頁。
153 E. H. Blair and J. A. Robertson, *The Philippine Island, 1493-1898*, Vol.25 (Cleveland, 1903), pp.14-15.
154 徐薩斯：《歷史上的澳門》，第九－十頁。

量侵占朝貢貿易圈的周邊國家，而無法深入到朝貢貿易圈的核心。在西班牙的擴張過程中，還要同時面對西方國家的競爭，這牽制了其在亞洲的腳步。此外，令西班牙沒有想到的是，宣告其武裝侵略中國失敗的竟然是亞洲小國日本。

1. 強迫通商不成

西班牙要晚於葡萄牙近半個世紀才來到亞洲，他們占領了菲律賓群島中的蘇祿和呂宋，這兩個國家都是明朝的朝貢國。一五六五年（嘉靖四十四年），黎牙實比（Legaspi）率領一支西班牙遠征隊在菲律賓群島的薩馬島登陸，不久占領了宿務和班乃島。為了加快亞洲貿易擴張的步伐，西班牙國王於一五六九年（隆慶三年）一月任命黎牙實比為菲律賓總督，可以統一調動亞洲統治區的資源。一五七一年（隆慶五年）五月，黎牙實比占領了菲律賓群島中的最大島嶼——呂宋，並以馬尼拉為中心，建立了西屬菲律賓殖民地。這成為西班牙向亞洲其他地區擴展貿易的基地，也成為日後聯繫亞、美、歐三大洲貿易的中轉地。

初占菲律賓之後，西班牙便急切地同中國開展貿易往來。一五六九年，黎牙實比在給西班牙國王的報告中指出：「我們必須想方設法同中國建立商業聯繫，以期獲得中國的絲綢、瓷器、安息香、麝香和其他物資。通過開展此種商業活動，居民便可馬上增加他們的財富收入。」[155]萬曆三年（一五七五），西班牙菲律賓總督派遣傳教士拉達（Martin Rada）和馬丁（Geromins Martin）至福州巡撫劉堯海，呈西班牙總督書，並述通商宣教之意。堯海奏報，

「明廷以呂宋雖非貢國，而能慕義來朝，准比暹羅、真臘國例，隨方入貢。而於通商傳教之事，仍令巡撫宣諭斥絕」[156]。

遭到拒絕的西班牙並不甘心，於萬曆二十六年（一五九八）再度至澳門尋找貿易機會，再次遭到驅趕。於是西班牙人再度轉移到虎跳門，在這裡修築房屋，企圖如葡萄牙一樣長期居住下去。海道副使章邦翰率兵焚燒了房屋，將西班牙人趕到海上。根據相關史料，西班牙商人之所以如此鍥而不捨，是因為受到閩廣商人的誘惑與接應。[157]

2. 「胎死腹中」的武裝侵略計畫

在與中國官方溝通尋求通商機會的同時，西班牙也在積極籌畫武裝侵略中國。一五六九年六月八日，安德雷斯（Adre de Mirandola）自宿務寫信給國王腓力二世：

> 我們全體皇上陛下的奴隸和臣屬，都頗為相信，當您在位的時候，中國將會隸屬於陛下，基督教將要在這個地區傳播和高舉，陛下的領域將會擴張，這一切都會在一個很

155 E. H. Blair and J. A. Robertson, *The Philippine Island, 1493-1898*, Vol.3 (Cleveland: 1903), p.58.
156 張維華：《明清之際中西關係簡史》，齊魯書社，一九八七，第四十二頁。
157 郭裴：《廣東通志》卷六十九《外志．番夷》。

短的時期內實現。[158]

之所以做出「很短的時期內實現」的判斷，是因為西班牙錯誤地評估了中國的力量，他們將明朝看得不堪一擊。一五六九年七月八日，奧古斯丁會神父馬丁（Martin）寫信給駐墨西哥總督馬起士時說：「如果皇上有意囊括中國，必須在附近有援助和回避地，以便應付可能發生的緊急變故。靠上帝的幫助，他們（中國）將會解體，並為少數的軍隊所輕易擊敗。」[159]而在此後不久，埃爾納多（Hernando Riquel）做出了更加離奇的估計：「只要不到六十名的優良西班牙士兵，就能夠征服和鎮壓他們。」[160]

一五八〇年，西班牙國王腓力二世繼承葡萄牙王位後，兼併了葡萄牙國及其海軍，對中國的武裝侵略看來已經條件具備了。一五八四年，菲律賓的澳門代表商羅曼（Gironimo Roman）寫道：頂多用五千名西班牙士兵，就可征服這個國家（中國），或者至少可征服沿海各省。[161]一五八六年四月二十日，菲律賓的西班牙政治、軍事、宗教首領及公民領袖在馬尼拉舉行代表會議，向皇家殖民地理事會提交了一份備忘錄，提出一項侵略中國的詳細計畫，包括組織一萬人或一．二萬人的遠征軍、足夠的武器裝備、進攻路線等。[162]這個計畫被送到西班牙一個專門委員會研究。但是，當時西班牙忙於組建無敵艦隊與英國戰爭，無暇顧及。

然而，西班牙還沒有獲得機會與中國直接交鋒，便已經被宣布關於侵略中國計畫的評估是非常可笑的。一五九二年（萬曆二十年），豐臣秀吉派「招降使」到馬尼拉，威嚇西班牙人，並要求他們對日本「稱臣納貢」。面對明朝的朝貢國、力量遠遜中國的日本，西班牙人也不敢得罪，只好派「修好使」到日本報聘。侵略計畫就這樣擱淺了，無法在中國獲得一個固定的貿易據點，西班牙被迫轉而採取措施，吸引中國商人到馬尼拉貿易。

三、荷蘭與英國：對亞洲國際市場的爭奪

荷蘭與英國在擴張貿易中吸取了葡萄牙與西班牙的經驗教訓。在向亞洲推廣貿易的過程中，荷蘭與英國沒有愚蠢到直接挑戰中華帝國，其戰略是在沿海防線上尋找突破口建立商站，同時壟斷商路排擠他國商人。荷蘭與英國的措施利用了朝貢體系的鬆散性與對沿海控制的困難，以及明廷不保護本國商人的缺陷。

158 陳台民：《中菲關係與菲律賓華僑》第一冊，香港朝陽出版社，一九八五，第八十八頁。
159 陳台民：《中菲關係與菲律賓華僑》第一冊，第八十八－八十九頁。
160 陳台民：《中菲關係與菲律賓華僑》第一冊，第九十頁。
161 赫德遜：《歐洲與中國》，王遵仲等譯，中華書局，一九九五，第二一二頁。
162 陳台民：《中菲關係與菲律賓華僑》第一冊，第一六三－一八六頁。

1. 荷蘭

窺澳門、犯澎湖、占臺灣

在進軍中國之前，荷蘭已經在萬丹、班達和安汶分別設立了貿易商站。荷蘭人的計畫是在葡萄牙盤踞的澳門、呂宋（菲律賓）至中國航線中途的澎湖，以及離商業中心較遠處於不設防狀態的臺灣建立商業基地。這三處都具有非常重要的商業地位。

侵占澳門的計畫是基於對葡萄牙獨占澳門貿易的垂涎，以及澳門在國際貿易中的重要地位而做出的。既然葡萄牙可以獲得澳門的定居權，作為同樣是歐洲人的荷蘭又怎能不可？澳門對荷蘭貿易擴張有著十分重要的商業意義。如果攻占了澳門，荷蘭就可以取代葡萄牙成為日本市場的中國絲貨供應商。此外，對荷蘭打擊亞洲的商業競爭對手也意義重大，既可以打垮葡萄牙在亞洲的主要支柱，又可斷絕菲律賓的西班牙人支援，從而輕而易舉地占有麻六甲和馬尼拉，把伊比利殖民帝國一分為二。當然，最重要也是最為根本的是可以直接獲得全世界都渴望得到的中國財富和產品。[163]

然而，侵占澳門計畫的實現卻是非常困難的。首先，已經占據澳門的葡萄牙不可能拱手將貿易機會讓給荷蘭，其次，明朝軍隊也不會坐視不管。總之，荷蘭打錯了算盤，看似是從葡萄牙手中奪取領地，實質上面對的是明朝的反對。

一六〇〇年九月二十日，荷蘭人進入珠江口。九月二十七日，澳門海面出現了荷蘭的戰船，當時船上有七百名荷蘭人。范・內克派了七人的小船上岸打探情況，結果立即被葡萄牙人拘留。第二天派出小船再次打探，還是有去無回。[164]這引起了荷蘭人的憤怒，軍事進攻即將展開。

由於澳門在明朝對外貿易中的重要地位，荷蘭人多次發動軍事進攻，都未能得逞。一六二二年荷蘭攻打澳門，受到重創。不久，雷伊松（Rayorgoon）率船十五艘出現於澳門海面，並且用八百人登陸進攻，遭到福建巡撫南居益率領的水師阻擊。荷蘭軍隊被擊退並且傷亡了三分之一，其中包括這位海軍上將。[165]一六二七年，荷蘭人乘葡萄牙人北上協助明軍抗清之機，再次派四艘戰艦前往廣東，企圖占領澳門，同樣遭到慘敗。

在屢次進攻澳門無果的情況下，荷蘭人轉而求其次，奪占位於澳門至馬尼拉航線上的澎湖。一六二二年六月，荷蘭遠征軍在雷約茲的率領下，入侵澎湖，在紅木埕登陸，並且築城據守，同時派軍艦進犯福建沿海。荷蘭人的侵略再次遭到福建巡撫南居益的沉重打擊。在南居益的領導下，明朝派出了一萬兵丁，兩百隻軍艦。明朝軍隊一方面封鎖澎湖周邊，阻斷水源供給；另一方面用大炮轟擊荷蘭的船隻和其建造的城池。結果，荷蘭人被迫投降，並於當

---

163 C. R. Boxer, *Fidalgos in the Far East, 1550-1770* (Hong Kong Oxford University Press, 1968), pp.72-73.

164 包樂史：《中荷交往史（一六〇一－一九九九）》，莊國土、程紹剛譯，路口店出版社，一九八九，第三十四－三十五頁。

165 馬士：《中華帝國對外關係史》第一卷，張匯文譯，商務印書館，一九六三，第九十二頁。

年七月十三日開始拆毀所築之城。

在奪取澎湖失敗之後，荷蘭東印度公司授意遠征隊搶占臺灣西南部。一六二四年荷蘭人占據了臺灣城（今安平）和赤嵌城（今台南）[166]，之後又在大員（今台南安平）建立熱蘭遮城，作為荷蘭在臺灣的軍事長官駐地和軍事防禦中心。盤踞臺灣期間，荷蘭人首先趕走盤踞在淡水和基隆的西班牙人，然後建立起殖民統治。荷蘭人強行沒收漢族人原先耕種的土地，規定漢族農民領種土地，必須繳納地租：上等田地租每甲十八石，中等田十五石六斗，下等田十石二斗。[167]荷蘭人以臺灣為基地不斷搶劫中國及葡萄牙海上船隻補充資源。

與歐洲其他國家展開貿易武裝競爭

臺灣僅僅是荷蘭人搶奪亞洲貿易的一個跳板，因為臺灣並不是亞洲貿易的重要口岸，前來臺灣的商人很少，僅僅限於一些日常生活用品的小規模交易。在價格上，運來臺灣的商品也沒有絲毫優勢，「不論在日本市場上還是馬尼拉等東南亞市場上，當地中國商品的價格肯定高於臺灣荷蘭人占據的大員（指臺灣）市場」[168]。所以，如何搶奪日本與東南亞市場的貿易壟斷權才是荷蘭人真正的目標，而要達成這種目的，必須剷除先到的葡萄牙、西班牙和中國商人。

在亞洲貿易爭奪戰中，荷蘭東印度公司扮演了重要的角色。東印度公司成立的目的首先就在於為荷蘭人在東方爭取最大的貿易自由，給西、葡等國商人以最大妨害。[169]荷蘭國王賦予東印度公司巨大的權力：荷蘭通過東印度公司在東方擴張殖民勢力，可以開闢殖民地，建立海陸軍，修建要塞和兵工廠，鑄造貨幣，設立法庭，審訊當地居民等；公司在其控制的地區具有完全的立法、行政、司法等大權，甚至可以用荷蘭政府的名義，在東方宣戰、締結條約。從這些權力來看，可以說東印度公司幾乎成了荷蘭在亞洲從事貿易擴張的全權代表。

荷蘭人對葡萄牙和西班牙的排擠在荷蘭初到亞洲時就已經開始了。一六〇三年六月，荷蘭人俘獲了從澳門開往麻六甲的葡萄牙大帆船「科特琳娜」號，該船滿載貴重的藝術品、漆器、絲綢和陶瓷，在阿姆斯特丹拍賣收入達三四〇萬盾，引起轟動。[170] 七月三十日，荷蘭艦隊又截獲了一艘從澳門駛往日本的貨船「那保丸」號，戰利品總價值一百四十萬盾，其中生絲一項，有二千八百包，每包值五百盾。[171]

166 臺灣城又稱「紅毛城」、「王城」、「磚城」，赤嵌城又稱「紅毛樓」、「赤嵌樓」，荷蘭殖民者稱前者為「熱蘭遮城」（Fort Provintia）。

167 連橫：《臺灣通史》卷八。當時臺灣土地丈量比例是一甲約為十一畝。

168 徐曉望：《論十七世紀荷蘭殖民者與福建商人關於臺灣海峽控制權的爭奪》，《福建論壇》二〇〇三年第二期，第三十二—三十八頁。

169 馮作民：《歐洲擴張史》，見鈕先鍾編《西洋全史》第九冊，燕京文化事業股份有限公司，一九七七，第四六六、五〇一頁。

170 張天澤：《中葡早期通商史》，第一三五—一三六頁。

171 張天澤：《中葡早期通商史》，第一三六頁。

2. 英國

明朝末期，英國還不是強國，其與中國交往中表現得既缺乏實力，又非常急躁。英國首次來到中國，發現已經沒有多少便宜可以占。澳門是葡萄牙的，臺灣被荷蘭占據，重要商路上航行的都是外國的船隻。於是英國人利用葡萄牙與荷蘭的矛盾，企圖在澳門貿易中分一杯羹。葡萄牙此時的勢力已大不如前，荷蘭對其貿易地位的垂涎，也使得其需要聯合英國加強勢力。於是雙方一拍即合，簽訂了協議，准許英國有權出入澳門、自由與中國貿易。《東印度公司對華貿易編年史》是這樣記錄這段歷史的：

> 一六三五年，英東印度公司的史密斯（Smithmich）先生在董事會上宣讀了進行貿易的建議。此時，公司在印度的代理商和葡萄牙人在「休戰和自由貿易」上發生矛盾，他們被允許自由貿易，但必須以把葡萄牙人的財寶從澳門運到臥亞（Goa）為條件。在這一協議下，一六三五年「倫敦」號從印度駛往澳門。[172]

但是英國人對貿易利潤實在是太渴求了。當「倫敦」號在一六三五年七月二十三日抵達澳門後，不顧條約規定和葡萄牙人的阻攔，英國人直接在岸上搭了兩個棚子經商。這件事暴露出英國人的目的其實是想借助澳門尋求直接與中國通商的機會。「倫敦」號在澳門進行了長時間的停留，其間多次與廣東政府交涉，企圖獲得在廣東貿易的權利，同時不顧葡萄牙的反對將藥品以極低的價格賣給中國。這顯然是對葡萄牙貿易壟斷權的挑戰。於是，葡萄牙新任印度總督下令所有葡萄牙在遠東的殖民地拒絕與英國人貿易，英國首次與中國貿易的企圖沒有達成。

在貿易目的沒有達成之後，英國政府進一步加強了對商人貿易的支持，並鼓勵商人採取武力獲得在中國的貿易機會。一六三五年（崇禎八年）十二月，英國查理一世把對果亞、馬拉巴爾（Mallabar）、中國和印度的貿易全權授予科爾亭會社（Courteen Association），並任命威德爾（Weddell）為私商首席代表，組建一支由三艘帆船、一艘軍艦組成的船隊前往中國。一六三七年六月二十七日，船隊來到距離澳門約三里的橫琴島。八月初，威德爾不聽中國官員的警告，擅自航行至亞娘鞋島，並強行占領了炮臺。

關於英國占據炮臺之後通商情況的進展，不同的史書記載不同。在清人夏燮的《中西紀事》與東世澂的《中英外交史》中，都認為英軍攻占炮臺事件給廣東官員造成巨大的壓力，廣東官員無力彈壓，只得同意貿易。[173]

但是馬士的《中華帝國的對外關係史》不這樣認為。英國人在占據炮臺之後，屢次出兵

172 馬士：《東印度公司對華貿易編年史》卷一，中國海關史研究中心組譯，中山大學出版社，一九九一，第十二頁。

173 夏燮：《中西紀事》卷一《通番之始》，岳麓書社，一九八八，第二四二頁。

騷擾當地百姓。九月十八日黎明前，英人火燒了三隻中國商船和其他戰船，一個小村被點著了，並被掠奪走三十頭豬，由十六隻船組成的天朝帝國戰船被打散。九月二十二日，英軍燒毀了中國的一支大型戰船。在炮臺下埋放了火藥，許多城牆被炸毀。[174] 最終，兩廣總督張鏡心調遣福建水師支援廣州，英人被迫撤退。雙方僵持了幾天，威德爾將謙恭的請願書送達廣州。由於威德爾的退讓，粵督張鏡心同意英人繼續貿易的要求，並準備釋放在押的商人。條件是英船離開中國水面不得生事，不得傷害任何人，不得再返回這一帶海域。[175]

無論具體史實如何，有一點是可以肯定的，那就是晚明局勢已經陷入混亂，地方官員顯然有著息事寧人的態度，其同意英國人在廣州貿易只是為了平息事端的權宜之計。在此之後，英國的貿易發展並不順利。據外國史料記載，「威德爾來華的第二年，東印度公司陷入了困境，而私商們對與中國進行貿易，也缺乏興趣。只有少數幾隻東印度公司的商船，在英葡的協議下，從印度的商館駛往廣州。一艘私商的臨時船隻駛向了澳門，但是並沒能進行重大的商品貿易。」[176]

3. 中國海上貿易遭到打擊

晚明，朝貢體系自身的缺陷不斷遭到西方國家的衝擊，這對明政府來說也許是一個問題，但對國家來說，最大的問題是商人利益在西方國家到來後所遭受的侵害。從國家發展的角度來說，朝廷的利益僅僅是短期利益，國際貿易的發展才是根本利益。但是在明朝的貿易政策下，商人無法得到政府的保護，只能獨自面對西方商人的仗劍經營，這是明朝貿易政策最大的失誤之處。

中國商人在晚明除了受到葡萄牙人和西班牙人的競爭外，最大的對手是荷蘭人。就當時南洋地區貿易商人來說，占據首位的還是中國商人。中國帆船在南洋貿易中的領導地位是到十八世紀中葉才失去的，[177]誰能打敗中國商人，誰就能奪得南洋貿易的大蛋糕。因此，荷蘭人專門針對中國商人制訂了一系列武裝貿易計畫。

荷蘭人首先是脅迫中國商人必須與荷蘭人貿易。一六一八年六月，荷蘭東印度公司決議，在萬丹的三艘中國船回中國路過巴達維亞的時候，必須把若干中國人交與荷蘭人處理，如果不願意就以武力解決。為了阻止中國商人赴其他地方貿易，荷屬印尼總督庫恩企圖派遣艦隊闖入馬尼拉、麻六甲、中國澳門和澎湖附近的海道，搶劫中國駛往占碑、萬丹、惹巴拉以及印度群島等地的商船，並把這些商船押回巴達維亞。

所謂的貿易實際上就是一個幌子，英荷等國盤算的不是與中國帆船在貿易上的競爭，而

174 馬士：《東印度公司對華貿易編年史》卷一。
175 馬士：《東印度公司對華貿易編年史》卷一。
176 E. H. Prichard. *Anglo-Chinese Relations during the Seventeenth and Eighteenth Centuries* (Pullman, 1936), p.57.
177 田汝康：《十七至十九世紀中葉中國帆船在東南亞洲》，上海人民出版社，一九五七。

是如何在海上搶劫中國帆船。[178]從一六〇〇年第一個環世界航行的航海家范魯特搶劫開往馬尼拉的中國船隻開始，[179]幾乎每一個當時較為有名的航海家全都搶劫過中國商船。荷蘭東印度公司成立後，公司董事會在最初二十年裡為了挫敗中國帆船在東南亞商業上的優勢，將用武力阻止中國帆船到南洋來作為一直貫徹的貿易政策。[180]一六一七年，荷蘭東印度公司的職員自稱，又奪取中國人的帆船多艘。[181]一六一九年，荷蘭人為阻止中國人不和英國人貿易，假借英國人的名義搶劫了三十五艘中國帆船。[182]

雖然在貿易上相互競爭，但是在打擊中國商人方面英荷完全是一丘之貉。一六一九年，英荷兩國的東印度公司代表、政府官員和外交人員簽訂合作協定書。規定在中國兩個公司聯合進行貿易，並在胡椒貿易上一致排斥中國人。從一六二〇年起，英荷兩國的東印度公司在遠東艦隊統一指揮下，聯合對中國商船進行攻擊。

第二節
西方商人叩關與清初的對外貿易政策

在十七世紀中期的幾十年裡，清朝接替了明朝的統治，清朝統治者也幾乎複製了明朝的朝貢制度。中國朝代更替往往被視為是傳統社會內向化發展的一個重要標誌，傳統社會充斥著頑固的惰性，缺乏內在的動力突破傳統的桎梏，[183]當社會矛盾積累到一定程度時，只能通過政權的更迭來緩解。但是這個過程只是傳統社會的自我修復，而無法產生新的現代性因

---

178 E. H. Blair and J. A. Robertson, *The Philippine Island, 1493-1898*, Vol.18 (Cleveland, 1903), p.122.

179 范魯特：《航行志》，見赫里斯《航程總匯》卷一，第七頁。

180 B. H. Vlekke, *Nusantara: A Hi story of the East Indian Archipelago* (Cambridge, Mass: Harvard University Press, 1943), p.115.

181 馬士：《東印度公司對華貿易編年史》卷一。

182 Richard Cocks, *Diary, 1615-1622* (London: Hakluyt Society, 1883), p.339.

183 John King Fairbank. *The Chinese World Order: Traditional China's Foreign Relation* (Cambridge: Harvard University Press, 1986), p.25.

素，所以只能通過西方社會的衝擊才能擺脫這種循環發展模式。那麼清朝重建朝貢制度是不是傳統社會的一個自我循環？如何看待清初的貿易政策呢？

對這個問題的回答也許要跳出此種思維方式。當用傳統與近代這樣的方式劃分歷史的時候，就隱含了這樣的前提，傳統的朝貢體制代表了落後，而西方國家的貿易政策則是新生的力量。面對先進的西方國家，擺脫代表傳統的落後的朝貢體制的最優選擇自然是迎接衝擊。那麼從這種前提出發，相關研究批判清朝封閉國門便似乎有了理論前提。但是，這樣顯然過分簡單處理了西方的衝擊（如果這確實是一種衝擊），因為在本書前半部分已經反覆指出，西方貿易政策所謂的「先進性」僅僅是因為西方政府從武力上幫助商人甚至是直接開闢市場。面對這樣的衝擊，如果清朝簡單地打開國門，只會將國家置於西方侵略的危險中。一些研究已經看到了這個問題，所以在強調清朝閉關的同時也承認清朝閉關適時地抵抗了殖民侵略。但是這樣一來，出於上述思維的研究便陷入這樣的自我矛盾：閉關封閉了國家，卻抵抗了外部侵略，那麼究竟應該是開還是關呢？

本節我們將放棄「傳統」與「現代」這兩個詞的糾葛，以公正和不偏不倚的態度審視清朝在國際貿易體系中的目標與努力。本節將再次從中西初識的視角分析兩種貿易政策的衝突與調整，以及國家對經濟的干預因為環境的變化而不同。對於清朝來說，朝貢體制已經開始瀕於衰微；而對於西方的貿易來說，主要國家已經由葡萄牙、西班牙轉換為荷蘭，英國也在快速崛起的過程中。朝貢制度最大的意義也許是清廷用以證明自己統治華夏的正義性，但是西方國際貿易體系擴張的節奏已經被荷蘭、英國所掌握。

一、西方商人的叩關

當清朝為了打擊鄭成功實行海禁與遷海政策時，西方國家卻在積極準備著擴張貿易。葡萄牙、西班牙等老牌資本主義國家已經衰落，清初荷蘭成為海上霸主，被稱為「海上馬車夫」。荷蘭在清朝嚴格海禁的情況下，積極尋求與清朝合法的貿易管道。英國政府積極鼓勵海上貿易，為搶占亞洲貿易市場做準備。

1. 荷蘭對清朝貿易的探索

第一節論述了晚明荷蘭企圖在中國武裝奪取貿易據點，在失敗後，荷蘭轉而開始正式與清政府開展外交活動，企圖打開與中國的貿易。荷蘭根本沒有意識到，新的當政者維護朝貢貿易的行為與明朝沒有本質的不同，於是中葡首次交往的歷史再次上演。

一六五三年（順治十年），荷蘭巴達維亞總督派遣使者斯克德（Fredrik Schedel）「至廣東請貢，兼請貿易」，因為使臣沒有攜帶表文與貢物，「巡撫具奏，經部議駁」。[184]兩年

184 梁廷枏：《海國四說·粵道貢國說》，駱驛、劉曉點校，中華書局，一九九三，第二〇五頁。

後荷蘭巴達維亞總督再度遣使來華，按朝廷規定，攜帶表文和貢物，朝廷才准其朝見。

在關於中西官方交往以及朝貢貿易的研究文獻中，都有這樣一個共同的特徵，那就是非常注重「禮」的作用，尤其是中外在禮儀上的糾葛成為各種研究描述的重點，至於貿易則在其次。在何偉亞的《懷柔遠人》一書中，更是將「禮」上升到這樣的高度：「賓禮涉及到統治權的構成。」[185]荷蘭朝貢清朝的行為卻是一個反例，那就是「禮」沒有想像的那麼重要，貿易對朝廷來說並非不重要，但這種重要性是反面的，即朝廷時刻警惕貿易對天朝權威的破壞性。所以，即使荷蘭在「溫順」地遵從了清朝朝貢禮儀的要求之後，貿易請求卻還是被拒絕了。

此次荷蘭使團吸取了其他國家的教訓，表現得十分「溫順」。由彼得（Peter de Goyer）和雅克布（Jacob de Keyer）率領的荷蘭使團在順治十一年（一六五四）七月抵京。在覲見皇帝的時候，一反歐洲人強硬的姿態，正確而到位地行使了「三跪九叩之禮」，並像臣子一樣接受朝廷的賞賜。他們沒有突兀地直接提出通商，而是先表示出朝貢的誠意，然後才要求貿易通商。

對於荷蘭的朝貢與通商請求朝廷又是如何反應的呢？當時禮部在合議之後上了這樣一道奏摺，「荷蘭國從未入貢，今重譯來朝，誠朝廷德化所致。念其道路險遠，准五年一貢，貢道由廣東入。至海上貿易，已經題明不准。應在館交易，照例嚴飭違禁等物」[186]。禮部把荷蘭來朝看作是朝廷德化的結果，允許了朝貢行為，但是拒絕了通商請求。順治帝對此這樣批覆，

「荷蘭國慕義輸誠，航海修貢。念其道路險遠，著八年一次來朝，以示體恤遠人之意」[187]。順治通過修改禮部的建議，將朝貢期改為八年，企圖以此方式讓荷蘭人體會到朝廷的懷柔之心。

在荷蘭使臣回國之時，順治皇帝按照慣例，向剛剛加入朝貢國行列的荷蘭國王發敕諭一道。在這道敕諭中，皇帝表達了這樣三個意思：一是清朝皇帝已經感受到了荷蘭的忠義之心，故加以賞賜；二是皇帝體諒到對方路途遙遠，將貢期改為八年；三是拒絕貿易請求。這封敕諭的具體內容如下：

> 惟爾荷蘭國……僻在西陲，海洋險遠。歷代以來，聲教不及。乃能緬懷德化，效慕尊親，擇爾貢使杯突高嚳、惹諾皆色等赴闕來朝，虔修職貢，地逾萬里，懷忠抱義，朕甚嘉之。用是，優加錫賚。大蟒緞二匹，倭緞二匹，閃緞四匹，藍花緞四匹，青花緞四匹，藍素緞四匹，帽緞四匹，衣素緞四匹，綾十匹，紡絲十匹，羅十匹，銀三百兩，以

185 何偉亞：《懷柔遠人：馬嘎爾尼使華的中英禮儀衝突》，鄧常春譯，社會科學文獻出版社，二〇〇二，第十七頁。
186 《清實錄》世祖章皇帝實錄卷一百零二「順治十三年七月」，中華書局，一九八五，第七八九頁。
187 《清實錄》世祖章皇帝實錄卷一百零二「順治十三年七月」，第七八九頁。

報孚忱。至所請朝貢出入，貿易有無，雖灌輸貨貝，利益商民，但念道里悠長，風波險阻，舟車跋涉，閱歷星霜，勞勤可憫。若朝貢頻數，猥煩多人，朕皆不忍。著八年一次來朝，員役不過百人，至令二十人到京。所攜貨物，在館交易，不得於廣東海上私自貨賣。爾其體朕懷保之仁，恪貢藩服，慎乃常職，祗承寵命。[188]

在關於中西交往的大量文獻中，都很容易找到這樣的語句，「沉溺於禮儀的幻想」、「天朝大國的盲目自居」、「對外部世界一無所知」。荷蘭使者在「卑躬屈膝」的請求被拒之後，其可能也持同樣的評價。荷蘭如果理解朝貢體系的內涵，如果認識到雖然禮儀很重要，但不允許國家間貿易對維護朝貢體系更加重要，那麼他們也許根本不會向清朝皇帝下跪。

在禮儀換取貿易失敗之後，荷蘭轉而在軍事上幫助清朝攻打鄭成功來要求清朝通商。攻打鄭成功有兩重意義：一可以打擊海上貿易的競爭者。荷蘭人來到亞洲之後，就通過各種手段打擊競爭對手，鄭成功是其貿易的最大障礙，因為鄭氏家族壟斷了中國沿海一帶的貿易，即使是荷蘭人在此貿易也須向臺灣繳稅，雙方為此曾多次發生衝突。[189]二可以向清朝展示自己的軍事實力，但又避免了與清朝的直接對抗。

一六六二年，荷蘭艦隊行至閩江口，船上豎有「支援大清」字樣的旗幟，要求攻打鄭軍，但以自由貿易和恢復臺灣殖民地為條件。一六六三年（康熙二年），荷蘭一面派兵至福建閩安鎮「助剿海逆」，一面遣使朝貢並貿易。康熙皇帝為了利用荷蘭軍事力量，特同意「二年貿易一次」。[190] 然而，這並不意味著朝廷在政策上將可能轉變，朝廷的暫時退讓只是對荷蘭的利用，一旦涉及真正的開海要求，必不允許。

一六六三年，荷蘭使者至京師朝貢，「上嘉之，各賜銀幣有差」。博爾特率荷蘭戰艦十七艘來華要求開海貿易。荷蘭船隊入泉州灣，與地方官接觸，提出開海要求，但朝廷遲遲不予理睬。一六六四年，荷蘭艦隊離去，清廷拒絕荷蘭人提出的在中國長久居住和自由貿易的要求。因助兵收復金門、廈門，清廷頒賜荷蘭國王緞匹、銀兩。一六六五年，福建總督簽告示貼於荷蘭人住處，宣稱禁止荷蘭人與中國人之間的一切貿易。一六六六年（康熙五年），荷蘭巴達維亞總督派遣使臣范和倫（Peter Van Hoorn）來華，但是沒有按照朝廷規定從廣東入境，而是改由福建進京。這件事為朝廷拒絕貿易請求提供了藉口，荷蘭貢使還沒有抵達京城，康熙便下了逐客令：荷蘭即八年一貢，其二年貿易，永著停止。[191]

188 《清實錄》世祖章皇帝實錄卷一百零三「順治十三年八月」，第八〇三－八〇四頁。
189 一六六一年，荷蘭艦隊自巴達維亞進抵臺灣海峽，配合城堡，荷蘭侵略者攻擊鄭成功船隊，雙方激戰，鄭軍擊沉荷夾板船兩艘，俘獲兩艘，荷蘭大敗。
190 《清實錄》聖祖仁皇帝實錄卷八「康熙二年三月」，第一三八頁。
191 《大清會典事例》卷五百一《禮部・朝貢・市易》，清文淵閣四庫全書本，中國基本古籍庫，第三四五六頁。

2. 英國聯合臺灣打開與中國貿易的局面

晚明的時候，英國在亞洲的形象如同一個缺乏實力的投機分子，只希望在與葡萄牙的合作中沾到一些貿易利潤。但是到了十七世紀中期，英國已經做好了擴張亞洲貿易尤其是與中國貿易的準備。葡萄牙、西班牙已經衰落，荷蘭也不能與英國抗衡，史實也證明，十七世紀後半葉中西貿易體系碰撞的主角、大清主要的貿易對象正是英國。英國如此重要，所以中英之間的貿易往來往往被看作中西交往的最為主要也是最具典型性的事件，大量的歷史研究都從中英之間交往開始分析中西關係。

英國在對中國貿易形勢進行分析之後，將目標瞄準了臺灣。與葡萄牙搶奪澳門已被證明不太現實，尚實行海禁的清朝缺乏對外貿易的正常管道，而臺灣鄭氏家族掌控著大陸與海上貿易的重要管道，所以英國選擇了與臺灣合作。鄭氏家族也積極招徠各國商人進行貿易，這與英國的想法一拍即合。「鄭經繼其父鄭成功之志據有台廈以從事抗清活動，為籌備軍餉兼利民生起見，曾致函各國前來通商，英國是第一個慕利而來臺灣的西方國家。」[192]

一六七二年，英國東印度公司與臺灣正式締結通商條約。條約具體內容如下：(1)英國人可以同任何人買賣商品進行貿易；(2)可租用過去荷蘭人在臺灣的府邸開辦商館；(3)每艘船可帶一定量的武器、彈藥及準備賣給皇帝的貨物。[193]這分條約實際上是英國用軍事援助來換取臺灣的貿易許可。例如一六七五年，英國「飛鷹」號運來大批槍炮、火藥及其他物品，很快，英商得到可以在鄭氏家族統治下的任何地區貿易的權力。[194]除了賣給臺灣武器，英國還派遣軍事教官，訓練炮兵。一六七五年秋，英台訂立了補充協定十條，更加便利了英商的貿易。

與臺灣簽訂條約之後，英國欲圖將臺灣建成聯絡中國、日本與馬尼拉貿易的中轉站。[195]首先，英國密切注意鄭氏家族控制下大陸各港口的貿易可能性。英商很快在廈門建立商館，並專門建造大噸位的「臺灣號」運輸臺灣與廈門之間的貨物。一六七五年十二月，臺灣商館曾向萬丹提示與福州交易的重要性和可能性。

諸公如有意再與中國人試行交易，則有一種方便。即有一個稱為Tonhope之中國官，曾允許我方向福州之王（靖南王耿精忠據福州）請發一張護照。渠乃九位諮議員之一，曾在臺灣為俘虜；但於其獲釋後，二王之間已恢復和平矣。渠熱心勸我前往通商。據云，福州人民待人接物與臺灣之人民不同；如往該處，當然較近於貨物之來源，因據臺灣商人均從該處運來優良之貨物，故將此種消息冒昧奉聞。[196]

192 Campbell William, *Formosa under the Dutch* (London: Kegan Paul, Trench, Trubner, 1903), p.503.
193 劉鑒唐、張力：《中英關係繫年要錄》第一卷，四川省社會科學院出版社，一九八九，第一五六頁。
194 《十七世紀臺灣英國貿易史料》，臺灣銀行經濟研究室，第六十二頁。
195 劉鑒唐、張力：《中英關係繫年要錄》第一卷，第一四九頁。
196 《十七世紀臺灣英國貿易史料》，第二〇七頁。

其次，極力開闢與日本人的貿易。一六七四年，東印度公司總部指示萬丹商館：「應設法與日本皇帝懇商，使日本人不再反對與英國人通商，務須以謙和之方式為之，日本人待英國人雖不友好，但我方仍不願如來文所云成為海盜或以武力強求通商也，商務員等須請臺灣王援助我方與日本通商。」[197]

最後，加強與馬尼拉的貿易。一六七二年，公司萬丹商館指示英商力促臺灣與馬尼拉的貿易關係，以期從中獲益。指令說：「在安平須設巨大之倉庫，蓋不但須運送貨物以供給現在之需要，亦需有倉庫可以容納充足之各種貨物，有時可以供給馬尼拉也。傳說馬尼拉與臺灣之間現在也有貿易，希望此種貿易能順利發展，對我大有裨益。」[198]

在英國東印度公司的努力下，英國在臺灣的貿易發展迅速，但是如同曇花一現。沒有全面的資料反映當時台英貿易的總體狀況，只能從一些船隻貿易產品大致判斷貿易的盛況。一六七二年，英商在報告臺灣貿易「實驗」號船隻狀況時，列出了這隻船的貿易產品：錦緞二十二匹，值一百六十五元；府綢中等者二百五十匹，值五百六十二元三市分；彩緞四十九匹，值一百五十九元十五分。總公司曾下令「臺灣」號購買生絲一萬兩千件。[199]一六七五年十一月，有一艘載運八千一百零三磅以上貨物的船隻自倫敦開往萬丹，之後駛向臺灣貿易。[200]但是，清朝與臺灣之間的戰爭很快爆發了，致力於開拓貿易的英國商人也只能暫時將野心放下。

二、清初對外貿易政策與海上貿易

就在西方國家積極擴張亞洲貿易，並不斷衝擊中國沿海，企圖尋找到貿易突破口的時候，清朝正在全力恢復朝貢制度。清初的朝貢與海禁對海上貿易產生了巨大的影響，形成了有貢才有市，以及非法私人貿易盛行的狀況。

1. 繳納敕印，重新建立朝貢關係

清朝對中外關係的界定可以從其立國之初頒布的兩份詔書中得到一個全面的反映。順治四年（一六四七）二月，以浙江與福建平定，頒詔天下，曰：

東南海外琉球、安南、暹羅、日本諸國，附近浙閩，有慕義投誠納款來朝者，地方官即為奏達，與朝鮮等國一體優待，用普懷柔。[201]

---

197 《十七世紀臺灣英國貿易史料》，第十三頁。
198 《十七世紀臺灣英國貿易史料》，第九十二頁。
199 劉鑒唐、張力：《中英關係繫年要錄》第一卷，第一六三頁。
200 《十七世紀臺灣英國貿易史料》，第六十二頁。
201 《清實錄》世祖章皇帝實錄卷三十「順治四年二月」，第二五一頁。

清軍占領廣東後，順治於詔書中宣布：

> 南海諸國暹羅、安南附近廣地，明初皆遣使朝貢。各國有能傾心向化，稱臣入貢者，朝廷一矢不加，與朝鮮一體優待。貢使往來，悉從正道，直達京師，以示懷柔。[202]

在這兩份詔書中，有兩個共同點被反覆強調：一是與朝鮮一體優待；二是用普懷柔。「用普懷柔」的意思很明確，與明朝懷柔天下的含義是相同的。但非要強調與朝鮮一體優待又是何種緣故呢？

這要回到清朝與朝鮮的關係中才能發現其中的含義。早在明朝滅亡之前，滿族尚未立足中原之時，就已經開始要求朝鮮納貢稱臣。這是違背明朝朝貢制度的，因為要求明朝的朝貢國向後金稱臣意味著在明朝朝貢體系中出現了競爭者，所以朝鮮沒有答應。於是一六二七年，皇太極出兵朝鮮，迫使朝鮮請和納貢。朝鮮這種做法僅僅是暫時的政治手段，因為朝鮮仍然擁有明朝的誥命冊印，這是朝鮮與明朝朝貢關係的合法證明。在一六三〇年，清兵再次入侵朝鮮，直到朝鮮「去明年號，納明所賜誥命冊印，質二子，奉大清國正朔」[203]，皇太極才撤兵。

清朝與朝鮮的這種關係表明，清朝需要從朝貢體系中得到自己是合法「正統」的承認。「用普懷柔」表明清朝接受了華夷觀念，但清朝統治者是滿族人，在明朝的華夷關係定位中屬於「夷狄」。「夷狄」要像漢族正統一樣「用普懷柔」，實行朝貢制度，顯然要去除「夷」的身分。因此，清朝在構築朝貢體系時，非常在意朝貢國是否繳納明朝頒發的封誥印敕。這就是清朝為什麼在詔書中一再強調與朝鮮一體優待的原因。

據《清實錄》記載，在清兵剛剛平定閩粵之時，琉球、安南和呂宋三國朝貢前朝的使臣尚未回國，順治皇帝將這三位使臣召到京師，並頒布敕諭，說：

> 朕撫定中原，視天下為一家。念爾琉球（及安南、呂宋）自古以來世世臣事中國，遣使朝貢，業有往例，今故遣人敕諭爾國。若能順天循理，可將故明所給封誥印敕，遣使賫送來京，朕亦照舊封賜。[204]

琉球十分聽話，三年之後就將明朝頒布的鍍金敕印、襲封王爵詔和敕書上交清朝。順治帝對琉球的這種行為大加讚賞，特「遣使賫詔、敕書一道，及鍍金駝鈕銀印一顆，往封琉球國世子尚質為中山王」[205]。

202 《清實錄》世祖章皇帝實錄卷三十三「順治四年七月」，第二七二頁。
203 趙爾巽：《清史稿》列傳三百一十三《屬國一》，民國十七年清史館本，中國基本古籍庫，第五八五三頁。
204 《清實錄》世祖章皇帝實錄卷三十二「順治四年六月」，第二六八頁。
205 《大清會典則例》卷九十三《禮部》，第一四三三頁。

安南國念及明朝舊恩，遲遲不願交出封誥印敕。但安南仍然按照朝貢制度按期納貢。清朝官員盤問，其總是以「前代舊例，原不繳換敕印，惟待奉准貢例，依限上進」[206]回應。直到康熙五年（一六六六），禮部官員上奏，要求以絕貢相挾，才迫使安南交出敕印。[207]

2. 努力恢復朝貢制度

相比明朝，清朝的朝貢國家較少，而且也沒有採取類似鄭和下西洋這樣的招徠政策。清朝對朝貢中具體事宜的規定也不是非常的嚴格，貢道、貢期等也多有變化，貢物與賞賜充分考慮到了朝貢國的情況，不是所有國家都做硬性規定。在此部分的論述中，一些規定要涉及清朝初期以後的情況，主要是為了體現清朝朝貢制度的上述特徵。

表 2-1　各國貢期規定及變化[208]

國家	貢期規定	貢期變化
朝鮮	1 次／年	—
琉球	1 次／2 年	1 次／4 年
安南	1 次／3 年	2 次／6 年
暹羅	1 次／3 年	1 次／4 年
南掌	1 次／5 年	1 次／10 年

(1) 貢期、貢道與朝貢規模的規定

清朝對各國貢期時間的規定較為寬鬆，且多有變化。對一些離清朝較近且關係密切的國家，貢期較為頻繁，如朝鮮是一年一次，琉球是兩年一次，安南是三年一次。之後，這些國家的貢期都被延長，按照清朝統治者的說法，是「念遠道馳驅，載途雨雪，而為期較促，貢獻頻仍，殊不足以昭體恤」[209]。規定暹羅三年一貢，之後改為四年一貢，南掌則由五年一貢改為十年一貢。

總結清朝貢期的規定，發現其明顯不同於明朝。清朝貢期時間較長，而且時限有著從短向更長方向變化的趨勢。這樣，朝貢次數實際上是越來越少。清朝也沒有像明朝一樣主動招徠夷國朝貢，這說明清朝並不注重朝貢體系，或者說在朝貢體系中關注的焦點不同於明朝，結合前面清朝要求夷國上交明朝封誥印敕可知，清朝關注的僅僅是自己的合法地位是否得到承認。

清朝為了防止裡通外夷，對貢道規定比較嚴格。按規定，朝鮮的貢道由鳳凰城經盛京過山海關至北京。康熙四年（一六六五），規定安南貢道由廣西太平府入鎮南關。雍正二年

206 《清實錄》世祖章皇帝實錄卷一百四「順治十七年九月」，第一〇八〇頁。
207 《清實錄》聖祖仁皇帝實錄卷十八「康熙五年三月」，第二六〇頁。
208 劉錦藻：《清續文獻通考》卷六十二《土貢考一》，第一二一六頁。
209 劉錦藻：《清續文獻通考》卷六十二《土貢考一》，民國景十通本，中國基本古籍庫，第一二一六頁。

（一七二四），改安南貢道由廣西、湖南、湖北、江西、江南、山東、直隸水陸。乾隆十六年（一七五一）再度改為由廣西水陸，經廣東肇慶等府，至江西沙井改為旱路。嘉慶七年（一八〇二），再度改為由陸路至廣西憑祥州，入鎮南關，由水陸達北京。道光九年（一八二九），皇帝下令，不許任意修改貢道，「外夷各國貢道，或由水路，或由陸路，定例遵行，未可輕言改易」[210]。

清朝延續了明朝的做法，對朝貢規模進行了限制，防止因朝貢造成政府負擔過重。例如，順治九年（一六五二）首次規定，「各國由陸路進貢，每次不得過百人，入京只許二十人，餘皆留邊聽賞；由海道進貢，不得過三船，每船不得過百人，一應接貢、探貢等船，不許放入」[211]。

表 2-2　朝貢國貢物一覽

國別	貢物名目與數量
朝鮮	年貢：白苧布 200 匹、白棉綢 200 匹、紅棉綢 100 匹、綠棉綢 100 匹、木棉綢 30000 匹、五爪龍席 2 張、各種花席 20 張、鹿皮 100 張、獺皮 300 張、腰刀 10 把、大小紙 5000 張、黏米 40 石
琉球	正貢：硫黃 12600 斤、紅銅 3000 斤、白剛錫 1000 斤
安南	正貢：象牙 2 對、犀角 4 隻，土綢、土紈、土絹、土布各 200 匹，沉香 600 兩、速香 1200 兩

資料來源：李雲泉《朝貢貿易制度史論》，第 155 頁。

(2)貢物、賞賜與冊封

對關係較近的朝貢國，在貢品的種類與數量上規定較為詳細，但是對關係較遠的朝貢國，則沒有任何硬性要求。例如對朝鮮、琉球與安南，朝貢物品種類與數量的規定就十分具體（見表2-2）。暹羅則只規定了進貢的物品，對其他國家則無任何要求。即使是這樣一個較為寬泛的制度也時常發生變化，各代皇帝就曾屢次放寬貢品的規定。例如對朝鮮就經過了九次減貢，至康熙時，朝鮮歲貢數量已經大為減少。[212] 雍正七年（一七二九），暹羅貢品中的速香、安息香、胡椒等十種物品也被減免，琉球的貢品在康熙年間也獲得了大幅的減免。這些減免都是在「恩恤遠藩」的名義下進行的。

在朝貢國進貢之後，清朝要對各國進行賞賜。賞賜分為正賞、加賜和特賜。所謂正賞就是按照規定給的，在光緒《清會典》卷三十九中詳細記載了對朝鮮、琉球、安南、暹羅等國的賞賜規定。「加賜」即為正常賞賜之外的額外賞賜，例如，雍正二年（一七二四）清世宗諭怡親王允祥曰，「外藩人來朝給以食物及其歸國，頒以賞賜，俱有定例……或有應行加賞之處，酌量定議奏聞」[213]。「特賜」指對夷國的特殊恩典。如康熙二十一年（一六八二）遣

210 劉錦藻：《清續文獻通考》卷六十二《土貢考一》，第一二一五頁。
211 《大清會典則例》卷九十三《禮部》，第一四四一頁。
212 全海宗：《中韓關係史論集》，金善姬譯，中國社會科學出版社，一九九七，第五十六頁。
213 《清實錄》世宗憲皇帝實錄卷二十六「雍正二年十一月」，第四〇八頁。

使冊封琉球國王時，特賜御書字幅「中山世土」。

在進貢與賞賜之後，要通過「冊封」與「受封」來確認朝貢關係。清朝冊封夷國及朝貢國國王，皆用詔書，以「布告天下，咸使聞之」。另外頒發敕書，用於對夷國任官封爵以及告誡臣僚。一旦正式關係建立，清朝授予夷國國王印璽，表示承認其在本國的統治地位。依據華夷關係的遠近，冊封程序有所不同。「凡敕封國王，朝貢諸國遇有嗣位者，先遣使請命於朝廷。朝鮮、安南、琉球，欽命正、副使奉敕往封；其他諸國，以敕授來使齎回，乃遣使納貢謝恩」[214]。

3. 海禁和遷海的實行

清初不但實行了海禁，而且實行遷海政策，這對海上貿易是釜底抽薪。清朝海禁的目的十分明確，即打擊鄭成功。清朝建立統治初期，統治未穩。而退守臺灣的鄭成功與沿海百姓相互支持，企圖反清復明。順治十八年（一六六一）頒布的《嚴禁通海敕諭》中曾說：「鄭成功盤踞海徼有年，以波濤為巢穴，無田土物力可以資生，一切需用之糧米，鐵、木、物料，皆係陸地所產，若無奸民交通商販，潛為資助，則逆賊坐困可待，向因濱海各處奸民商販，暗與交通，互相貿易，將內地各項物料，供應逆賊，故嚴立通海之禁。」[215]

對於鄭成功，清朝還沒有足夠的海軍力量予以征服，故只好通過割斷其與內陸的聯繫，從經濟上遏制鄭氏家族勢力的擴大。鄭成功主要依靠海島與海洋的優勢，可攻可守。清朝要平定鄭成功必須有足夠的海軍力量，這對歷來習慣馬上取天下，且剛剛建立統治的清政府來說是難以一時就解決的問題。福建總督李率泰對當時兵力情況進行了一個估計。福建閩安鎮可用來作為戰艦的大船僅有四十五隻，小船五十五隻；泉州大船二十五隻，小船四十五隻；漳州八槳船一百隻。總計船隻僅僅二百七十隻，而可出洋遠征的船隻僅有一百七十隻。[216] 而鄭氏家族在尚未統治臺灣的時候就有出洋船七千艘，可見清朝海軍實力之微弱。所以海禁與遷海是當時形勢下最好的選擇。

清朝海禁政策的第一步是禁止出海貿易，之後開始實行嚴厲的遷海。順治三年（一六四六），清朝第一部法典《大清律集解附例》中規定實行海禁，之後海禁的詔令頻頻頒布。順治四年（一六四七）七月，清朝以「廣東近海，凡係漂洋私船，照舊嚴禁」[217]。順治十年（一六五三）三月，《戶部題本》云：自我朝鼎革以來，沿海一帶，俱有嚴禁，一船不得下海開洋。[218] 順治十一（一六五四）年，佟代任福建總督期間曾云：原總督陳錦、劉清泰在任時，均有禁海令在案，可供查閱。[219]

214 《大清會典》卷五十六《禮部》，清文淵閣四庫全書，中國基本古籍庫，第二三六頁。
215 《明清史料》丁編《嚴禁通海敕諭》，第二五七頁。
216 中研院歷史語言研究所編《明清史料》甲編第五本。
217 《清實錄》世祖章皇帝實錄卷三十三「順治四年七月」，第二七四頁。
218 中研院歷史語言研究所編《明清史料》己編第二本，第一四二頁。
219 《孫廷銓題為禁止泛船出海事本》，「順治十三年二月二十九日」，福建人民出版社，一九八七。

順治十二年（一六五五）頒布了更加嚴格的出海禁令，以為遷海做準備。從規定細則來看，有兩項禁止：一是禁止沒有執照的船隻出海；二是禁止擅造兩桅以上的船隻出海。這表明禁止的主要是遠洋貿易，而對在海岸進行的有關百姓基本生活的打魚等商業活動沒有禁止。[220]但是到了順治十三年（一六五六），對商民私自出海進行了更加嚴格的控制。規定商民船隻不得私自出海，將糧食貨物賣給逆賊要就地正法。[221]同時實行保甲制度，加強控制。而對來岸貿易船隻，規定防守各官，設法攔阻。在海岸線上修築土壩木柵，處處嚴防，不許片帆入口，一賊登岸。[222]

海禁政策阻斷了中外經濟交流，遷海的阻力也就變得相對較小，於是清朝著手實行遷海。初次遷海只涉及浙江、江南、福建和廣東四地貿易較為發達的地區。因為這些地方離臺灣較近，與臺灣的貿易關係也較為密切。遷海十分嚴格，凡是不按規定蓋房種地的人，無論官民都以通敵罪處斬。[223]

之後，遷海區域逐漸擴展，並囊括了幾乎所有的沿海地區。如福建總督姚啟聖上奏說：「福建海賊猖獗而議遷界，又因賊勢蔓延，止遷福建一省之界不足困賊，並遷及廣東、浙江、江南、山東、北直五省之界。」[224]

各地遷海政策實施的時間與嚴格程度有所不同。由於福建、廣東與浙江距臺灣較近，遷海政策執行得最為嚴格。沿海要內遷五十里，不得有任何耕地和居民留存。[225]當時有人評價：「江浙稍寬，閩為嚴，以資民生。」[226]清初上海人葉夢珠曾談到遷海情況時說：「於是盡徙山東、閩、浙以及江北、江南濱海之地，嚴禁不許人跡至海澨，片板不容入海洋。……吾鄉獨從南匯所守備劉效忠議，以為松屬沙灘，素號鐵板，船不得近，不在棄遷之列。」[227]山東距離福建和臺灣較遠，遷海的規模有限。且對於山東青、登、萊等處居民，仍然允許出海打魚，[228]與沒有遷海並無兩樣。

4. 海禁與朝貢制度配合下的海上貿易

清朝實行海禁的時間不長，海禁的目的也十分明確，即打擊鄭成功的勢力。但是客觀上，海禁與朝貢制度的配合造成朝貢貿易成為唯一合法的貿易形式，形成「有貢才有市」的

220 清廷規定：海船除給有執照，許令出洋外，若官民人等，擅造兩桅以上大船，將違禁貨物出洋販往番國，並潛通海賊同謀結聚，及為嚮導劫掠良民，或造成大船，圖利賣與番國，或將大船賃與出洋之人，分取番人貨物者，皆交刑部分別治罪。見《大清會典則例》卷一百一十四《兵部》，第一七六五頁。

221 《清實錄》世祖章皇帝實錄卷一百零二「順治十三年六月」，第七八九頁。

222 《清實錄》世祖章皇帝實錄卷一百零二「順治十三年六月」，第七八九頁。

223 《大清會典事例》卷七百七十六《刑部．兵律．關津．順治十八年題准》。

224 姚啟聖：《總督福建少保兵部尚書姚雲奏疏》卷六《閩頌彙編》。

225 屈大均：《廣東新語》卷二《地語．遷海》，中華書局，一九八五，第三十六頁。

226 《清實錄》聖祖仁皇帝實錄卷十四「康熙四年正月」，第二一二頁。

227 葉夢珠：《閱世編》卷一《田產二》。

228 《清實錄》聖祖仁皇帝實錄卷十四「康熙四年正月」，第二六〇頁。

局面，原本的私人貿易轉為非法的走私貿易。

清政府規定，朝貢貿易可在京師會同館進行，也可在入境的驛館內進行，但是非貢時禁止貿易。「凡外國貢使來京，頒賞後，在會同館開市，或三日或五日，惟朝鮮琉球不拘期限。由禮部移文戶部，先撥庫史收買，諮覆到部，方出告示，差官監視，令公平交易。……外國船，非正貢時無故私來貿易者，該督撫即行阻逐。……正貢船未到，護貢、探貢等船不許交易。」[229]朝貢的地點除了京師會同館，也可在貢使入境的邊境地區，「凡外國進貢順帶貨物，貢使願自出夫力，帶來京城貿易者，聽。欲在彼處貿易，該督撫委官監視，勿致滋擾」[230]。

相比明朝，清朝的朝貢較為寥落，即使是朝貢關係比較密切的琉球與暹羅，朝貢次數也很少。順治十一年（一六五四）規定，琉球兩年一貢。由於琉球非常遵守朝貢制度，所以康熙七年（一六六八），清政府命令福建督撫重建柔遠驛，專門接待琉球貢使以示獎勵。[231]至於暹羅，據統計，自順治十三年（一六五六）至康熙二十七年（一六八八），暹羅平均每十年才派出貢使一·五次。[232]即使是這樣次數有限的朝貢，也被暹羅以朝貢之名行貿易之實。暹羅在每次朝貢時，都在「進貢船」之外還帶上所謂的「護貢船」與「接貢船」，後者的目的是為了貿易。按照清政府的規定，准許朝貢船上每一位船員附帶貨物一百擔，因此按規定每艘一百名船員的船隻可帶一萬擔貨物。暹羅每次朝貢至少有四艘船，也就是四萬擔，可見貿易才是暹羅朝貢的主要目的。

相比朝貢貿易，非法的走私貿易十分盛行。尤其是鄭氏家族控制的海上走私貿易，發展的規模龐大。鄭氏家族的海上貿易範圍廣闊，包括日本、呂宋、交趾、柬埔寨、占城、暹羅等，以及西方國家。貿易組織發達、分工細緻。鄭氏將貿易組織分為包括仁、義、禮、智、信海路五商和金、木、水、火、土陸路五商。海路五商設在廈門，陸路五商設在杭州。陸商與海商分工配合，陸商從五商的管轄者那裡領取資本，置買貨物，並將貨物交給海商，海商再將貨物運出海外。

除了鄭氏家族，東南沿海的藩王也是非法貿易的主要參與者。史料顯示福建藩王耿精忠就曾不顧朝廷遷界禁令，擅自派人到海外攬商。例如，康熙十四年（一六七五），靖南王的叔父派遣兩名使者到巴達維亞，宣稱歡迎荷蘭人到福州貿易。[233]翌年即有三艘荷蘭船到達福州。康熙十五（一六七六）年，靖南王再次派人通知臺灣的英國商館，願意發放護照，使之到福州貿易。[234]廣東官商沈上達依靠尚之信的勢力，從事走私貿易，「勾結黨棍。打造海

229 《大清會典事例》卷五百一《禮部．朝貢．市易》。
230 《大清會典事例》卷五百一《禮部．朝貢．市易》。
231 《清實錄》聖祖仁皇帝實錄卷二十五「康熙七年二月乙亥」，第三四四頁。
232 李金明：《清初遷海時期的海外貿易形勢》，《南洋問題研究》一九九五年第三期。
233 〔日〕小林曳發：《華夷變態》卷三，東京秀光社，一九三八。
234 《十七世紀臺灣英國貿易史料》，第六十三頁。

舡，私通外洋，一次可得銀五萬兩。一年之中，千舡往回，可得利銀四五十萬兩」[235]。由於沿海藩王長期從事走私貿易，所以在清朝開海之時，以藩王為背景的行商已經存在多年。[236]

三、十七世紀英國的對外貿易政策

從十六世紀開始，葡萄牙、西班牙與荷蘭不斷地努力開拓與中國的貿易，但是在十七世紀後半葉中西貿易大規模開展起來後，掌控這種貿易的卻是英國而非上述國家。這其中關鍵性的原因是英國政府適時地制訂了有效的經濟政策，為亞洲貿易擴張奠定了基礎。首先是政府出臺了一系列經濟政策保護本國商人，其次成立東印度公司以便更好地擴展海外市場，在這之後，以武力同其他國家展開海上貿易霸權之爭。這些措施增強了英國的商業勢力，為英國占據亞洲貿易市場做好了準備。

(1) 貿易政策支持本國商人

自一六四二年英國開始國內資產階級革命之後，政府與商人聯合起來，國家貿易政策為本國商人提供保護，通過各種措施打擊商業競爭對手，為本國商人開闢國際市場。

首先，通過關稅等優惠政策，促進更多的商人從事國際貿易，保護本國產品不受他國競爭。一六四四年，議會發布法令：「為了順利發展新英格蘭的種植場，任何商人從英國運往新英格蘭或從新英格蘭運往英國的一切產品和商品，在英國以及新英格蘭，都免交關稅、其他租稅或罰款。」一六五六年英國政府通過「促進英國生產、生長和製造的各種商品出口法案」，對一些商品規定了優惠的出口條件：包括公牛、騸馬、牛肉、豬肉、奶油、乾酪、小麥、黑麥、豌豆、黃豆、大麥、燕麥、啤酒、蠟燭、去毛的小牛皮、武器等。為了保護本國商業，對外國人徵收的關稅比較高，而且成立了由各大工商業中心的代表組成的特設委員會，管理全部商業貿易，同時發展造船業。這些措施大大鼓舞了英國商人從事貿易的積極性。

其次，通過制定《航海法案》打擊他國商人。一六四七年，英國國會發布命令，要求殖民地貿易必須用英國船隻，這是英國《航海法案》的先聲，也是用法律打擊商業對手的開始。一六五一年十月九日，英國國會正式公布《擴大商船隊和獎勵英國航海法案》（簡稱《航海法案》）。

《航海法案》的矛頭直指英國的主要對手荷蘭，《航海法案》從貿易運輸和商品進出口兩方面限制荷蘭的國際貿易。

在貿易運輸方面，法案將其他國家的貿易運輸定為非法。所有亞洲、非洲和美洲的產品，只有經過英國船隻運輸才能在英國和其殖民地進口，否則視為非法；對於歐洲生產的產

235 李士楨：《撫粵政略．議復粵東增豁稅餉疏》，文海出版社，一九八八。
236 梁廷枏：《粵海關志》卷二十五，第四九一－四九三頁。

品，只有英國船隻和產地國船隻運輸才能進口；英國所有殖民地的貿易必須由英國船隻負責運輸。

在進出口方面，將一切有利於外國商業和商人的貿易形式定為非法。英國本地不產的商品，只能由英國商人直接運往本國貿易，不允許通過外國仲介貿易；魚等海洋產品只有在由英國人打撈的前提下才能進口；英國出口的商品必須由本國商人經營；禁止外國人把產品或商品從英國的一個港口運到另一個港口。金銀錠不受限制，因為英國需要金銀，所以許可任何船隻裝載進口。

一六六〇年英王查理二世批准並擴大《航海法案》，以便進一步保護商人和船主的利益。在一六五一年法案基礎上，增加了如下條款：禁止外國商人將俄國產品運往英國；禁止英國殖民地向外國出口糖、煙草、棉花、靛青等商品。英國與殖民地之間的貿易運輸，必須保證有四分之三的船員是英國人。此外，擴大了東印度公司的權利。《航海法案》促進了英國海上貿易的飛速發展。一六六三年，由英國港口出航的英國商船噸位數，比外國商船的噸位數高一倍，僅僅由倫敦出口的商品就在二百萬磅以上，到一六六八年，這個數目又增加了一倍。[237]

(2) 戰爭奪取貿易權力

當英國有資格談論世界貿易市場的時候，葡萄牙、西班牙已經在世界範圍內建立起了商站和殖民地，荷蘭被稱為「海上馬車夫」也已很多年了。英國並不滿足於在這個互相掠奪的貿易圈內獲取一點殘羹冷炙，其有更偉大的目標，那就是要獨占世界貿易分額。

英國偉大目標最大的敵人是當時最為強大的荷蘭。荷蘭已經取得了世界範圍內很多地方的市場，英國主張堅決與荷蘭共享利益，並從一六五一年開始與荷蘭展開貿易談判。對於這兩個擅長搶劫的國家來說，實現和平貿易是不可能的。果然荷蘭就利用與英國談判之機，趁機剝奪英國海外商人的貿易，這引起了英國的不滿。於是雙方互相開始搶奪對方的貿易商船。在一六五二～一六五三年間，英荷之間發生了一系列海戰，一六五三年六月，英國艦隊對荷蘭作戰取得決定性的勝利，[238]迫使荷蘭在一六五四年簽訂了合約，並承認《航海法案》。

英國還加強與一些大陸國家的合作，以孤立競爭對手西班牙。一六五四年四月二十八日，英國與瑞典簽訂和平及同盟條約，同年五月與荷蘭及其盟國丹麥、瑞士、漢薩各城市等訂立合約，保留通過松得海峽的權利。一六五四年，英國與葡萄牙談判，葡萄牙向英國開放所有在東方的港口，這大大便利了英國東印度公司的貿易。爭取同盟的同時，英國派遣艦隊到西班牙控制的地中海沿岸及其海外殖民地進行掠奪騷擾。一六五五年十一月二十八日，英

237 E．里普遜：《英國經濟史》第三卷，一九三一，第一三九頁。
238 余子淵：《英國史》，見《中華百科全書》，中國大百科全書出版社，一九九九，第七十一—七十二頁。

國正式對西班牙宣戰，西班牙失敗。英國奪得了西印度群島的牙買加和歐洲大陸西屬尼德蘭的敦克爾克港。

形勢的發展越來越有利於英國。荷蘭人在歐洲被捲入了一系列戰爭，國力遭到削弱，不得已只能在一六七四年與英國簽訂了《威斯門斯特條約》（*The Treaty of Westminster*），雙方徹底休戰，英國可以毫無顧忌地開闢東方貿易。此時，歐洲許多小國成為英國的盟國，西班牙日益衰落，英國成為「日不落帝國」指日可待。

(3) 成立東印度公司

成立東印度公司是英國擴展亞洲貿易的重要一步。在政府一系列商業政策的刺激下，英國產生了大批勢力強大的商人。但是這些商人之間相互競爭，尤其是在亞洲貿易方面，不同商業公司之間過度競爭阻礙了貿易的擴展。於是政府適時出來將權力統一到東印度公司手中，並賦予東印度公司軍事、財政等權力，為亞洲貿易擴張奠定了基礎。

英國東印度公司成立初期由於受到其他公司的競爭，貿易開展得並不順利。東印度公司的主要競爭對手是英國私商組成的科爾亭公司和「倫敦商人」公司。這些公司將對付別國商人的手段用來對付本國商人，他們襲擊本國商船，掠奪財產。

一六五〇年，部分科爾亭公司的私商們組織了一個「阿斯達商團」（Assada merchants），迫使東印度公司與其聯合，並徵集資金，開始東方貿易。[239] 一六五五年，當克倫威爾宣布英國人可以自由與東方貿易時，合併五年後的東印度公司與科爾亭公司卻出現了分裂，一批商人脫離該組織，成立「倫敦冒險家」（merchant Adventures）商團。一六五七年，分裂出去的「商人冒險家」組成的「冒險商人公司」，再度併入東印度公司，這就迫使原科爾亭公司的私商們停止了貿易活動。

這種無序的競爭局面造成在最初的幾十年裡，英國對東方的貿易無法順利進行。東印度公司向國會請願要求獲得貿易壟斷權，克倫威爾聽取了建議，取消私商執照，頒發給東印度公司新的執照，將東方貿易的壟斷權賦予東印度公司。

貿易壟斷權的集中，使東印度公司騰出手腳來拓展與中國的貿易。當時印度各地的商館不斷接到公司董事會的來信，詢問與中國貿易的可能。僅一六五八年一年，就有二十五艘公司的船隻開到亞洲探索貿易，而此前五年總共才九隻船。一六六〇年政府對公司的支持力度加大，英王查理二世公開支援公司，議會組織了一個委員會專門考慮公司的福利問題，此時反對公司的私商也陸續倒閉了。在這種形勢下，公司唯一缺乏的就是擁有軍事力量來打開亞洲市場。然而這一天並不遙遠，一六六九年，英王查理二世擴大東印度公司在東方的權力，把印度、孟買地區的軍事、政治、經濟、財政權力全部轉交給了公司。於是，仗劍經營擴展亞洲貿易的時代即將開始。

239 劉鑒唐、張力：《中英關係繫年要錄》第一卷，第一二六頁。

四、以中英比較的視角反思清初貿易制度

自歐洲開始貿易擴展以來已經過了幾個世紀，在這個過程中，新的國家不斷代替舊的國家，並主宰著貿易擴張的步伐。最終英國逐一打敗其他國家，並即將成為清朝最為主要的貿易對象。那麼英國與其他國家在貿易政策上究竟有何不同呢？在英國與清朝最初的貿易接觸中，英國又有何傑出之處？史實表明，英國與其他國家一樣，在如何打開中國貿易口岸上，並沒有比其他國家更加傑出的辦法。但是英國確實有著不同於其他國家之處，那就是政府支持商人的政治、經濟與軍事政策更加全面、更加成功，並且英國在海上霸權爭奪中逐一打敗了競爭對手。

以此反觀清初的貿易政策，那麼又能有什麼評論呢？

不能否認的是，清朝海禁政策維護了國家的穩定與統一。清朝初年，並無足夠兵力收復臺灣，而臺灣與大陸勾結成為威脅清朝統治的一個尾大不掉的隱患，尤其是在臺灣鄭氏家族與英國聯合的情況下，實行海禁切斷內外勾結不僅是政治上做出的一種合理的選擇，而且維護了統一大業。

然而同樣不能否認的是，清朝的統一沒有轉化為國家的強大，沒有在世界經濟聯繫加強、世界範圍內貿易普遍開展的情況下，轉化為中國貿易地位的提升。這樣看來，僅僅看到政策維護統一這一方面是不夠的。

本書認為只有將清朝放到當時中西初識的角度來看，才能對清朝海禁政策進行一個合適的評價。統一與穩定是貿易得以順利進行的前提，但卻並非必要條件。與清朝相同，西方國家為了擴展國家版圖同樣會採取這種極端的措施。西班牙因為馬尼拉華僑數量的增多對華人採取了屠殺政策，同樣事件也發生在一六〇三年的呂宋。這些政策直接威脅到貿易的正常進行，然而從長遠來看卻鞏固了西班牙在亞洲的殖民統治。英國為了加強與殖民地的商業聯繫，同樣採用武力排擠他國商人。問題的關鍵在於，雖然都是為了維護統治，但是由於雙方政府對待商業的政策不同，所以政治統治的加強未必會帶來國家商業的發展。對於西方國家來說，追求的是商業利益，其在政治以及軍事上的作為最終加強的是商人對海上商業貿易的壟斷。而對於清朝來說，其國際貿易政策並不注重商業利益，而是華夷秩序的穩定，所以海禁雖然鞏固了政權的力量，但未必帶來商業的發展。從這個角度來講，即使是出於政治形勢做出的合法考量，從國家長遠發展來看也未必是合理的。

自歐洲地中海貿易圈建立開始，威尼斯就給各國樹立了榜樣：只有仗劍經商的貿易政策才是成功的貿易政策。此後的西方國家秉承這種精神，不斷地將國家支援商人的方式運用到本國貿易開拓中，英國是其中做得最為出色的。英國通過關稅和法律為本國商人提供保護，通過戰爭為本國商人開拓市場，通過公司的形式將世界各地的財富輸往英國。然而，與之不同的是，清初中國卻在積極地構築朝貢制度，並從中尋找統治的合法性。然而此時的亞洲國際環境已經不同於明初的環境，一些南亞國家成為西方的殖民地，西方強國也成為清朝的重要交往對象，這種對清朝國際地位可能產生的挑戰才是清政府需要首先面對的，但遺憾的是這些並未被納入清朝政策制定者的考慮當中。所以，當從清朝面臨的大的國際環境來看，清朝實行朝貢制度並非不合理，但是根本無法應對國際局勢的變化。

英國對中國貿易的探索與保護商人貿易政策的實施，為十七世紀後半葉打開中國貿易的新局面做了充足的準備。中西貿易大規模的開展必將對整個清朝的貿易制度產生根本性的挑戰，而中國商人也將更加頻繁地面對西方的「仗劍經商」。中國的貿易政策將如何調整，中國商業與商人將如何應對，這一切都沒有在清初的貿易政策中得到任何體現。

第三章

中西貿易新階段：清朝開海後貿易政策的調整

本章將考察清中期至鴉片戰爭前國際貿易形式的變化及清朝貿易政策變遷的內在邏輯與成敗。第一節具體考察貿易形式的變化，第二節分析清朝貿易政策調整的內在邏輯，第三節考察重要而又十分特殊的十三行制度。

康熙開海後，中西貿易進入了新階段。首先，貿易量與貿易產品結構發生了重大變化，這是在海外市場需求增加的背景下發生的。由於歐洲居民生活水準的提高，茶葉、絲綢和瓷器等進入尋常百姓家，在這種巨額需求的刺激下，大量中國的茶、絲與瓷器流入歐洲。其次，西方國家逐漸完成了在亞洲國際市場貿易壟斷的布局，各國對東南亞海上市場的勢力範圍已經劃分完畢。一些東南亞朝貢國淪為西方的殖民地，重要的貿易港口和商路受到西方商人的控制。

針對貿易形式的變化，清朝在對外貿易政策上做出了調整。這種調整呈現出兩大特徵：第一，沒有關閉國門拒絕貿易，但仍以「華－夷」觀念為指導，將貿易看作對他國的恩惠；第二，以貿易來鉗制他國商人，以達到維護貿易秩序的目的。

清朝貿易政策的演變有其內在邏輯。清政府對國家間貿易的拒絕意味著清政府不願充當中西貿易交流的中間主體。這樣一來，一旦中外貿易的發展對清政府視野中的秩序造成挑戰，那麼清政府只能限制貿易，而不是主動開放擴展貿易或採取其他管理措施解決問題。如果限制性措施無效，便會走向更加封閉。這是清朝中後期貿易政策調整的方向與特徵。

清統治者不承認貿易的變化，然而他們也有自己可利用的最後武器，那就是西方國家需要中國產品。從明朝開始，貿易就是政府用來維持朝貢體系運行的工具，清朝將這種工具發揮到極致：用貿易上的優勢來牽制西方商人。十三行便是這種工具的具體體現。

第一節

中西貿易進入發展新階段

康熙曾說，開海是為了「腹裡省分錢糧有餘，小民又獲安養」[240]。然而令康熙沒有預料到的是，開海後的最大變化不是小民有安養，而是中西貿易大規模發展。中西貿易發展改變了中國進出口商品的結構，絲、茶與瓷器等成為中國出口的大宗商品，西方國家開始利用鴉片來扭轉中西貿易的逆差。另外，東南亞海域的貿易方式發生了根本性變化，一些東南亞國家被西方控制，和平貿易往來被西方仗劍經商的方式所取代，中國商人對海上貿易的影響大大減弱。

240 《清實錄》聖祖仁皇帝實錄卷一百一十六「康熙二十三年九月」，第一五五五頁。

一、中西商品貿易的變化

1. 清朝開海至鴉片戰爭前進出口貿易額估算

為了對清朝南部沿海關口貿易有一個準確判斷，這部分首先用清朝海關稅收間接反映貿易狀況，然後依據稅率推算總體貿易額。需要說明的是，這個推算與實際貿易額相比可能偏低。因為有許多沒有在清朝正式規則中反映出的額外稅收，以及大量非法貿易存在，這些情況無法從海關稅收中得到體現。

關於粵海關的稅收紀錄較為齊全，在《粵海關志》中記錄了從乾隆十五年（一七五〇）至道光元年（一八二一）的稅收變動。將數量變化附在圖3-1中，可以發現從一七五〇年開始，稅收總量總體是在遞增的，乾隆十四年（一七四九），稅收達到四十五萬六千九百四十兩白銀，之後逐年遞增；嘉慶十一年（一八〇六）達到最高，為一百六十六萬三千八百三十兩。之後略有下降。從數量等級來看，可以按時間順序將這七十年的稅收分為三個階段，從一七五〇年到一七八二年年均稅收在五十萬兩左右，這一時期正是中西貿易迅速發展的時期。在這之後兩個階段，中外貿易仍然在不斷增長，從一七八三年到一八〇〇年，年均稅收在九十萬兩左右，一八〇〇年之後則在一百二十萬兩左右。

《清史編年》根據相關資料，挖掘出了部分年分其他海關的稅收。本書依據這個數字，將這些資料整理成表3-1（見本書一五八頁）。從表3-1中可以看出，徵稅額最大的海關是粵海關，其次是閩海關，而江海關和浙海關的徵稅數額相對非常小，且各海關稅收數額之間存在一定的規律。首先，各關口之間稅收比例較穩定，閩海關稅收是粵海關的六五%左右，江海關是十五%左右，浙海關大約在一〇%，各年之間變化不大。其次，從資料比較齊全的四年來看，在這四個年分中，粵海關徵稅占清朝四海關總稅收的五三%左右，這一數字幾乎沒有變化。

呈現上述兩種規律的原因與清朝海關稅收制度有關。為了監督地方官員，清政府規定，各任官員繳納的稅收要與上屆官員進行比對，差距過大會受懲罰。之後，又變為與某一特定年分稅收比較，後因實際貿易增長，稅收增加較快，所以又改為與上年比較。[241]正是這種制度造成各關口稅收變化呈現一定的規律。本書就依據這兩個規律，大

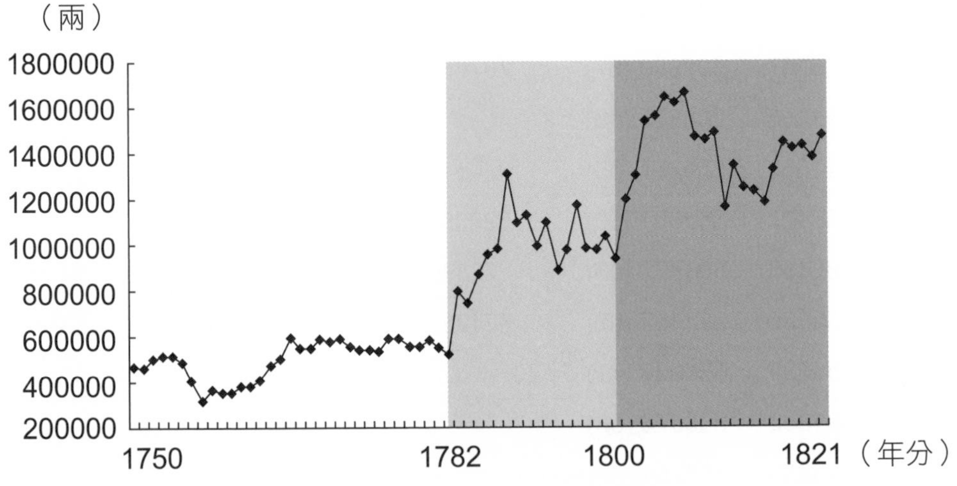

圖 3-1　清朝粵海關貿易總額估計

致推測清朝總的海關稅收，即以五三%作為不變比例，從粵海關稅收來推測全部海關稅收及貿易額。

通過關稅率來推測清朝貿易總額是一種可行的方法，但是對於關稅率到底是多少，學界一直有爭論。黃啟臣在他的《清代前期的廣州對外貿易》一文中，根據彭澤益的研究，用二%的稅率來推算貿易量總值。本書認為這個稅率過低，首先與清朝明文規定不相符，因為

表 3-1 四海關徵收稅銀情況

單位：兩，%

年分	粵海關稅收額	閩海關稅收額（占粵海關比例）	江海關稅收額（占粵海關比例）	浙海關稅收額（占粵海關比例）	粵海關占四海關稅收比例
1753	510000	320000 (63)	77000 (15)	51000 (10)	53
1754	515300	325481 (63)	51759 (10)	75759 (15)	53
1755	486267	327969 (67)	76775 (16)		
1774	541553	368805 (68)			
1775	541863	354297 (65)			
1776	588407	352861 (60)	62608 (11)		
1777	588453	368877 (63)	72390 (9)	53844 (9)	54
1778	556185	374407 (67)	72428 (13)	54256 (10)	53
1779	556233	396938 (71)			
1780	581802	396978 (68)			
1781	548883	397284 (72)			
1783	797861		72671 (10)		

清朝對進口稅的稅率就規定為四．九％，「該商出口貨物，估計價值，按貨本一兩徵收銀四分九厘，名為分頭」[242]。陳尚勝先生在《開關閉關》一書中，推算法定稅率為四．三％，陳依據的是康熙年間的史料，而在乾隆年間，規定稅率要高於這個數值。陳國棟在《清代前期粵海關的稅務行政（一六八三～一八四二年）》一文中如此分析：出口估價銀的徵收始於雍正年以前，原來是每兩抽銀四分九厘，這四分九厘本來是以庫平九二折成色繳納，即相當於紋銀庫平四分五厘，但又換算成番銀市平，則又成了五分四厘，另外加收六厘為該夷幫貼行市商為搬運貨物之辛工腳費，於是成為六分，也就是六％。本書認為六％應該是一個較為合理的估計，既包括了進口稅率也包括了出口稅率。張曉寧的《天子南庫》一書也認為六％是一個較為合理的估計，不過她只估計了廣州的貿易額。[243]

按照六％估算清朝四海關進出口貿易額，見表3-2。在第一階段，貿易額由一千六百多萬兩白銀增加到一千七百多萬兩白銀；第二階段，貿易額增加到二千萬兩以上，到一八〇〇年達到二千九百多萬兩白銀；第三階段的貿易額非常高，已達四千萬兩以上，一八二一年則高達四千六百多萬兩。需要說明的是這個資料僅僅是最為保守的估計，由於勒索與不合法貿易

241 梁廷枏：《粵海關志》卷十四《奏課一》，第二八一－二九五頁。
242 《宮中檔案乾隆朝奏摺》，一三六三六號。
243 張曉寧：《天子南庫：清前期廣州制度下的中西貿易》，江西高校出版社，一九九九，第一二四頁。

的存在，實際貿易數當高於這個數值。而且上述資料僅僅是對通過正常途徑進行的貿易數的估計，如果將其他出口數計算在內，那麼，清朝總的貿易額要遠遠超出這一數值。

從上述估計的貿易額來看，清朝海外貿易規模是相當龐大的。鴉片戰爭前，清朝市場流通總額大約為三億八千七百六十二萬兩白銀[244]，將一八二一年的海外貿易額與之比較，發現海外市場占整

表 3-2　清朝海關總稅收及貿易總值的估算[245]

單位：兩

階段	年分	海關總稅收	貿易額
第一階段	1753	962264	16037736
	1754	9772264	16204403
	1777	1089728	18162130
	1778	1049406	17490094
第二階段	1783	1505398	25089973
	1784	1411558	23525966
	1799	1954259	32570990
	1800	1768063	29467713
第三階段	1810	2808758	46812637
	1811	2198610	36643495
	1820	2603957	43399279
	1821	2792113	46535223

個市場占有率的十二%左右。如果將市場流通總額與海外貿易額進行調整，即分別扣除稅收等退出市場流通的部分，可得市場流通總額為三億四千九百六十三萬兩白銀，海外貿易額為四千三百七十四萬三千一百一十兩白銀，海外貿易額占市場流通總額的十二．五%。

2. 進出口商品數量與結構的變化

十八世紀之前中西之間的貿易產品主要包括香料、絲織品以及棉布等。到了十八世紀，茶葉成為中國最為重要的出口商品，瓷器與絲綢位居第二。進口產品也發生了變化。在十九世紀之前，中國對外國產品需求較少，進口產品主要是一些奢侈品。隨著西方殖民地的開拓，印度的棉布、棉花開始流入中國。由於西方長期以來對中國保持著巨大的貿易逆差，白銀持續不斷流入中國，導致白銀短缺，於是從十八世紀後期開始，西方國家利用鴉片彌補貿易逆差，鴉片逐漸成為中國進口產品中最為重要的一項。

(1) 主要出口產品的變化

十八世紀之前，絲及絲織品是中國最為主要的出口產品，其次是其他手工業品。中國絲

244 許滌新、吳承明：《中國資本主義的萌芽》第一卷，人民出版社，一九八五，第二八三頁。

245 計算各年收入，並從粵海關稅收變化三個階段中各選取部分年分進行計算，可得表3-2。

表 3-3　萬曆二十八年 (1600) 廣州經澳門出口印度、歐洲貨物表

貨物名稱	數量	貨物名稱	數量	貨物名稱	數量
白絲	1000 擔	水銀	100 擔	樟腦	200 擔
各種絲線	大量	朱砂	500 擔	瓷器	大量
各種綢緞	10000-20000 匹	黃銅手鐲	2000 擔	床、桌	大量
黃金	3-4 擔	砂糖	200-300 擔	被單、蚊帳	大量
金煉	大量	麝香	6-7 擔	其他	大量
黃銅	500-600 擔	茯苓	2000 擔		

資料來源：陳柏堅、黃啟臣《廣州外貿史》上，廣州出版社，1995，第 300-301 頁。

表 3-4　1750 年中國從廣州出口到歐洲的貨物

出口貨物	英國	法國	荷蘭	瑞典	丹麥
瓷器（箱）	789				
茶（擔）	21543	14944	9422	12629	12340
生絲（擔）	586	200	198	13	
綢緞（匹）	5640	2530	7460	1790	809
土布（匹）	5740				
白銅（擔）			3450		
大黃（擔）		155	28	9	123

資料來源：姚賢鎬《中國近代對外貿易史資料》第一冊，中華書局，1962，第 265 頁。

織品質優價廉，市場競爭力非常強。表3-3列出了萬曆二十八年（一六〇〇）廣州經由澳門出口印度、歐洲的貨物。從表3-3中可以看出，在一六〇〇年這一年裡，主要大宗出口商品是絲和絲織品。《東西洋考》卷七《餉稅考》中的「陸餉貨物抽稅則例」所列商品，也以絲織品、象牙、蘇木等為主。中國的絲織品也有競爭對手，那就是波斯的絲織品。但是據估計，中國絲織品的利潤達一〇〇%～一五〇%，要遠遠高於波斯絲織品的利潤率。[246]

從十八世紀開始，茶葉成為清朝主要出口產品，其次才是絲織品和瓷器，所以十八世紀又被稱為「茶葉的世紀」。茶葉最先由荷蘭人引入歐洲，被作為貴重禮品在上層社會流傳。一六五八年，英國倫敦的一家咖啡館貼出茶葉廣告，這標誌著茶葉開始進入普通百姓生活。喝茶很快普及了歐洲的主要國家，英國、法國、荷蘭、瑞典與丹麥等地都興起了喝茶的風潮。表3-4是一七五〇年從廣州出口歐洲貨物的一個統計，這分表格顯示茶葉占據了出口的絕大多數，綢緞數量其次，生絲數量已經很少，瓷器在英國進口產品中的地位越來越重要。

十八世紀清朝主要的貿易對象是英國，而英國是中國茶葉的主要進口國，[247]英國進口商品中茶葉地位的變化是清朝出口商品變化最為直接的反映。一七一六年，在英國對清朝的通商中，「茶葉已開始替代絲成為貿易中的主要貨品」。[248]之後，茶葉的地位繼續上升。

246 李金明：《明代海外貿易史》，第一二七頁。
247 吳建雍：《清前期中西茶葉貿易》，《清史研究》一九九八年第三期，第十二—二十二頁。
248 馬士：《東印度公司對華貿易編年史》卷一，第一五五頁。

表 3-5　茶葉在英國東印度公司從中國進口貨值中的比例 (1722-1833 年)

單位：兩，擔，%

年分	總貨值	茶葉		占總貨值的百分比
		數量	貨值	
1722	211850	4500	119750	56
1723	271340	6900	182500	67
1730	469879	13583	374311	73
1733	294025	5459	141934	48
1736	121152	3307	87079	71
1740	186214	6646	132960	71
1750	507102	21543	366231	72
1761	707000	30000	653000	92
1766	1587266	69531	1370818	86
1770	1413816	67128	1323849	94
1775	1045433	22574	498644	48
1780	2026043	61200	1125983	55
1785	2942069	103865	2564701	87
1790	4669811	159595	4103828	88
1795	3521171	112840	3126198	89
1799	4091892	157526	2545624	62
1817	4411340	160692	4110924	93
1819	5786222	213882	5317488	92
1822	6154652	218327	5846014	95
1825	5913462	209780	5913462	100
1833	5521043	229270	5521043	100

資料來源：莊國土《茶葉、白銀和鴉片：1750-1840 年中西貿易結構》，《中國經濟史研究》1995 年第 3 期，第 64-78 頁。

一七二二年，茶葉成為英國從中國進口的主要商品，占進口的比例達五六%；到一七五〇年已經高達七二%。雖然比例有所波動，但是除了極少部分年分，比例都要高於七〇%，而在一半以上的年分裡高於八〇%。十九世紀初，一些年分的比例甚至達到一〇〇%（見表3-5），也就是說，幾乎全部進口商品都為茶葉。

同樣增長的還有茶葉數量和貨值。一七二二年茶葉進口為四千五百擔，到了一七五〇年增長了近四倍，到一七八五年則增長了二十二倍；貨值則分別增長了二倍和二十倍。一七八四年頒布《折抵法案》之後，英國進口茶葉更是大規模增長，一七九〇年達到十五萬九千五百九十五擔，貨值四百一十萬三千八百二十八兩白銀，分別是一七二二年的三十四倍和三十三倍。到鴉片戰爭前期，出口茶葉的貨值占內銷茶葉的五五%[249]，這說明茶葉出口貿易十分繁盛。

瓷器也是出口增長最為迅速的產品之一。中國瓷器在技術上要遠遠領先於歐洲，所以中國瓷器輸入歐洲後便迅速占領了市場，供不應求。荷蘭最早將中國瓷器運往歐洲，在十八世紀僅有記載的荷蘭東印度公司運往歐洲的中國瓷器就達六千萬件。[250]此後，英、法、瑞、丹、奧等國以及散商和衰落的葡、西兩國都參與到瓷器貿易中來。據喬杜里的研究，

249 許滌新、吳承明：《中國資本主義的萌芽》第一卷，第三二七頁。
250 錢江：《十七至十八世紀中國與荷蘭的瓷器貿易》，《南洋問題研究》一九八九年第一期，第八十—九十一頁。

一七一二年前中國瓷器占返航英商船所載中國貨物總額的二〇%。[251]從一七二〇年起，估計在二十五年內英國進口的中國瓷器就達三千萬件。[252]再如一七五〇至一七五五年歐洲實力一般的瑞典東印度公司進口華瓷就達一千一百萬件，一七六〇年丹麥第三貿易公司的華瓷訂單有三百二十八萬四千零五十四件。[253]小公司進口數量尚如此之大，更別說大的公司了。據有關部門估計，一六〇〇～一八〇〇年，僅銷往歐洲的有記載的瓷器就有約一・二億件，考慮到其他市場，當時瓷器出口規模至少在兩億件，即平均每年一百萬件。而景德鎮瓷器年產量在明朝為一百二十萬件，清朝為六百萬件。[254]

(2) 主要進口商品的變化

清朝進口商品的種類繁多。根據海關資料，主要包括農產品、海產品、礦產品、手工業品和香料五大類。農產品包括大米、棉花、檳榔、牛皮和木材等；海產品包括燕窩、海參、魚翅、珍珠等；礦產品包括銀、銅、錫、鉛等；手工業品包括白洋布、西洋布、漆器等；香料與藥材也是主要的進口商品。從進口商品構成來看，農產品、香料和礦產品占有不小的比例，手工業品較少。至於海產品，消費者主要是皇室和達官貴人。例如燕窩就是一種奢侈品，每擔價格高達一千二百～一千四百兩，而當時大米的價格每擔不過一、二兩白銀。

胡椒等香料是清朝主要的進口商品之一。早在明朝時期，朝廷就常常將進口的胡椒作為俸祿發給官員。據統計，從一六三七年至一六四四年，明朝僅從爪哇輸入的胡椒每年就達八百噸至一千二百噸。[255]在鴉片戰爭前夕，中國從東南亞各地每年進口的胡椒維持在一千擔左右的水準。[256]表3-6是一七五〇年從廣州口岸進口的主要商品統計，可以看出胡椒仍然是主要進口商品。

造成這種狀況的主要原因是歐洲及亞洲國家手工業非常落後，能夠向中國出口的產品非常少。英國東印度公司曾規定，船隻到廣州貿易時，每艘船資金的十分之一必須是英國產品，目的是打開英國產品的銷路。[257]但是公司職員發現，除了帶去的鉛銷路很好，本國產的毛織品很難銷售出去。之後，英國東印度公司除了依靠壟斷地位將毛織品賣給行商外，別無他徑在中國賣出毛織品。由於歐洲自身拿不出有競爭力的產品，所以只能將從殖民地掠奪的

251 K. N. Chaudhuri, *The Trading World of Asia and the English East India Company, 1600-1760* (Cambridge: Cambridge University Press), p.407.

252 Clare Le Corbeiller, *China Trade Porcelain: Patterns of Exchange* (New York: Metropolitan Museum of Art, 1974), p.4.

253 劉昌兵：《海外瓷器貿易影響下的景德鎮瓷業》，《南方文物》二〇〇五年第三期，第七十頁。

254 劉強：《中國製瓷業的興衰（一五〇〇－一九〇〇）》，碩士學位論文，南開大學經濟研究所。

255 包樂史：《荷蘭東印度時期中國對巴達維亞的貿易》，載《南洋問題資料譯叢》一九八四年第四期，第九十三頁。

256 姚賢鎬：《中國近代對外貿易史資料》第一冊，第二九五頁。

257 馬士：《東印度公司對華貿易編年史》卷一，第三頁。

產品運往中國。這些產品一方面包括上面所說的土特產，如來自印度的棉花、印尼的錫和香料群島的胡椒，另一方面就是美洲的白銀。

然而到了鴉片戰爭前夕，中國進口產品的結構再次發生了變化。由於西方國家長期的貿易逆差，出現了白銀短缺。十九世紀，英國東印度公司開始利用鴉片來彌補貿易逆差，以緩解白銀危機。其他西方

表 3-6　1750 年廣州口岸主要進口貨物

進口貨物	布（匹）	羽毛（匹）	鉛（擔）	洋藍（擔）	鐵（擔）	人參（擔）	棉花（擔）	錫（擔）	胡椒（擔）
進口貨值	3586	3069	24327	300	530	40	1859	9768	24696

資料來源：根據姚賢鎬《中國近代對外貿易史資料》第一冊，第265頁相關資料整理。

表 3-7　鴉片戰爭前夕中國進口商品估計平均價值

單位：元

貨物	棉花	棉織品	呢絨	鐘、錶、千里鏡	檳榔	魚肚	洋參
貨值	5000000	2090000	1039500	130000	56250	75000	65000
貨物	胡椒	魚翅	洋米、洋麥、五穀	珍珠	瑪瑙	洋硝	洋鐵
貨值	50000	80000	500000	300000	100000	70000	48000
貨物	洋鉛	洋錫	皮毛	其他商品	走私進口之鴉片	各種金銀錢幣	進口總值
貨值	120000	70000	100000	331620	13794630	1000000	25000000

注：此表數值為估算值，與實際有差異。

國家同樣將鴉片輸往中國，再用換來的白銀購買中國產品到海外市場賺取高額利潤。史料記載的首次鴉片貿易發生在雍正七年（一七二九），葡萄牙人將印度果亞和達曼的鴉片販運至澳門換取白銀。之後，英美等國為了彌補貿易逆差大量偷運鴉片潛入中國。走私鴉片的多為英國船、港腳船和美國船。（編注：港腳是指鴉片戰爭前英國的印度屬地之各商埠碼頭）史載，「嗣有將船囤貯鴉片洋貨，冀圖乘間走私者，人遂以躉船目之。大率英吉利、港腳、美利堅三處之船居多。歷經隨時驅逐，往往去而復來」[258]。英國自一七七三年取得印度鴉片貿易的獨立權以後，輸入中國的印度鴉片逐年增多，居歐美各國第一位。[259]英國從鴉片貿易中獲取了巨額的利潤，在十八世紀中後期，來自鴉片的收入增加了七倍，到十九世紀中期則增長了六十五倍之多（見表3-8）。

美國是僅次於英國的鴉片走私國。美國最初主要用白銀、毛皮和西洋參等換取中國產品，但是十九世紀在白銀短缺、毛皮產量銳減和西洋參滯銷的情況下，鴉片開始登上歷史舞臺。美國剛開始是販運土耳其鴉片，土耳其鴉片品質較差，價格便宜，常常被摻雜在品質較高的鴉片中賣出。一八一七年開始向中國販賣波斯鴉片；一八二一年又參與了印度鴉片的販賣。美國出口到中國的鴉片具體有多少，並沒有詳細的資料。馬士認為一八〇五～一八三九

258 格林堡：《鴉片戰爭前中英通商史》，康成譯，商務印書館，一九六四。
259 馬士：《東印度公司對華貿易編年史》卷一，第二三八頁。

表 3-8　英屬印度政府的鴉片收入

年度	盧比	折合銀兩
1773-1774	270465	77894
1775-1779	414822	119469
1780-1784	505010	145443
1785-1789	1504025	433159
1790-1794	1988156	572589
1795-1799	2261660	651358
1800-1804	4313382	1242254
1805-1809	6000748	1728215
1810-1814	8029534	2312506
1815-1819	8163204	2351003
1820-1824	15680081	4515863
1825-1829	19945436	5744286
1830-1834	14462756	4165274
1835-1839	18044062	5196690

資料來源：姚賢鎬《中國近代對外貿易史資料》第一冊，第 321 頁。

表 3-9　美國出口到中國的土耳其鴉片數量

單位：箱

年分	數量
1805	102
1807	150
1811	200
1816	488
1817	1900
1828	1256
1830	1420

資料來源：馬士《中華帝國對外關係史》第一卷。

年美國向中國走私鴉片共計九六四四箱。[260] 一些大規模經營鴉片的貿易商宣稱，美國人每年銷出的鴉片，自一二〇〇擔到一四〇〇擔不等。[261] 表3-9是對美商向華輸出土耳其鴉片的估算，從數量來看，相當龐大，尤其是在一八一七年美國參與販賣波斯和印度鴉片之後，販賣土耳其鴉片數量仍高達年千箱以上，可估計總的販賣鴉片數量當非常高。

鴉片貿易再次改變了清朝貿易的結構。首先，合法的進口貿易額逐漸被非法的鴉片進口額趕超（見表3-10）。在鴉片貿易興起之前，英國等國不斷地企圖以各種辦法為本國產品打開在中國的市場；而在鴉片貿易興起之後，歐美對中國進口數量沒有增長，反而出現了下降趨勢；與之形成鮮明對比的是向中國出口的鴉片數量卻在遞增。其次，中國由白銀淨流入國轉變為白銀淨流出國。在十六至十八世紀，中國是世界白銀的最後窖藏地，只有流入的白銀而沒有流出的白銀。鴉片貿易徹底改變了這種狀況。一八一七〜一八一八年淨流出白銀量為一百五十四萬七千九百四十二兩，一八三三至一八三四年達到九百六十三萬五千零八十二兩白銀，增長了五倍。從輸出白銀幣種來看，初期輸出多係銀圓，後幾年輸出的則以紋銀為主。銀圓主要是流通於國外的幣種，因為白銀含量較高，輸入中國數量龐大，所以在沿海一帶市場偶有流行，但多被重鑄。初期輸出銀圓後輸出紋銀的狀況表明，中國居民開始用流通

260 馬士：《東印度公司對華貿易編年史》卷一，第二三九頁。
261 姚賢鎬：《中國近代對外貿易史資料》第一冊，第三二四頁。

表 3-10　廣州對歐美海上貿易的鴉片與白銀

單位：兩

年分	合法 進口總值	合法 貿易出超	走私鴉片 進口值	估計白銀 流出量
1817-1818	10449605	1460578	3008520	1547942
1818-1819	10002162	4412855	3416400	-996455
1819-1820	6708128	8278892	4172400	-4106492
1820-1821	7173709	6200381	6048576	-151805
1821-1822	8639688	6927964	6351840	-576124
1822-1823	6896615	8253533	5752081	-2501453
1823-1824	7869570	6007452	6224114	216662
1824-1825	9182859	6239486	5707800	-531686
1825-1826	9710322	6997199	5477904	-1519295
1826-1827	10284627	3450079	6957216	3507137
1827-1828	8380235	5403913	7506137	2102224
1828-1829	8805107	5096373	9899280	4802907
1829-1830	8626282	5196407	9124920	3928513
1830-1831	8462825	4853709	9895680	5041971
1831-1832	8192732	6023104	9468000	3444896
1832-1833	9498107	6490097	10240056	3749959
1833-1834	10616770	-362779	9272304	9635082

資料來源：姚賢鎬《中國近代對外貿易史資料》第一冊，第 342 頁。

性不好的銀圓支付以換取鴉片，之後銀圓漸少，只得動用本國的紋銀了。

銀錢比價的變化間接反映出白銀流出規模是相當龐大的。一七八九年，一兩白銀可兌換銅錢一千零九十枚，到了一八二〇年增長到了一一三二．八枚，一八二〇年已達一二二六．四枚，鴉片戰爭這一年，也就是一八四〇年則高達一六四三．八枚。[262]銀價的上漲給清朝商品經濟運行帶來了不穩定因素。首先是物價的上漲，許多史料反映由於紋銀日益減少，造成「物價日益上漲，官民均受困窘」的狀況。其次，影響稅課徵收。由於商人日常交易用錢，而繳納稅課則按規定必須用銀，銀價上漲意味著稅收間接增加，許多商人不堪重負。農民繳納稅收時也因為同量糧食可換銀兩漸少而負擔沉重。對此，一些官員反映，如果銀價上漲趨勢得不到遏制，「奏銷如何能辦？稅課如何能清？」[263]

二、西方國家在亞洲的貿易布局

在亞洲傳統商貿關係中，主導貿易的是中國商人和商船。中國商人將手工業品運到亞洲各國，再將當地的特產如香料等運回中國。許多「富家巨室，爭造貨船」，「通於山海之

262 姚賢鎬：《中國近代對外貿易史資料》第一冊，第三四六頁。
263 文慶：《籌辦夷務始末》卷二，上海古籍出版社，二〇〇八，第五頁。

間……遠而東西二洋」。為了貿易方便，一些華人還移居南洋各地，成為中外貿易往來的重要仲介。然而，在十八世紀之時，中國商人在海外的影響力卻逐漸衰弱。這並非中國商人缺乏進取精神，而是因為大量南洋國家和貿易口岸被納入西方商人控制之下。除前文已經論述的葡萄牙和西班牙，印尼和菲律賓群島被荷蘭人占據，馬來西亞被英國人控制。亞洲本來的和平貿易方式被西方弱肉強食的競爭原則所取代，有利於西方商人利益的分工經濟逐步建立。這對沒有政府保護的中國商人來說，無疑是重大的打擊。

1. 荷蘭壟斷印尼的貿易

首先，控制香料貿易。

荷蘭人早就垂涎於亞洲香料，但此時亞洲香料群島的許多地方屬於葡萄牙人的勢力範圍。一五六〇年，荷蘭人首先進行了一次試探性貿易，以瞭解當地情況。當時，由胡特曼率領的船隊到達了重要的香料貿易港口萬丹，結果遭到爪哇人和葡萄牙人聯合襲擊。即使這樣，這支商隊仍然依靠倖存的幾隻商船上的少量胡椒發了大財。這刺激了其他的荷蘭商人，就在荷蘭政府還沒有及時對亞洲市場貿易狀況做出反應的時候，大量商人不顧生命危險自行赴亞洲貿易，僅一五九八年就有二十二艘船隻赴香料群島。

一貫支持商人的荷蘭政府自然不能無動於衷，兩年後就著手開始推行征服香料群島的軍事計畫。一六〇〇年荷蘭政府派出的軍隊到達了香料群島。他們打探到雖然葡萄牙在當地很有勢力，但與當地人有矛盾。於是荷蘭人以幫助攻打葡萄牙人為藉口，博得了希圖島人的信任，並與之簽訂條約。通過這個條約，荷蘭人很快就壟斷了希圖島的香料貿易。此後，荷蘭人就以幫助當地人為藉口不斷攻擊葡萄牙人。荷蘭人的真實意圖是在趕走葡萄牙人這個最大的敵人之後，獨占馬魯古群島的香料貿易。一六〇五年，葡萄牙人被趕出安汶島，但由於當地人的反抗，荷蘭僅僅占據了德那第和蒂多雷兩島。一六一五年，荷蘭擊敗了葡西聯合艦隊，於是終於可以大膽露出本來面目，放開手腳控制香料群島了。

其次，控制重要的貿易港口，壟斷商路。

控制香料群島的貿易僅僅是第一步，荷蘭人下一步的打算是繼續控制重要的貿易口岸，壟斷商路，排擠他國商人。一六一九年，荷蘭人在巴達維亞建立起統治，之後又在蘇門答臘西岸的望加錫、班格爾馬辛（馬辰）、巴領旁（巨港）、巴東等地建立據點，駐紮軍隊。站穩腳跟之後，荷蘭人就開始了清除對手的活動。一六一九年，在東印度公司總督科恩（Coen）授意下，公司對班達島居民大肆屠殺，並把當地居民的土地分配給公司職員，強迫當地居民按規定價格將土特產賣給公司。一六二〇年，荷蘭人為了防止班達島居民走私香料，竟將該島居民全部趕走和殺死，而用外來奴隸勞工代替他們。十七世紀中期，荷蘭人又違背與英國人簽訂的利益均分條約，將英國人趕出萬丹市場。

在完成這些商業獨占之後，荷蘭人又將目光瞄向了麻六甲。麻六甲位於印度洋與太平洋的交通要道上，控制了麻六甲就意味著荷蘭可以順利地將亞洲產品運到印度洋，再轉運至歐洲和世界各地。這次，荷蘭人又利用了當地居民與西班牙人之間的矛盾。一六三七年荷蘭假借幫助柔佛攻打麻六甲，一六四〇年荷蘭軍隊攻下麻六甲之後，立即驅趕了柔佛人。乘著西班牙的失敗，荷蘭又趁機趕走了西班牙在香料群島德那第和蒂多雷的貿易商人。

最後，向東南亞腹地推進。

在控制了東南亞島國的貿易後，荷蘭人繼續向東南亞腹地推進貿易。他們打算將武裝貿易的前線推進到中國的邊境附近，從而更加便利與中國貿易。一六三四年，將貿易推進到緬甸沙廉，並在阿瓦設立了商站。一六四七年又以提供軍事援助為條件，博得阿拉干國王的信任，得以在當地自由貿易。然而，此後貿易並不順利。一六六五年在阿拉干的商館被迫關閉，沙廉商館經營陷入困境，在緬甸的擴張計畫被緬甸政府打壓，於是荷蘭再度被迫退縮到印尼群島。

2. 英國獨占馬來西亞的市場

英國在南亞的貿易擴張不僅要面對葡萄牙、西班牙的競爭，而且要與海上大國荷蘭爭奪勢力範圍。為減少阻力，英國採取了與葡萄牙合作的方式。一六〇四年，英國與葡萄牙簽訂和約，英國東印度公司在一六〇五年二月獲得葡萄牙政府准許，在安汶島進行香料貿易。然而，葡萄牙在亞洲的勢力已經開始衰弱，並不能阻擋荷蘭的打壓。不久荷蘭就以武力奪取了安汶島，一六〇七年，德那第島的統治者接受荷蘭的統治和保護。一六一一年，荷蘭首任駐東印度總督彼得抵達萬丹，目的是確保馬魯古群島、安汶、班達的商業屬於荷蘭東印度公司，其他國家不得分享。

看到與荷蘭的對抗絲毫占不到便宜，英國轉而採取與荷蘭進行合作。一六一三年兩國代表在倫敦會談，商討在亞洲的貿易。但從實際情況來看，顯然誰也沒有將這次會談當作一回事，這也為雙方再度走上戰場埋下了伏筆。在會談期間雙方趁暫時的平靜擴張勢力範圍。荷蘭人在爪哇、蘇門答臘和馬來半島擴大貿易，英國人趁機在望加錫、蘇卡達納、班格爾馬辛以及暹羅的北大年和阿瑜陀耶設立商站。

一六一三年和一六一五年，英國公司獲得荷蘭人批准後，在暹羅南部的北大年和蘇門答臘的亞齊分別設立商館，作為同中國和日本進行貿易的基地。這樣，英國終於獲得能夠在亞洲進行胡椒貿易的權利。但是這種合作註定是短命的，英國的目標絕非是亞洲貿易的殘羹冷炙，尤其是荷蘭人獨占丁香、肉豆蔻等貿易的利潤，讓英國人羨慕不已。

為了打破荷蘭人對丁香、肉豆蔻的貿易獨占，英國人決心搶奪馬魯古群島。一六一六年英國人強征班達群島，並迫使班達的統治者割讓瓦伊島和倫島，同時依靠武力支持，英國在蘇門答臘的占碑和印德拉其里以及西爪哇的巴達維亞開設商站。

英國的行為引起了荷蘭的強烈反應。一六一八年，荷蘭人消滅了英國人設在雅加達的商站。荷蘭人對巴達維亞的英國貿易設置重重障礙，造成英國東印度公司經費缺乏，無力支持印尼的駐軍，於是在一六二三年英國人被趕出班達群島。一六二八年公司在巴達維亞的商站也被迫關閉。

在香料群島的貿易試探遭到荷蘭人打擊的情況下，英國人繼續向其他地方探索，但都遭到荷蘭人的阻擊。一六二七年，英國商船在越南鄭王允許下在海興設立商行，遭到荷蘭與葡萄牙的競爭，毫無貿易建樹。一六四七年英國人在緬甸的阿瓦和沙廉設立商站，但是在不到十年的時間裡，都由於荷蘭人的競爭被迫關閉。

至此為止，英國人在東南亞的貿易進展非常不順利。直到占領檳榔嶼之前，英國人在亞洲唯一的商站是蘇門答臘的朋庫。英國商船的貿易要處處受制於荷蘭人。例如，英國人在印尼的貿易必須獲得巴達維亞荷蘭當局的許可，英國東印度公司只能購買東南亞胡椒，仍然無法染指丁香、肉豆蔻的貿易。

十八世紀國際形勢再度發生了變化，英國實力全面超過荷蘭，荷蘭「海上馬車夫」的地位逐漸失去，昔日大國風采不再。於是英國再度擴張亞洲勢力，搶奪荷蘭殖民地，終於打破了荷蘭在亞洲的貿易壟斷。

英國起初擴張步伐很小。一七一四年英國東印度公司在朋庫修築了莫爾巴勒城堡，以保護英國在蘇門答臘西岸的商站免受荷蘭打擊。這個城堡發揮了巨大的作用，幫助英國每年從朋庫順利運出胡椒六千噸。十八世紀中葉，與中國貿易的發展迫切需要在東南亞建立一個貿易基地。英國人選中了已經一百年沒有染指的馬來西亞半島。為了不引起與荷蘭人的直接衝突，一七七一年，英國人小心翼翼地選擇了婆羅洲北岸外的巴拉邦安島建立商站。

但是很快，荷蘭人的貿易壟斷就被打破了。一七八〇年英國直接向荷蘭宣戰，在隨後的一年裡奪取了荷蘭在錫蘭的特亭可馬利以及蘇門答臘巴東部的所有商站。一七八四年荷蘭人被迫簽訂條約，承認英國人在亞洲自由貿易的權利。

在解決了與荷蘭人的矛盾之後，英國終於可以開始放手擴張。隨後建立起的檳榔嶼與新加坡成為對英國亞洲貿易影響最大的兩個殖民地。檳榔嶼本是暹羅的領土，暹羅與吉打矛盾日劇，急需外部的援助。英國同意向暹羅提供軍事援助，但以獲得檳榔嶼統治權為條件。就這樣，一七八六年英國在麻六甲海峽建立了第一個殖民地。檳榔嶼的意義不僅在於它位於麻六甲海峽要道上，有助於保護英國的海上貿易，而且成為英國進一步侵占馬來半島的橋頭堡。英國將檳榔嶼發展為一個重要的貿易港口，對其他國家貨物徵收五％的關稅。一八一九年，英國採用軍事威脅的辦法迫使柔佛國王將新加坡租借給英國，英國每年付給柔佛三千元。這樣英國又在新加坡建立起了另一個殖民地。一八二六年，英國東印度公司將檳榔嶼、麻六甲和新加坡合併為海峽殖民地，首府設在檳榔嶼。

一八二四年三月十七日，英荷兩國在倫敦簽訂了劃分東南亞勢力範圍的《英荷倫敦條約》。條約內容為：荷蘭承認英國對麻六甲以及新加坡的占領，而英國同意將在蘇門答臘西岸的朋庫以及莫爾巴勒城堡讓與荷蘭。根據這一條約，英國占領了整個馬來西亞（包括新加坡、檳榔嶼和麻六甲），而荷蘭占有整個印尼。

三、仗劍經商籠罩亞洲國際市場

一般認為，荷蘭、英國等新興資本主義國家在亞洲的貿易方式與葡萄牙和西班牙不同。葡萄牙等老牌資本主義國家多採取武力搶奪等暴力方式，而新興資本主義國家採用公司的方式開展貿易。然而，仔細分析荷蘭與英國在亞洲的貿易，其每一步的進展無不是以武力為前導，開拓市場，排擠他國商人。同時在統治區強制推行種植園制度。從這方面來看，新舊資本主義國家開拓貿易的方式並沒有多大區別。

荷蘭在東南亞採取的貿易方式是對西班牙和葡萄牙貿易方式的繼承。葡萄牙、西班牙採取軍事力量壟斷貿易。例如葡萄牙為了壟斷馬魯古群島的香料貿易，於一五二一年在德那第島修築了炮臺來打擊其他國家商船。西班牙在菲律賓建立軍隊，打擊競爭者。荷蘭人在占領麻六甲之後，採取的措施如出一轍。荷蘭東印度公司對錫和紡織品實行貿易管制，胡椒、丁香只准出口到澳門和馬尼拉，這一切是為了保證公司在印尼的利益。為了壟斷黃金和胡椒，荷蘭不允許別國商船經過麻六甲，不斷地在海峽巡邏，炮擊別國商船，或者強迫他國商船繳納巨額稅收。

除了打擊商業競爭對手，荷蘭與葡萄牙等國一樣強制推行有利於自己的經濟發展模式。首先是迫使當地居民和華僑充當勞役。為修築巴達維亞城，荷蘭東印度公司到中國東南沿海劫掠當地居民到巴達維亞充當勞工，還通過在爪哇萬丹扣留華僑船隻等手段，迫使萬丹等地居民與華僑移民到巴達維亞，使巴達維亞華僑人數迅速增多。由於貿易資金短缺，公司於一六二〇年規定華僑繳納人頭稅以取代勞役。後又為誘惑更多華僑移居巴達維亞，於一六四八年宣布將人頭稅減少，一六五〇年又宣布免除華僑人頭稅。

殖民統治穩固之後，荷蘭開始推行強制種植制度，將東南亞的經濟納入西方貿易分工體系中。強制種植制度的具體內容是，當地居民必須劃出一定量的土地，按照荷蘭當局的要求種植歐洲市場需要的產品；收穫的產品必須出售給荷蘭東印度公司。強迫種植制度剛開始僅僅涉及靛藍和甘蔗，後來推廣到咖啡、茶葉、煙草、胡椒、棉花等作物。

對荷蘭人來說，最大的問題也許不是對當地居民的統治，而是如何控制中國商人和華僑。當時東南亞貿易非常發達，主要的貿易力量是中國商人，為了貿易便利，大量中國商人還移居東南亞，成為東南亞重要的經濟力量。對於這些華僑，荷蘭人同樣沿用了葡萄牙人的辦法。

荷蘭人繼承了葡萄牙的「甲必丹」（Captain）制度。所謂「甲必丹」就是在華人居住區中選擇華僑富商，負責管理華僑事務。「甲必丹」直接向荷蘭殖民當局負責，「甲必丹」有處理訴訟案件、征繳稅收、提供物資供應等義務。這種制度實際上是利用華人治理華人。

此外，荷蘭人制訂了嚴格政策控制華人的商業貿易，以達到「為我所用」的目的。由於華人長期從事東南亞貿易，深得當地居民信任和歡迎，荷蘭人需要華商充當公司和當地土著居民之間的仲介商，所以對華商實行了利用與控制的措施。例如公司規定華僑只能在公司勢力未能達到的小島和小港口經商，而且不准經營香料、咖啡、錫、鴉片等關係到公司利益的產品。華僑在當地生產的產品必須賣給公司。例如，巴達維亞華僑的製糖廠，必須按照規定的價格將全部產品賣給公司，甚至華僑出行旅遊也受到限制。

英國在亞洲的商業也沒有從根本上脫離征服與被征服的貿易本質。英國東印度公司加入亞洲的貿易是從對印度的入侵開始的，其大體經過了兩個步驟，首先是在軍事上打破葡萄牙對印度海上的控制權，然後運用武力從印度的蒙兀兒帝國取得貿易壟斷權。從一六一二年至一六一五年，英國東印度公司在西印度沿海同葡萄牙進行了兩次海戰，打倒了葡萄牙。一六二二年，英國聯合波斯王，占領了葡萄牙人占據了一百多年的荷莫茲島。通過這場戰爭，英國不但大大削弱了葡萄牙人在東方海上的勢力，還把荷莫茲島變為英國在波斯灣的重要貿易據點。從此，葡萄牙人在東方的勢力逐漸衰弱，在印度的許多據點被英國奪走。在印度建立起貿易據點之後，英國人在一些戰略要地建立城堡，修築工事，建立防衛設施，建立糧倉、兵營哨所，從而為建立貿易擴張指揮中心做準備。

英國東印度公司並非單純的貿易機構，早在成立初期，英國國王就賦予了公司軍事權、行政權和壟斷權，公司擁有國家機器能力，這種能力正是保證英國東印度公司順利貿易的關鍵。從這一點來說，其與葡萄牙等老牌資本主義國家的貿易相比，並不是不同，而是採取了公司這種更加靈活多樣的貿易方式，從而更好地將國家權力與商人貿易結合起來，能夠更好地維護商人的利益。一七八九年，印度代理總督肖爾（Shore）說：「東印度公司既是印度統治者，又是商人。以商人身分出現，他們就壟斷貿易；以統治者的身分出現，他們就攫取賦稅。」[264]自普拉西戰役之後，英國在印度的勢力超過了荷蘭。當時，克萊武於一七五九年在向英國首相的密函中建議：「東印度公司作為一個商業機構，恐怕無法行使管理和統治的權力，我建議政府把對孟加拉的統治權接收過來。」[265]之後，東印度公司在印度不斷占有土地，擴大田賦收入，成為名副其實的軍事統治者。

雖然不可否認，英國在占領新加坡和爪哇之後，實行了寬鬆的政策，例如廢除封建徭役，實行土地稅；鼓勵私人開闢種植園；取締奴隸制，禁止奴隸買賣。但是這種政策需要放在當時東南亞貿易環境下來看，對英國來說，在亞洲貿易順利進行的關鍵是熟悉亞洲的地理和貿易環境，而這需要華僑作為仲介。英國在爪哇和新加坡新建立的殖民地並非東南亞傳統上的重要港口，所以如何吸引到其他國家的商人，同時又不與荷蘭人產生衝突十分重要。故而實行寬鬆的貿易政策，以建立一個便利和穩定的貿易環境。但即使英國貿易政策較為開明，貿易的主動權和控制權還是掌握在英國東印度公司手中。

264 杜特．羅梅什：《英屬印度經濟史》上，陳洪進譯，三聯書店，一九六五，第七十三頁。
265 汪熙：《約翰公司：英國東印度公司》，上海人民出版社，二〇〇七，第一一八頁。

第二節 清朝貿易政策的調整

在描述了中西貿易新形勢之後，反過來再看清政府的反應。康熙二十三年（一六八四），清朝皇帝重申開海貿易的重要性：

> 向令開海貿易，謂於閩、粵邊海民生有益，若此二省民用充阜，財貨流通，各省俱有裨益。且出海貿易非貧民所能，富商大賈，懋遷有無，薄征其稅，不致累民，可充閩粵兵餉，以免腹裡省份轉輸協濟之勞。腹裡省份錢糧有餘，小民又獲安養。故令開海貿易。[266]

康熙的這段話表明其認識到了貿易的客觀性。清朝已經不同於明朝，客觀形式不支持海禁，海外貿易發展已經逐漸將海外市場和沿海經濟緊密聯繫起來；單純以朝貢貿易作為中外唯一的聯繫也不現實，且不說這種形式是否能夠對「夷國」產生吸引，單是亞洲朝貢國在西方國家的軍事侵略下，已經今非昔比了。

那麼清朝面臨這樣一個問題：該以何種方式處理中西方之間的關係。朝貢體系已經衰落，變成了一種有名無實，對實際關係無法產生影響的制度。[267]中西貿易的迅速發展將原有的朝貢關係衝擊得七零八落，清朝必須處理大量中西國家之間的各種衝突，而不是處理與朝貢國家之間的傳統關係。而這種新的衝突只有一個起因，那就是國家間的貿易。然而，清朝根本不承認這種國家之間的貿易，西方的貿易通商請求屢次被拒，然而中西之間的大規模貿易卻是客觀存在的。清政府對國家間貿易的拒絕意味著清政府不願充當中西貿易交流的中間主體。這樣一來，一旦中外貿易的發展對清政府視野中的秩序造成了挑戰，清朝政府只能限制貿易發展，而不是主動開放性地擴展貿易或採取其他管理手段解決問題。如果限制性措施無效，便會走向更加封閉。這便是清朝貿易政策調整的內在邏輯。

清政府貿易政策包括三個方面：對本國商人的管理、對商品的管理和對外商的管理。由上述邏輯即可預知，隨著貿易的發展，貿易政策必定會趨向越來越嚴，而同時也會越來越難以適應貿易管理之需要。

266 《清實錄》聖祖仁皇帝實錄卷一百一十六「康熙二十三年九月」，第一五五五頁。
267 莊國土：《略論朝貢體系的虛幻》，《南洋問題研究》二〇〇五年第三期，第一—八頁。

一、對本國商人的管理

清朝對出海商人實行嚴格管理。按照規定，出海貿易需要在地方官處進行登記審核。登記的內容十分詳細，包括姓名、年齡、籍貫以及出海人員狀況等，以備汛口查驗。登記內容審查合格後，要有鄰右保結，才能獲得出海執照，官方要在出海船身上烙號刊名，令守口官驗查，准其出入貿易。[268]此外，政府還發明了腰牌制度，商、漁各船戶、舵工、水手、客商人等，各給腰牌，刻明姓名、年齡、籍貫，並將商船與漁船嚴格區分，船身各刻商、漁字樣。

清朝對本國商人出海登記的規定並無可非議之處，對貿易商民進行嚴格登記審查是一國的基本職責，腰牌制度也有助於打擊海盜。[269]但是清朝唯恐私人貿易發展脫離自己的控制，對出海船隻大小進行限制，這對商業來說猶如釜底抽薪，從根本上限制了中國的遠洋貿易。康熙二十三年（一六八四）開海之初，清政府規定，華商只許用五百石以下船隻出海貿易，商船禁用雙桅。[270]遠洋航行全靠雙桅船隻，禁用雙桅杆實際上是禁止了遠洋貿易。康熙四十二年（一七〇三）規定有所放寬，商賈船可以用雙桅，但梁頭不得超過一丈八尺，舵手等不得過二十八名。[271]限制政策造成海外經商的中國船隻噸位難以提高，直到道光朝，載重量一般僅僅維持在二百噸上下。

隨著私人貿易的發展，大量沿海居民投入到貿易中，常常越年不歸。朝廷將商人留居海外的行為看作是對自己控制能力的威脅，於是貿易政策從對商人嚴格審查登記的制度轉向嚴格控制商人出海的制度。

清朝貿易政策趨向嚴格控制源於康熙皇帝南巡時發現大量沿海船隻出海不歸。康熙皇帝曾對大臣們發表過對此事的看法：

> 朕南巡過蘇州時，見船廠問及，咸云：每年造船出海貿易者，多至千餘，回來者不過十之五六，其餘悉賣在海外，齎銀而歸。官造海船數十隻，尚需數萬金，民間造船何如許之多？[272]
>
> 朕訪聞海外有呂宋、噶喇吧兩處地方，噶喇吧乃紅毛國泊船之所，呂宋乃西洋泊船之所，彼處藏匿盜賊甚多。內地之民希圖獲利，往往於船上載米帶去，並賣船而回，甚至有留在彼處之人，不可不預為措置也。[273]

---

268 《光緒大清會典事例》卷六百二十九，商務印書館，一九〇八。
269 《清文獻通考》卷三十三《市糴考》，第五一一一頁。
270 《光緒大清會典事例》卷一百二。
271 《光緒大清會典事例》卷一百二。
272 《清實錄》聖祖仁皇帝實錄卷八十五「康熙五十五年十月壬子」，第十八頁。
273 《清文獻通考》卷三十三《市糴考》，第五一一九頁。

這兩段史料表明，康熙並非對東南沿海貿易局勢一無所知。他對中國商人與「紅毛國」的貿易往來持警惕的態度，認為內地百姓受到了利潤的誘惑，這不是一件好事。更讓他吃驚的是，發展起來的民間造船業規模如此龐大，甚至超過政府的承受力，這也是他不願看到的。貿易發展所帶來的變化從華夷關係的角度來講顯然難以獲得朝廷的認同。

康熙皇帝對商民出海不歸如此敏感，體現了他在貿易政策方面的某種態度與傾向，這種態度在許多研究中被稱為「過於保守」，且被用來證明清朝封閉國家的證據。但是也有研究認為這是出於國防安全的考慮，是政府履行國家職能的正常表現，有利於保衛國家。實際上沒必要將康熙的這段話從這樣兩個角度分開解析。「國家安全」是一個內涵很廣的概念，朝廷所維護的政治目標受到威脅也常常被看作是安全受到挑戰。因此，對康熙的話不如從這個角度，即貿易發展造成商民不歸與船隻外流來理解，但是康熙不願對這種貿易的興盛予以承認，而傳統的朝貢體系與華夷關係又難以合適地處理這種情況，於是使得清朝的對外關係陷入一種危機狀態，即傳統華夷關係的失範。這種危機引起了康熙的焦慮，在傳統處理華夷關係方式中找不到合適方法的情況下，走向限制貿易的政策便是唯一可能選擇的方式了。

此後，清朝從三個方面制訂了限制貿易的政策。首先是出臺了禁止前往南洋貿易的禁令。康熙五十六年（一七一七）規定，凡商船照舊東洋貿易外，其南洋呂宋、噶喇吧等處，不許商船前往貿易。於南澳等地方截住，令廣東、福建沿海一帶水師各營巡查，違禁者嚴拿治罪。其外國夾板船照舊准來貿易，令地方文武官員嚴加防範。[274]但是夷船到南洋貿易不在禁例。清朝規定：例禁商船往南洋貿易。以兩廣總督楊琳言，澳門夷船往南洋，及內地商船往安南，不在禁例。[275]這樣一來實際上直接將南洋貿易市場讓給了西方商人，即澳門葡萄牙商人。

其次，對商人出海攜帶糧食進行限制，從而約束商人出海的期限，防止出海不歸。清朝當政者認為海路不過七八更，至多二十更，所帶的糧食應該適可而止，多帶表明必有異心，應受懲罰。[276]此後，這條政策被清朝一直延續下來，未做根本變動。

最後，加強了對出海百姓的審查與控制。新增加的規定包括增加了連帶責任的範圍，包括船戶、商人與舵手都必須負連帶責任；增加了對商船開往地點、開船日期與出海貿易詳細情況的登記審查。[277]這種規定大大減少了商船的機動性，對海上貿易並不有利。貿易地點的選擇當以利潤為指向，利潤受到市場變化的影響，清朝對出海的控制大大降低了貿易獲利的可能性。

康熙的禁南洋貿易政策不僅打擊了中國的海外貿易，而且給沿海百姓生活帶來巨大的困

274 《清實錄》聖祖仁皇帝實錄卷二百七十一「康熙五十六年正月」，第六五八頁。
275 《清文獻通考》卷三十三《市糴考》，第五二一頁。
276 《清文獻通考》卷三十三《市糴考》，第五二〇頁。
277 《光緒大清會典事例》卷六百二十九。

難。沿海省分與南洋貿易關係本十分緊密，百姓依靠貿易才得生存，海禁之後，「百貨不通，民生日蹙……其慘目傷心可勝道耶」[278]。這種形勢下，雍正五年（一七二七），清朝皇帝同意「開洋禁，以惠商民」[279]。在這種禁而不能、開又不宜的情況下，清政府唯一能夠選擇的就是進一步加強對商民出海的控制。

既然海禁的目的之一是防止商民出海，那麼被迫再度開海後，清政府的政策首要是解決商民出海不歸的情況。

第一，雍正採取措施吸引海外華人回歸。康熙曾規定在康熙五十六年（一七一七）前出洋者，不再允許回國，而雍正對已出海商民實行寬容的措施，出洋三年之內者允許回國。該措施確實取得了效果，據福建等省報告，「回籍者幾二千餘人，是出洋之人皆已陸續返棹，而存留彼地者，皆甘心異域，及五十六年以後違禁私越者也」[280]。

第二，對船隻出入口進行嚴格把關。為了便於盤查，清政府將閩粵商船出入限制於廈門、虎口停泊，「閩、粵洋船出入，總在廈門、虎門守泊，嗣後別處口岸，概行嚴禁」[281]。不僅商船要嚴格盤查，漁船也得接受審查。「嗣後商、漁船照票內，舵工、水手各年貌項下，將本人箕斗驗明添注，均於進口出口時按名查驗，一有不符，即行根究。」[282]對出洋不按期回歸的情況，不僅有關商戶要受到連累，當地官員也得接受懲罰。

第三，對船隻外形進行統一規定。清朝對一般商船、漁船和外洋商船的外表進行區分。「出海商、漁船，自船頭起至鹿耳梁頭止，大桅上截一半，各照省分，油飾白色巨字。」[283]各省船隻的顏色不同，浙江用白油漆飾，綠色抅字；廣東用紅油漆飾，青色抅字。船頭兩披，刊刻某省、某州縣、某字、某號字樣。到外洋販運的船隻，用頭巾插花，並添豎桅尖，以示區別內洋船隻。

二、對商品進出口的規定

清朝對商人管理愈加趨於嚴格有其內在演變的邏輯，而對商品的管理則糾纏於市場原則與政治目標之間，最終不得不逐步向市場退讓。商人是商品所有權轉移的仲介人，而商品的轉移則直接取決於市場的需要，所以對商人與商品的管理往往不同。清朝統治者認識到，在某些商品的管理上不得不採取市場原則，某些方面清朝還需要國際市場。

清朝中後期一直面臨的一個問題是生齒日繁，糧價愈貴，尤其是江浙等沿海省分表現得

278 王德毅主編《鹿州初集》卷三，臺北新文豐出版公司，一九九七。
279 《清文獻通考》卷三十三《市糴考》，第五二三頁。
280 《清文獻通考》卷三十三《市糴考》，第五二四頁。
281 《清文獻通考》卷三十三《市糴考》，第五二四頁。
282 《光緒大清會典事例》卷七百七十六。
283 《光緒大清會典事例》卷六百二十九。

十分明顯。當時都察院僉都使勞之辨向皇帝報告，江浙米價很高，其主要原因是內地商販將米運出外洋之故。於是康熙規定，各海口加強巡察，不許商人私販米糧出洋，[284]之後歷代皇帝屢次規定禁止米穀出口。在乾隆朝，將糧食控制範圍擴大，除了米，「偷運麥豆雜糧出洋者，照偷運米穀之例科斷」。[285]

清政府也意識到可以利用東南亞國際市場來增加國內糧食供應，所以屢次運用稅收政策鼓勵糧食進口。乾隆八年（一七四三）規定，「嗣後凡遇外洋貨船來閩、粵等省貿易，帶米一萬石以上者，免其船貨稅銀十分之五；五千石以上者，免十分之三。其米聽照市價公平發糶，若民間米多，不許糴買，即著官為收買，以補常社等倉」[286]。這個規定當初僅僅涉及國外商人，目的在於招徠外商。之後再度將免稅政策擴大到中國商人，鼓勵進口糧食。[287]

但即使這種從經濟目的出發的貿易政策卻也被摻雜了許多政治意圖。清朝免稅的目的雖然在於鼓勵糧食進口，但是政府卻希望其他商人能從免稅這一事件中體會到天朝上國的「懷柔之心」。為此，他們在免稅之外還規定，凡運米到天朝的外國商船，回程時不得攜帶其他貨物，以示與其他船隻的差異。在當政者看來，這種差異就是優待。但是，海上風浪時有，空船回程有很大危險性，而且商人本為利潤而來，不攜帶貨物會降低運輸糧食的利潤率。所以這個規定大大降低了免稅的有效性。

最終朝廷不得不向市場原則退讓，取消了這一規定，但這已經是道光四年（一八二四）的事情了。廣東總督阮元上奏，具體分析了上述規定的不合理性，「近年以來，洋米罕到。

詢之洋商，據稱外夷運米遠來，難免完納船鈔，而放空回國，遠涉重洋，並無壓艙回貨抵禦風浪；該夷等既憚風浪之險，又無多利可圖，是以罕願載運」[288]。之後，朝廷更改了規定，允許進口糧食的船隻回程之時攜帶其他貨物。[289]

對絲與絲織品的管理也體現了朝廷在市場規則面前不得不退讓的過程。與糧食一樣，絲及絲織品價格日貴也是清朝面臨的一大問題，清政府將這一狀況的原因歸結於大量絲斤

---

284 （康熙）四十七年，禁商販米出洋。都察院僉都使勞之辨言：江浙米價騰貴，皆由內地之米為奸商販往外洋之故，請申飭海禁，暫撤海關，一概不許商船往來，庶私販絕而米價平。戶部議：自康熙二十二年開設海關，海疆甯謐，商民兩益，不便禁止。至奸商私販，應令該督撫提鎮，於江南崇明、劉河、浙江乍浦、定海各海口，加兵巡察。除商人所帶食米外，如違禁裝載五十石以外販賣者，其米入官；文武官弁有私放者，即行參處。得旨：如議；並著部院保舉賢能司官，前往巡察。見《清文獻通考》卷三十三《市糴考》，第五一九頁。

285 《光緒大清會典事例》卷二百八十九。

286 《清文獻通考》卷三十三《市糴考》，第五二九頁。

287 《清實錄》高宗純皇帝實錄卷四百二十四「乾隆十七年十月上」，第五四五頁。

288 梁廷枏：《粵海關志》卷八，第四十一－四十一頁。

289 奉上諭：阮元等奏請定洋米易貨之例一摺。廣東粵海關向准洋米進口糶賣，免輸船鈔，糶竣回國，不准裝載貨物，近年以來，該夷等因回空時無貨壓艙，難禦風濤，且無多利可圖，是以米船來粵者少。自應將成例量為變通，著照所請，嗣後各國夷船來粵，如有專運米石並無夾帶別項貨物者，進口時照舊免其丈輸船鈔，所運米穀，由洋商報明起貯糶賣，糶竣准其原船裝載貨物出口，與別項夷船一體徵收稅課，製冊報部，以示體恤。見梁廷枏《粵海關志》卷八，第四十一－四十一頁。

出洋，於是採取了禁止出口的辦法。乾隆二十三年（一七五八）規定，「江、浙等省絲價日昂，以該地方濱海，不無私販出洋之弊，令江浙各省督撫轉飭濱海地方文武各官，嚴行查禁」[290]。由於絲織品是清朝大宗出口產品之一，朝廷又將禁令擴展到以絲斤為原料的絲織品，「查綢緞等物，總由絲斤所成，自應一體嚴禁，請嗣後綢緞棉絹，如有偷漏私販者，亦按斤兩多寡，分別科罪」。[291]

對於一個有著壓制貿易傳統的政府來說，當市場引起社會問題或者政府認為市場引起麻煩的時候，往往會實行禁止措施，因為這是最為簡單而且有效的方法。在清政府看來，對絲和絲織品的禁止是一種最好的解決價格上漲的方法。但是清朝的經濟並非與國際市場相孤立，在這樣一個全球經濟緊密聯繫的世界裡，一項產品的政策就會引起一系列連鎖反應，客觀需要用經濟的方法解決經濟問題。但清政府顯然沒有轉換過思路來，以政治辦法應對經濟問題的後果便是政府不得不再度以自己的行為來宣布自己的無知。

絲及絲織品是清朝換取國外銅的主要商品，而銅是清朝製造貨幣的重要材料。絲和絲織品禁止出口直接造成清朝銅的不足，各地普遍反映由於銅不足造成幣值上升引起社會混亂。江蘇巡撫陳宏謀等上奏報告了這一狀況，「採辦洋銅，向係置辦紬緞絲斤並糖藥等貨，前往日本易銅回棹，分解各省，以供鼓鑄。今絲斤已禁，若將紬緞一概禁止，所帶粗貨不敷易銅」[292]。於是改禁止絲斤出洋政策為配給政策。當時規定一個商人每年辦銅二百萬斤，准予每船配搭綢緞三十三卷。各關口官員需要對這些配搭絲斤出洋易銅的商人詳細盤查。[293]

配給制度只是向市場退讓的第一步，第二步是逐步取消配給制度。乾隆二十九（一七六四）年，閩浙總督楊廷璋、福建巡撫定長等在向皇帝的奏摺中分析了絲斤管理政策的經濟效果：第一，禁止絲斤出洋以來，絲斤價格不但沒有下降，而且日益昂貴；第二，禁止絲斤出洋直接影響到了沿海百姓的生計，依靠絲斤出口的百姓生活貧困，內地所需洋貨價格上漲；第三，絲斤價格上漲的根本原因是人口增多。

乾隆二十九年閩浙總督楊廷璋、福建巡撫定長奏：伏查絲斤一項，數年以來，價值原極昂貴。乾隆二十四年，仰蒙聖主俯准一臣李兆鵬等條奏，將絲斤嚴禁出洋，並准部議，將綢緞絹一律嚴禁，節年實力遵行在案。原使留有餘於內地，俾物多價平，於民生日用有裨。臣等於奉文飭禁後，竊意從此絲價自必日減，乃自二十四年禁止出洋以來，迄今五載，不特絲價依然昂貴，未見平減，且遇值蠶事收成稍薄，價值較前更昂。推其原故，總由國家承平日久，百數十年生齒日繁，民間需用日多，物價有不得不長之勢。

290《光緒大清會典事例》卷六百三。
291《清實錄》高宗純皇帝實錄卷六百零三「乾隆二十四年十二月下」，第七六六頁。
292《清文獻通考》卷三十三《市糴考》，第五三三頁。
293《清文獻通考》卷三十三《市糴考》，第五三七頁。

誠如聖諭，生齒衍繁，取多用宏，蓋物情自然之勢也。

查向來販洋絲斤，均不過土絲及粗糙之絲，只堪供織土綢，而不足供紗緞綾羅之用。只應粗絲價昂，而細絲價減，今無論粗細絲斤，一律昂貴，其非並販洋已可概見。且不特此也，即以產地而論，浙省之杭、嘉、湖及紹屬之諸暨，產絲最盛，每屆新絲出後，江、浙、粵、閩販絲客民挈本而來者甚多，所產粗絲頃刻得價售賣，農民轉覺生計裕如。今奉禁之後，絲價未見其平，而粗絲銷售轉滯，於農民反有轉售不速之苦。再查外番船隻載貨挾貨遠赴內地，原欲以其所有易其所無，而各番首重者絲斤，今因禁止販洋，近年粵、閩貿易，番船甚覺減少。即內地販洋商船，亦多有停駕不開者，在外番因不能置買絲斤，運來之貨日少，而內地所需洋貨，價值亦甚見增昂，是中外均無裨益。[294]

這分奏摺受到乾隆的重視，於是配給制度逐漸放寬。乾隆二十九年（一七六四）規定，除了辦銅船隻，一般商船也可攜帶絲斤出口。乾隆二十九年覆准：江蘇省往閩、粵、安南等處商船，浙江省內地商船，都可攜帶絲斤出口。[295]將允許商人出口絲斤已經擴大到所有貿易口岸。

糧食政策是將「懷柔」的目標貫穿其中，最終不得不向市場退讓；與之不同的是，禁止絲斤出洋政策被取消後，清政府卻以能夠讓海外諸國同沐皇恩為自己找臺階下。一篇奏摺這樣說道，「內地絲斤，外洋勢所必需，而海外銅斤可資內地應用。應照商船秉辦銅斤之例，准其配買絲斤紬緞，隨帶出洋易銅，既使海外屬國同沐皇仁，而於內地鼓鑄亦有俾益」[296]。

三、對外商的管理政策

清朝的外商實際上是指西方商人，因為大部分規定都是針對西方商人做出的。外商管理政策的演變分為三個階段：開海之後，康熙皇帝對外商「保育維殷」，並積極招徠外商貿易，到康熙五十六年（一七一七），貿易政策轉向嚴格控制，開始防範外商；乾隆時期，開始制訂了全面的貿易政策管理外商；「一口通商」之後，全面管理的政策演變為嚴格防範。總之，清朝對外商的管理政策也經歷了一個由寬鬆到嚴格限制的過程。

(1) 康熙、雍正年間的外商管理：由「御寰區，撫萬國」走向防範

開海之初，康熙對西方商人來華貿易持積極鼓勵態度。一六八五年，清廷就允許英國公司在廣州、廈門和臺灣設立商館。[297]此外，清廷還設立「紅毛館」，專門接待西方商人來華

294 席裕福：《皇朝政典類纂》卷一百一十八，臺北文海出版社，一九八二，第四頁。
295 《光緒大清會典事例》卷二百三十九。
296 《清文獻通考》卷三十三《市糴考》，第五三七頁。
297 馬士：《中華帝國對外關係史》第一卷，第五十八頁。

貿易，「初，浙之海關，設於寧波，舟山尚未置縣，商船出入寧波、往還百數十里，水急礁多，往往回帆徑去。迨定海即設監督，張聖詔始請移關定海，部議從之。乃於定海城外特建紅毛館一區，以為番舶來往之逆旅」[298]。

康熙皇帝還主動邀請西方商人來華貿易。康熙三十六年（一六九七），康熙派在華的耶穌會士白晉回國，贈送路易十四許多禮物，邀請法國商船來華經商。為此，路易十四特別批准建造「昂菲德里特」號來華貿易。為招徠外商，康熙皇帝一連幾次降低關稅。康熙三十七年（一六九八）再發上諭，決定降低粵關稅，招徠外商：廣東海關收稅人員，搜檢商船貨物，概行徵稅，以致商船稀少，關稅缺額，且海船亦有自外國來者，如此瑣屑，甚覺非體。著減額稅銀三萬零二百八十五兩，著為令。[299]

對於此時康熙皇帝的對外措施可用「御寰區，撫萬國」六個字概括。康熙五十年（一七一一）十二月，康熙帝頒布上諭，可作為其在位期間對外商貿易政策態度的一個總結。「戊寅，諭禮部：朕統御寰區，撫綏萬國，中外一體，保育維殷，惟期遐邇咸寧，共用升平之福。至於藩邦，有能仰體此心，修明厥職者，朕尤加意優待之。」[300]在這句話中，康熙認為自己要「御寰區，撫萬國」，故而採取「保育維殷」的措施，如果外商能夠體會到其懷柔之心，必然受到優待。

當以西方標準或者現代眼光來看積極的貿易政策時，一定會認為康熙皇帝富有遠見卓識。然而，事實卻是當時的歷史條件下需要鼓勵外商來華貿易。朝廷鼓勵貿易並不意味著支持和重視貿易，鼓勵貿易的目的是通過其他國家來華貿易以顯示清朝開海和允許私人貿易政策的有效性，在貿易的興盛中體現出天朝上國被需要的榮耀。在康熙皇帝的詔書中，強調的不是貿易的重要性，而是要「統御寰區，撫綏萬國」。在幾十年的海禁之後，康熙唯恐造成中外關係的斷絕，新的貿易政策如何顯示其威信與效力，這只能通過重開貿易才能得以證明。就如同長期實行海禁的朱元璋，在建國之初也曾鼓勵私人貿易，因為當時的條件下他需要私人貿易，康熙皇帝也是如此。一旦隨著形勢發展，貿易超出朝廷控制，那麼康熙皇帝同樣需要禁止貿易，這也是為什麼在三十年後，同樣是這個康熙帝，頒布了禁止赴南洋貿易的禁令。

西方國家在東南亞開展武裝貿易活動引起了清朝的警惕。康熙帝曾說，「中外一體，保育維殷，惟期遐邇咸寧，共用升平之福」。這顯然是西方的貿易體系所不能接受的。西方貿易體系中，只有你多我少的利害關係，所以不惜動用軍事武力，排擠他國商人，中國正是西歐國家垂涎的目標。康熙皇帝曾派總兵陳昂調查西洋人情況，陳昂用「奸宄莫測」來形容西洋人，並要求「督撫關部諸臣，設法防範」。[301]兩廣總督楊琳在奏章中也報告，「紅毛

298 劉鑒唐、張力：《中英關係繫年要錄》第一卷，第二二六頁。
299 《清實錄》聖祖仁皇帝實錄卷一百八十八「康熙三十七年五月」，第一〇〇〇頁。
300 《清實錄》聖祖仁皇帝實錄卷二百四十八「康熙五十年十二月」，第四五〇頁。
301 《清朝文獻通考》卷二百九十八《四夷考六》，浙江古籍出版社，一九八八，第三二六頁。

一種，奸宄莫測，其中有英吉利、干絲蠟、和蘭西、荷蘭、大小西洋各國，名目雖殊，氣類則一。惟有和蘭西一族，兇狠異常，且澳門一種是其同派，熟悉廣省地形。請敕督撫關差諸臣，設法防備」[302]。這些奏章中提出的防範建議都得到了康熙的認可，於是清朝貿易政策由鼓勵走向了防範。當時清廷禁止赴南洋貿易是這種防範措施中的一種。

澳門不在禁止南洋貿易的範圍之內，但是清政府對澳門夷人的管理也實行了嚴格控制措施。這些措施包括限定澳門外洋商船數量、控制外國人口、嚴格盤查廣東與澳門的外商船隻。雍正二年（一七二四），兩廣總督孔毓調查之後，要求朝廷限制澳門外洋商船數額獲得批准。「臣擬查其現有船隻仍聽貿易，定為額數，朽壞准修。此後不許添置，以杜其逐歲增多之勢。至外國洋船每年來中國貿易者，俱泊省城黃埔地方，聽粵海關徵稅查貨，並不到澳門灣泊，報可。」[303]

雍正三年（一七二五），兵部奏准澳門限定商船數量，同時要求無故前來的夷人仍令回國，以便控制人口。廣東香山澳，向有西洋人來貿易，居住納租，逾二百年。今戶口日繁，總計男婦多至三千五百六十七名。大小洋船，近年每從外國造船回澳，共有二十五隻，恐致日增，請將現在船數，作為定額，除朽木重修之外，不許添置。西洋人頭目，自彼處來更換者，許其存留，其無故前來之人，仍令隨船歸國，不許客留居住。另外，加強了對廣東、澳門西洋人出洋船隻的盤查，採取了與盤查中國商人類似的制度。規定，無論是出口入口，海關關口要登記西洋船隻的船號、人數、姓名，然後申報督撫存案，出口與入口相比照，如果出現問題，要查辦地方官員。

(2) 乾隆初期的寬鬆政策到「一口通商」的轉變

許多史書將乾隆皇帝描述為一個虛榮的人，這樣一個人自然希望在華夷關係中做出一番成就來。他認為，當時的問題主要是西方國家不遵守秩序。而根據馬士的《東印度公司對華貿易編年史》記載，廣州中外貿易中最主要的糾紛就是因為雙方在海關稅收上面的爭議。乾隆認為出現這種狀況的主要原因是海關關稅不合理和地方官員的徇私舞弊。因此，乾隆在一七三六年即位之後，即著手革除前朝遺留下來的海關弊病，其中最為重要的是革除不合理與非法的稅收。

當年八月，浙江總督嵇曾筠在向乾隆的奏摺中將海關關稅陋弊歸納為四個方面，這篇奏摺成為乾隆改革海關的一個綱領。四個方面如下：(1)查量木植，不許以大蓋小；(2)收納關稅，應照部法彈兑；(3)從前濫設關口，一概禁止；(4)兩關蠹役，嚴行驅逐。[304]

乾隆在批覆中以「寬嚴得宜，無過偏之弊，甚屬妥協」來形容這篇奏摺，這是一個很高

302 《清實錄》聖祖仁皇帝實錄卷二百七十七「康熙五十七年正月」，第七一三頁。
303 王之春：《國朝柔遠記》卷三，第五十八－五十九頁。
304 《清實錄》高宗純皇帝實錄卷十二「乾隆元年二月上」，第二六二頁。

的評價。之後，乾隆以登極恩詔天下為名，將外商一〇%的附加稅取消。不久，再度下諭廣州海關，降低稅收，以「加惠遠人」。[305]乾隆二年（一七三七），廣東海關副監督鄭伍賽將執行裁革陋規情況上奏時稱：「奴才已於文到之日為始，免其加一抽收，裁革交送各色，宣示聖主懷柔德化。外商莫不感戴悅服。」[306]

乾隆皇帝顯然錯誤地估計了當時的貿易形勢，中西商人在廣州因稅收發生的貿易衝突僅僅是一種表象，根本的原因仍然是中西貿易秩序之間的衝突。對於西方國家來說，重要的是打開中國貿易的大門，取消他們認為不合理的一切貿易限制。一時的稅收改革確實能夠讓一些商人體會到皇帝的仁慈之心（據史料，許多英國商人包括東印度公司認為皇帝是公正而仁慈的，地方官員則貪汙暴虐）。[307]但是，他們需要的不是仁慈，而是貿易利潤。不久，國際貿易中一系列事件的發生就徹底宣告乾隆皇帝努力的失敗。

一七四〇年，巴達維亞發生了史上著名的「紅溪慘案」，一萬多中國人被荷蘭殖民者殘忍地殺害。消息傳到中國，引起了朝廷的重視，當時許多大臣紛紛上奏以陳述對此事的意見與看法。從留下來的史料看，觀點大致分為三類：第一類觀點主張再度禁止南洋貿易，例如兩廣總督策楞在奏摺中說：「恐番性貪婪，並有擾及商船，請禁南洋貿易」；第二類觀點主張開放南洋，但是禁止噶喇吧（即巴達維亞）貿易，如閩浙總督那蘇圖奏，「商船出洋十之八九，其中有至暹羅、柔佛等國者，宜加分別」；第三類觀點仍然堅持開放，但要「加意撫慰周旋」，主要以兩江總督德沛為代表。

「紅溪慘案」是在中西貿易秩序衝突背景之下發生的。由於南洋貿易興盛，巴達維亞華僑積聚越來越多，這引起了荷蘭當局的恐懼，他們害怕不能完全控制巴達維亞的商業。「紅溪慘案」之後，大量在巴達維亞從事帆船貿易的中國商人被殘殺，在巴達維亞的中國商人組織也被破壞殆盡。

「紅溪慘案」在乾隆剛剛改革海關關稅陋弊之時發生，這對虛榮的乾隆來說是一個很大的打擊，這也使得朝廷懷柔政策陷入一種失範狀態。究竟該如何處理這件事情？令人驚訝的是，堂堂一個大清帝國，花了整整三年的時間才對此事有了一個明確的交代。事件發生後，面對朝臣的紛紛議論，乾隆要求兩廣總督慶復詳查議奏。兩廣總督慶復在反覆思索之後，這樣回覆：「該原因內地違旨，不聽招回，甘心久住之輩，在天朝本應正法之人，其在外洋生事被害，咎由自取，番目本無擾及客商之意。嘎喇吧一處，洋面相通，在彼國已將夷目詰責，深懷悔恨，尤當示以寬大，若一禁止，致啟外域傳疑。」[308]後經過議政王大臣合議，認為「令海外遠夷，悔過自新，均沾德澤，應請將南洋諸番，仍准照舊通商」[309]。這樣，朝廷

305 《清實錄》高宗純皇帝實錄卷二十八「乾隆元年十月上」，第三一六頁。
306 《清實錄》高宗純皇帝實錄卷二十八「乾隆元年十月上」，第三一六頁。
307 馬士：《東印度公司對華貿易編年史》卷二，第六七三頁。
308 《史料旬刊》，乾隆朝通外洋商案，第八〇三－八〇四頁。
309 《清實錄》高宗純皇帝實錄卷一百七十六「乾隆七年十月上」，第八四一頁。

自己給自己一個臺階下，認為已讓夷人悔過自新；對被屠殺的華商，則認為他們是「咎由自取」。

「紅溪慘案」標誌著乾隆寬鬆貿易政策的失敗，與此同時發生了英國軍艦擅闖廣州的事件，於是乾隆朝的貿易政策再度轉向嚴格防範。一七四一年（乾隆六年）十一月，在英國海軍司令安遜（Anson，又譯作晏臣）帶領下，兵船「百夫長號」（Centurion）在中國海域捕獲了一艘葡萄牙商船。之後「百夫長號」因為糧食缺乏駛入虎門要求接濟。軍艦擅自闖入本是一件敏感事件，而且海軍司令安遜還趁機向廣州當局提出減免海關規費的要求，這引起了朝廷強烈的不滿。為此，乾隆特降旨申斥粵省督撫，[310]認為沒有處理好這件事。之後，廣東府設立海防軍民同知，加強對船舶進出口的管理，印光任被委任為第一任廣州海防同知。[311]

乾隆朝對貿易實行嚴格限制的另一個標誌是「一口通商」政策的實行。「一口通商」政策的直接起因是英商洪仁輝擅闖寧波進行貿易，然而洪仁輝擅闖寧波絕非一個孤立的歷史事件。英法戰爭後和平恢復，歐洲各國對亞洲貿易競爭日趨激烈，英國商人加強了貿易的努力。[312]為了用更低的價格購買中國的手工業品，同時為英國毛紡織品打開銷路，英國分別於一七二七、一七三四、一七三五和一七三六年派遣商船到廈門、寧波等地試探貿易。[313]另外，廣州保商制度在一七五〇年正式成立，東印度公司一直擔心保商作為壟斷組織會影響到公司利益，所以在試圖破壞這個組織的同時，也在尋找其他的貿易可能性。一七五三年，洪仁輝前往寧波貿易，正是在上述背景下發生的。

按照規定，寧波關稅要低於廣州，因為當時來寧波貿易的外國船隻較少，朝廷考慮到外商到寧波較遠，故以低關稅體現朝廷懷柔之心。然而，洪仁輝率船頻繁到來（洪仁輝分別於一七五五、一七五六和一七五七年多次赴寧波，一七五七年還攜帶槍炮來寧波），使得朝廷意識到懷柔遠人的安排反而被出於利潤動機的英國商人所利用，如果不調高關稅，只會更加鼓勵外商的到來。於是乾隆加重浙海關關稅。[314]在加重關稅無效的情況下，於乾隆二十二年（一七五七）宣布「一口通商」。一口通商不久，乾隆二十四年（一七五九），第一個全面管理外商的正式章程頒布，即《防範外夷規條》。這種調整表明，清政府懷柔遠人的措施在新的貿易形勢下逐漸失效，所以不得不加強對外商的控制。

(3)「一口通商」時期對外商的管制

「一口通商」之後直到鴉片戰爭之前，清廷出臺了一系列專門針對外商的管理措施。其中，產生影響較大的是下述四個防夷章程：乾隆二十四年兩廣總督李侍堯制定的《防

310 《清實錄》高宗純皇帝實錄卷一百九十八「乾隆八年八月上」，第九五六頁。
311 梁廷枏：《粵海關志》卷七，第一四一頁。
312 馬士：《東印度公司對華貿易編年史》卷二，第二九七頁。
313 馬士：《東印度公司對華貿易編年史》卷二，第二九八、二九九、二三〇、二三九頁。
314 梁廷枏：《粵海關志》卷八，第一五一頁。

範外夷規條》，嘉慶十四年（一八〇九）兩廣總督百齡提出的「防夷六條」，道光十一年（一八三一）二月兩廣總督李鴻賓、監督中祥奏報的八條「防夷辦法」，以及道光十五年（一八三五）正月兩廣總督盧坤、監督中祥提出的新八條管理辦法。清廷企圖通過上述一系列規定來維護貿易秩序，但是仔細分析上述規定的具體內容，會發現清廷政策制定者根本沒有尋找到貿易衝突的根源。

乾隆朝對外夷態度的轉變發生於「紅溪慘案」之後，紅溪事件發生的根本原因是西方國家企圖通過暴力達到控制貿易的目的，而此後英國商船一系列拓展貿易口岸的行為也是在政府支持下進行的商業擴張。但是，乾隆二十四年兩廣總督李侍堯制定的《防範外夷規條》僅僅是對中西貿易過程中一些涉及具體交易行為的規範，而根本不是針對如何防範西方國家貿易擴張制定的措施。《防範外夷規條》包括五部分，其主要內容如下：

一、夷商在省過冬，應請永行禁止也；
二、夷人到粵，宜令寓居行商，管束稽查也；
三、借領外夷資本，及雇請漢人役使，並應查禁也；
四、外夷雇人傳遞信息之積弊，宜請永除也；
五、夷船進泊處，應請酌撥營員彈壓稽查也。

這些措施涉及外商居住期限、居住地點、雇用人員、資金往來以及船舶停靠。從許多史料來看，在具體的交易過程中，上述方面的疏漏確實常常引起中外貿易的衝突，但是這些方面的衝突本是任何貿易中所常有的現象，即使是朝貢制度最為成熟的明朝，也會發生爭貢事件。本書在前面已經指出，造成朝廷貿易政策轉變的關鍵是西方國家的武裝貿易擴張，這是根本原因。在這個背景下，西方國家必然會對華商採取打擊、侵略與排擠的政策，「紅溪慘案」僅是其中之一。而《防範外夷規條》針對的貿易衝突，根本不重要。所以，清廷制定的《防範外夷規條》沒有抓住中西貿易問題的關鍵，其具體措施大都只是涉及細枝末節的問題。「紅溪慘案」等一系列事件本應使清朝統治者認識到，清朝的商人必然遭到西方商人武裝貿易的侵犯，而缺乏中國政府保護的商人面臨失去東南亞貿易市場的危機。然而十分遺憾的是，李侍堯的《防範外夷規條》對這些貿易危機毫無認識，或者說他根本無視南海貿易利益。

其他三個防夷規定都是在十九世紀頒布的。十九世紀中西關係再度發生了變化。十九世紀英國工業化使得社會價值觀發生了轉變，十八世紀的「中國風」被逐漸滋生的民族沙文主義所代替，十九世紀的英國知識分子都將中國描述為裹足不前的落後國家。而使用中國產品被看作低俗的表現。另外，英國棉紡織業發展起來，棉紡織業急需開拓國際市場。英國一位駐外公使宣稱，「貿易與我們國民生活的關係，猶如空氣之與人體生活——是生死攸關的因素，是必需的」，「倘若我們得不到足夠的貿易，那就必須用戰鬥贏得它」。一八三六年曼徹斯特商會上首相邁爾本與外交大臣巴麥尊曾說，中國為英國製造業提供了一個銷量龐大而又迅速擴張的市場，其數達三百萬鎊。[315] 工業革命後，英國生產力迅速提高，英國在全球範

315 嚴中平：《近代史資料》，一九五八，「英國資產階級利益集團與兩次鴉片戰爭的史料下」。

圍內掠奪原材料和推銷商品，並逐漸建立起了全球範圍的殖民體系，而中國廣闊的市場和巨大的手工業生產能力自然使其成為英國下一步進行商業征服的目標。

十九世紀剛剛到來，就發生了英國殖民侵略事件。一八〇八年，英國海軍少將度路利（Drury）率三百多名士兵到達虎門外雞頸洋面停泊，在沒有獲得中國官方同意的情況下，擅自占領澳門東望洋、娘媽閣和伽思蘭三炮臺。兩廣總督吳熊光把這件事當作普通貿易衝突事件，只派出行商前去勸告英軍離開，然而度路利卻乘虛駛進虎門，停泊靠近省城的黃埔，而且印度總督還派來兵艦十三艘、陸軍七百六十名前來增援。最後在朝廷的干涉下，吳熊光採取強硬措施，率兵駐紮黃埔與澳門，才迫使英軍離開。此件事情引起清政府極大的震動，朝廷一方面將吳熊光等廣東官員予以罷免，另一方面再派得力官員加強廣東的領導和監督。新任廣東總督百齡結合當時的情況，於嘉慶十四年（一八〇九）頒布了新的防夷六條。

新的防夷六條規定是對《防範外夷規條》的完善和修改，其中針對上年發生的英軍入侵事件，增加了關於禁止兵船擅入十字門及虎門各海口的規定，其他五條都是關於具體交易過程的規定，與《防範外夷規條》大同小異。很顯然，朝廷僅僅把英軍的這次入侵當作單純的軍事事件，而忽略了其背後的經濟動因。他們根本沒有看到，商業擴張才是這次事件的本質。朝廷官員的這種忽視，造成百齡的措施再次如《防範外夷規條》一樣只能對一些貿易細節進行單純的修改與規定，而根本不能解決中英之間根本性的衝突。

雖然英國工業革命促進了英國經濟的發展，但是在十九世紀初期中英貿易中，中國仍然處於出超地位，中國自給自足的經濟對英國工業品需求較少。英國國力的增強和貿易需求的高漲，使得英國人在十九世紀開始公然挑釁清政府的貿易規定。一八三〇年廣州盼師事件就是英國商人專門策劃以抗拒廣州當局。一八三〇年英國東印度公司駐澳大班盼師（Baynes）公然違背清朝規定，將妻子從澳門帶到廣州省城，並公然坐著轎子進入公司商館。總督李鴻賓通過行商勒令番婦退回澳門。但是盼師毫不示弱，反而指責清朝官員妄用權勢，並且示意英國海軍司令調兵進入商館。最終在行商調解下，雙方互相退讓才讓事件平息。

盼師事件之後，道光十一年（一八三一）二月兩廣總督李鴻賓、監督中祥奏報的八條防夷辦法頒布，專門對番婦出入進行了嚴格規定。道光十五年（一八三五）正月兩廣總督盧坤、監督中祥提出的新八條管理辦法又是因為一八三四年英國商務監督律勞卑擅自闖入廣州後再次制定的措施。一八三四年，英國政府派出使臣律勞卑到中國進行貿易通商談判，律勞卑企圖以平等的方式與清政府打交道，但是廣州方面不但對這種方式予以拒絕，而且譴責律勞卑未經許可擅自闖入廣州。最終矛盾不可調和，雙方發生炮兵互擊事件。另外，英國東印度公司解散之後，英國商人缺乏統一管理，紛紛赴廣州貿易。所以，地方官員也覺得有必要重新申明章程，以便管理。新的規定與前述幾種規定相比雖然更加詳細和嚴格，但是本質上並無不同。

面對英國的挑釁，清政府始終以一個更為嚴格、具體的防夷章程的出臺作為事件的了結。如前已說明，這些規定大都是關於貿易細節的管理，而根本沒有切中衝突要害。中西貿易衝突的根源在於貿易秩序的根本不同，但是正如本節開頭所言，清政府拒不承認國家之間的貿易，這樣一來自然會造成對商業的管理由寬鬆趨向嚴格，由允許趨向限制。一旦政策向這種方向變化，西方國家便又以「閉關鎖國」之類的言語對清政府進行詬病。

由於清朝的政策調整不保護商人，中國國際貿易已被置於危機的邊緣。隨著英國的強大和軍事進攻中國獲勝的可能性加大，英政府已經改變了原有策略，準備將在世界其他地方採取的仗劍經營的方式推行到中國內陸。一八三二年大鴉片販子馬奇班克斯向外交大臣巴麥尊談論道，英國的海軍司令是最好的大使，因為海軍司令在幾小時就可以收到外交用幾週、幾個月才能得到的效果。[316]同時，廣東的英商要求政府動用武力，確保他們在華鴉片走私的利益。一八三六年曼徹斯特商會和與中印貿易有關的倫敦東印度和中國協會，多次向英國政府請求幫助打開中國市場。這一切使得英國政府在決定對華政策時不得不把武力奪取中國市場作為目標，最終制定了對中國的「炮艦政策」，即以炮艦打開中國的大門，迫使清政府簽訂了許多不平等條約，使中國淪為半殖民地。這樣，不但中國海上商人要遭到西方國家的不平等競爭，而且內陸商人也將淪為西方商人的「魚肉」，從而最終造成中國國內大商幫的衰敗。

第三節
十三行制度

在經濟學理論中，壟斷是商業組織攫取高額利潤的重要方式之一，商業組織總是通過產品差異化、設置市場進入門檻來加強企業壟斷力量、保持市場地位。但是十三行的歷史表明，壟斷僅僅是企業強大的必要條件，政府與企業的關係將決定壟斷在企業發展中的作用。

在十八世紀到十九世紀初期的廣州貿易中，存在著兩大具有壟斷地位的商人集團。第一個是中國的十三行，第二個是英國的東印度公司，這兩大集團的貿易幾乎壟斷了廣州貿易的全部。這兩大商人集團背後都有政府的支持。清政府將中外大宗商品貿易特權授予十三行；而英國政府也將軍事、政治等權力賦予東印度公司，東印度公司在十八世紀就是英國政府在海外殖民地的代表。然而，同樣是政府的支持，兩大商業壟斷集團卻在國際貿易中扮演著不

316 武漢大學鴉片戰爭研究組等編《外國學者論鴉片戰爭與林則徐》上冊，福建人民出版社，一九八九，第一二九頁。

同的角色。十三行逐漸演變為清政府控制外商、懷柔遠人的工具；而東印度公司卻成為英國政府開拓國際貿易市場、掠奪殖民地的工具。

與東印度公司不同，十三行是清政府用來牽制外商的工具，十三行獲得貿易壟斷權是以負責貿易秩序為條件的。清政府之所以需要十三行代為管理貿易，是因為清政府不承認國家之間的貿易，所以自然不可能設立專門的機構來管理；但是又不得不面對中西貿易的客觀事實，於是本已存在的十三行便進入了政府的視野。清政府既然不能充當國際交流的中間主體，那麼可以通過管理本國商人的辦法達到牽制國際貿易的目的。

清政府與十三行的關係猶如委託人與代理人之間的關係。作為委託人的政府與十三行之間目標毫無一致性，委託人只需為代理人是否能夠實現政府貿易秩序而承擔責任，而無須關心代理人的效益；代理人不但要維護政府的貿易秩序，而且必須為自己企業的效益買單。這樣一來，雙方處於一種權利與責任極不對等的狀態。所以政府可以任意干預十三行而不用考慮十三行的效益。英國政府與東印度公司的關係與此不同，作為委託人的英國政府和作為殖民開拓代理人的東印度公司，二者的目標是一致的，都是為了擴大市場增加貿易利潤。所以政府不但不會不顧代理人的效益任意干預公司，而且會幫助公司提高效益。所以同樣是壟斷，會出現不同的經濟後果。

一、政府缺位情況下：行商成為官員牟利的工具

清代十三行是在明代行商基礎上發展而來的。明朝時期已經產生了行商制度，又被稱為「三十六行」。李金明的研究認為明代廣東「三十六行」是由官方制定的專營進出口貨物的三十六個行鋪。按照官方規定，三十六個行鋪僅僅起到充當進出口媒介的作用，而沒有代替市舶司盤驗納稅等之事。清朝的十三行是在明朝「三十六行」基礎上產生的，對此，梁廷枏在《粵海關志》中有定論：「國朝設關之初，番舶入市者僅二十餘柁，至則勞以牛酒，令牙行主之，沿明之習，命曰十三行。舶長曰大班，次曰二班，得居停十三行，餘悉守舶，仍明代懷遠驛旁建屋居番人制也。」[317]

清初雖然實行海禁，但是十三行仍然在貿易中發揮重要作用。屈大均《廣東新語》中有一首詩《廣州竹枝詞》寫了十三行的情況。「洋船爭出是官商，十字門開向二洋，五絲八絲廣緞好，銀錢堆滿十三行。」又有，「東粵之貨，其出於九郡者曰廣貨；出於瓊州者曰瓊貨，亦曰十三行貨」。[318]據歷史考證，屈大均生於一六三〇年，卒於一六九六年，四十九歲之時寫成《廣東新語》，大約在一六七九年，即康熙十八年，此時尚屬於海禁時期。而近年

317 梁廷枏：《粵海關志》卷二十五，第四九一頁。
318 李育中：《詩人和志士屈大均》，《廣州研究》一九八四年第二期：第十七—二十八頁。

發現的《廣東新語》初刻版本，證明其確實在開禁之前已經寫成。[319]這表明海禁時期十三行已經在國際貿易中發揮著重要作用。

在海禁的情況下，十三行得以存在，是因為受到平南王尚可喜、靖南王耿繼茂等控制。在這些番王控制下，南部沿海私人貿易十分興盛。史載，「海禁甚嚴，人民不得通澳；而藩王左右陰與為市，利盡歸之」[320]。他們「潛引海外私販，私行無忌」[321]。尚可喜的參將沈上達「乘禁海之日番舶不至，遂勾結亡命，私造大船，擅出外洋為市。其獲利不貲，難以數記」[322]。一六五九年，清政府下令「遷海」，然而廣州貿易不但沒有停止，反而官府派船收稅。當時西班牙傳教士記載，「澳門商人，在廣州做完了生意以後，便由十隻或二十隻有十株巨槳的護航船和二十名弁兵伴隨而行」，「船隊停泊於舟山，華人來此交易，並繳納稅鈔」。[323]據李士楨《撫粵政略》介紹：「自康熙元年奉文禁海，外番船隻不至，即有沈上達等勾結黨棍，打造海船，私通外洋，一次可得利銀四五萬兩。一年之中，千舡往回，可得利銀四五十萬兩，其獲利甚大也。」可見在當時二王的控制下，貿易照常進行，二王從中獲利甚大。因此可以判斷，當時的十三行實際上受制於廣東二王，並且可能成為二王獲利的工具。據馬士的《東印度公司對華貿易編年史》記載，開海之初，英國商人到達廈門，發現該地已有包攬一切貿易的組織，由當地官府指派一商人與英船貿易。[324]這也可佐證十三行可能早已受到地方官員的控制。

開海之後，廣東十三行成為各種權勢的逐利工具，從而形成了不同官方背景的行商。當時有四種官方勢力支持的行商：第一，「王商」，財力雄厚，貿易經驗豐富，受廣東藩王尚之信的控制；第二，「總督」商人，受總督控制；第三，受將軍控制的「將軍商人」；第四，受巡撫控制的「撫院商人」。除了這四大商人，其他商人無法染指海上貿易。

不同官方背景控制的行商相互爭奪貿易利潤，給廣州貿易帶來了巨大的混亂。馬士《東印度公司對華貿易編年史》一書中記載了這樣一件事。一六九九年，英國商船「麥士里菲爾德」號到達澳門，大班道格拉斯在進行詳細考察之後，決定與洪順官貿易。這樁貿易引起了其他行商的垂涎，也要求插手，結果遭到洪順官的拒絕。很快，在總督的操作下，洪順官遭到羈押。洪順官被迫賄賂各方勢力，並且同意與將軍商人、總督商人和撫院商人合作，共同與「麥士里菲爾德」號展開貿易。然而在貿易過程中，將軍商人、總督商人與撫院商人任意更改合同，最終造成洪順官巨大的損失。[325]

319 趙立人：《清初海禁時期廣東的海外貿易與十三行》，《海交史研究》二〇〇四年二期，第四十九－五十一頁。
320 屈大均：《廣東新語．地語》「澳門」條。
321 《平定三逆方略》卷一，宗青圖書出版有限公司，一九九七。
322 黃佐：《廣東通志》卷六十二《文藝志》。
323 姚賢鎬：《中國近代對外貿易史資料》第一冊，第五頁。
324 馬士：《東印度公司對華貿易編年史》卷二，第五十六頁。
325 馬士：《東印度公司對華貿易編年史》卷二，第九十九－一〇〇頁。

據英商反映，廣州在繼上述四種商人之後，又出現了皇商，參與到廣州貿易爭奪中。這位皇商本是鹽商，因為瞞報鹽稅被逐，後獲得皇太子的支援，以四．二萬兩白銀取得了包攬廣州所有對外貿易的特權。但是這位皇商既無貨物資金，也無賒購信用，所以外商很不願意與其貿易。一七〇四年，英商到達廣州貿易，沒有選擇皇商，而是與其他商人達成了交易，皇商為此申訴到總督，最終在其他行商付給皇商一定補償後，英商才得以與其他商人達成貿易。可見當時形勢之混亂。

各種官方勢力對行商的控制造成了廣州貿易的混亂，影響到了行商的利潤，而且行商還要不斷遭受各種勢力的盤剝與勒索。在這種情況下，行商決定相互聯合，企圖擺脫各種政治勢力的控制，建立公行以改變現狀。於是在康熙五十九年（一七二〇）十一月二十六日，締結十三條行規，正式成立公行組織。

康熙五十九年（一七二〇）十一月二十六日，廣州十三行的洋商集中起來，舉行隆重儀式，在祭壇前殺雞歃血宣誓，制定了十三條行規：[326]

(1) 華夷商民，同屬食毛賤土，應一體仰戴皇仁，誓圖報稱。

(2) 為使公私利益界劃清楚起見，爰立行規，共相遵守。

(3) 華夷商民一視同仁，倘夷商得買賤賣貴，則行商必至虧損，且恐發生魚目混珠之弊，故各行商與夷商相聚一堂，共同議價，其有單獨行動者應受處罰。

(4) 他處或他省商人來省與夷商交易時，本行應與之協訂貨價，俾賣價公道；有自行訂定貨價或暗中購入貨物者懲罰。

(5) 貨價既經協議妥貼（帖）之後，貨物應力求道地，有以劣貨欺瞞夷商者應受處罰。

(6) 為防止私販起見，反落貨夷船時均須添冊；有故意規避或手續不清者應受懲罰。

(7) 手工業品、漆器、刺繡、圖畫之類，得由普通商家任意經營販賣之。

(8) 瓷器有待特別鑒定者，任何人得自行販賣，但賣者無論贏虧，均須以賣價百分之三十納交本行。

(9) 綠茶淨量應從實呈報，違者罰款。

(10) 自夷船卸貨及締訂裝貨合同時，均須先期交款，以後並須將餘款交清，違者處罰。

(11) 夷船欲專擇某商交易時，該商得承受此船貨物之一辦（半），但其他一辦（半）須歸本行同仁攤分之；有獨攬全船之貨物者處罰。

(12) 行商中對於公行負責最重要及擔任經費最大者，許其在外洋貿易占一股，次者

326 梁嘉彬：《廣東十三行考》，廣東人民出版社，一九九九，第八十七頁。

占半股，其餘則占一股之四分之一。

(13) 頭等行，即占一全股者，凡五，二等者五，三等六；新入公行者，應納銀一千兩作為公共開支經費，並列入三等行用。

由上述十三條規定可知，行商開始相互訂立盟約，統一行動，從而形成一個壟斷組織。所有行商與夷商交易中的價格等事項須一致行動。個別行商經營，其他行商要均分部分利益。這種規定直指之前行商之間由於政治勢力造成相互打壓、秩序混亂的狀況。在規定中，要求各行商不得有欺騙行為，要保證商品品質，這也是針對廣州惡性競爭之下產生的種種欺詐行為而定的，有助於樹立行商的信譽。從此之後，在大部分時間裡，來廣州貿易的外國商人面對的都是一個有著一致行動的行商組織。

但是事情並非一帆風順，新成立的行商組織在英商和行外商人聯合反對下被迫解散。一七二一年英船「麥士里菲爾德」號抵達黃埔，他們發現行商實質上是由海關監督及廣東提督所控制，監督命令一切非公行以內的散商不得與外商接觸，若有欲從事瓷器貿易者須繳納二〇％貨價予公行，茶葉買賣須繳納四〇％。[327] 這引起了英商和其他中國商人的反對。當時英船大班以停止貿易相威脅，而同時欽差也在廣州，並準備到英船上為皇帝挑選進貢商品。海關害怕英商威脅會影響到皇帝進貢物品的置辦，最終在兩廣總督的調解下，允許其他商人參與到貿易中來才平息此事。於是行商制度一度陷入有形無實的境地。

二、政府對行商貿易的介入：行商成為政府約束外商的工具

十八世紀的廣州貿易中，頻頻發生事端，尤其是西方商人屢次反對海關索取「規禮」，從而不斷引起貿易糾紛。形勢變化迫切需要政府能夠有效地約束外商行為。清朝貿易政策制定之初，其著眼點是貿易有利於解決民生問題。但是現實中對外貿易早已超出了這種預期。中外貿易中的大量問題需要政府解決，尤其是西方商人屢次要求謁見廣東官員，改革貿易陋弊，並且要求能夠與清朝在平等的國與國關係上進行貿易協商，貿易的發展需要政府充當中外貿易的橋梁。但是在清廷的眼裡，中外貿易的往來是中國體恤外夷經濟需求才允許的，不是平等國家之間的正常貿易往來。在這種情況下，官府不適合充當中外經濟貿易的中間人。於是政府的政治權力開始介入行商的經營，行商逐漸成為政府約束外商的工具。

雍正六年（一七二八），也就是在取消南洋禁令的第二年，廣州、寧波分別設立商總，加強對外商控制，這標誌著政府權力正式介入行商組織。商總由各行商推舉，經粵海關監督批准建立，負責管理對外貿易、評定貨價。此外，商總還要對外商進行管理，對違犯中國法律者及時向官府報告。如果外商違禁，商總要負連帶責任。首任廣州十三行的商總由秀官、唐康官、廷官及啟官組成。

327 梁嘉彬：《廣東十三行考》，第八十七頁。

乾隆十五年（一七五〇）保商制度建立，此後又出臺了一系列政策完善保商制度。乾隆十五年，清政府下令將本由通事繳納的船鈔及規禮等銀兩，全部改為由「官府選擇的殷實富戶承保」繳納，這標誌著廣東十三行保商制度開始形成。乾隆十九年（一七五四），清政府規定將洋船稅、貢銀、各種手續費等統一由行商負責，禁止非行商團體參與對外貿易。當年七月二十九日，兩廣總督宣布，由十三行總攬一切對外貿易，向清政府承擔洋船進出口貨稅的責任，外商所需其他商品，由行商統一購買；外商違法，洋行負連帶責任。

保商制度實際上就是行商被迫為其他商人的行為擔保。擔保責任分為內保與外保。外保是行商為外商作擔保，內保為行商之間相互擔保。外保方面，行商要擔保外商按照規定繳納貨稅，繳納數目與行商負責的進出口貨物銷售和收購相掛鉤。乾隆二十四年（一七五九）以後，清廷對外商在中國的行為嚴加限制，這些限制都由行商去擔保，為外商行為負責。外商有違法者，唯行商是問。外船有傷人擄掠者，限行商定期交出兇手。例如，嘉慶初年，外國兵船駛入黃埔，有關行商就被治罪。然而對外國兵船以及外國犯罪行為，行商又有何能力控制？

內保責任即行商之間相互保證，一行虧損破產，全體行商受累。例如乾隆四十五年（一七八〇），行商顏時英、張天球欠英商債務無法清償，被革去官銜充軍，家產清償債務，不足部分由原保商潘文嚴等分十年清償。[328] 內保責任給行商帶來極大的財務負擔，因為一家行商並不能約束其他行商的行為，卻要為其他行商的行為負責。由此造成只要一家行商虧損，就會削減全行的利潤。結果是保商制度建立之後，行商經營日益困難，大量行商破產。行商破產過多直接影響到朝廷稅賦的繳納，於是在嘉慶十八年（一八一三）朝廷改革了商總制度。即從所有行商中選擇一兩家行商總理貿易事務，其他行商為這一兩家行商作保。這不但沒有減輕行商責任，反而將全部責任集中於富裕行商。

清朝對外貿易的重要目標之一是「懷柔遠人」，一旦行商成為政府管理外商的工具，行商自然也要承擔起「懷柔遠人」的責任。而「懷柔遠人」的目標往往與商業往來原則相互衝突，「懷柔」的原則在於天朝要通過貿易讓外商體會到朝廷的體恤與恩惠，而商業往來是利益的角逐，如何在討價還價中追逐利潤才是根本。這種衝突充分體現於清廷對商欠事件的處理中。一七七二年，乾隆皇帝在處理倪宏文拖欠外商債務事件時，曾道：「將拖欠之人，從重究治，庶免夷人羈滯中華，而奸徒所知懲儆。今倪宏文拖欠夷商貨銀，數至盈萬，實屬有心誆騙遠人，非內地錢債之案可比。……若竟朦朧照覆，則是地方官庇護內地奸商，而令外夷受累，屈抑難伸。其事實乖平允，殊非體恤遠人之道。」[329]貿易中的債務糾紛，本屬正常現象。但是乾隆卻將內地錢債與國際貿易中的錢債相區分看待，並將債務事件上升到「體恤遠人」的高度，可見在政府的意識中，商人的行為已非個人行為，其承擔著維護天朝大國形

328 梁廷枏：《粵海關志》卷二十五，第四五二頁。
329 《清實錄》高宗純皇帝實錄卷一千零二十一「乾隆四十一年十一月」，第二四二三七頁。

象的重任。倪宏文事件後，朝廷規定，對於欠外商的債務，所有行商需負連帶責任，攤賠錢款。這種規定非常不利於商業往來，造成許多行商必須承擔不必要的負擔。

綜上所述，從表面上看行商似乎從朝廷那裡獲得了貿易壟斷權，但是本質上政府是強迫將中國商人的貿易利益作為抵押品，要求商人壓制外商，承擔不必要的責任。第一，政府要求行商承擔部分本屬於政府的職能，但是卻沒有制度保證行商能從這種職能中獲取相應的收益，這必然造成行商的責任與收益不對等；第二，商業組織需要承擔政府職能，而且要負連帶責任，但是行商沒有政府相應的權力來保證職能的順利履行，這必然造成行商只能利用停止貿易的方式來挾制外商遵守規定，這樣的規定實際上是政府置商人利益於不顧。

三、十三行制度的缺陷

清政府將廣州對外貿易的壟斷權授予行商，其他商人無法染指。雖然不乏潘有度這樣的成功商人，但是大部分行商不僅沒有依靠對市場的壟斷發展壯大，反而出現了行商頻頻倒閉的現象。即使是潘有度這樣的大商人，也幾欲解甲歸田，後來甚至通過賄賂廣東總督來達到卸任的目的。種種現象表明，壟斷沒有為行商帶來巨大利益，反而成為行商的負擔。

產生上述現象的一個重要原因是表面上壟斷貿易的行商實質上既受制於清政府的壓制與盤剝，而且還得面對外商脅迫，不得不在清政府與外國商人之間的夾縫中求生存。行商的這種生存狀況可以從其與政府和與英國東印度公司的關係中得到反映。行商除了不時遭受地方官員的勒索之外，還需承擔採辦皇帝的貢禮以及名目繁多的捐輸。此外，行商還要為對外貿易中外商不端行為負連帶責任。每有此類事情發生，政府首先拿行商是問。例如雍正六年（一七二八），英國公司大班向總督稟請自由貿易，保商亨官因此受到連累，被政府羈押。此類事件不勝枚舉。

由於具有壟斷地位的行商數量由清政府指定，而不是根據貿易需求而產生，因此貿易規模往往超出被指定行商資金能力之外，從而不斷陷入資金流動的困境。[330]然而行商又必須完成當年外商的貿易要求，以便能夠繳足清政府規定的賦稅。因此，借貸以保證流動資金充足成為行商維持貿易必需的一種途徑，行商最大的貿易對象英國東印度公司就成為行商最為重要的債權人之一，這造成行商為了完成貿易又不得不依賴於英國東印度公司的支持。

同樣是受到政府的支持，行商與英國東印度公司在廣州的貿易中卻處於如此不同的地位。

根本原因是作為委託人的政府與作為代理人的商人之間目標是否相同。英國政府支持東印度公司是為了擴展貿易、搶奪市場、從殖民地掠奪財富，這與東印度公司的商人之間利益是相一致的。相反清政府與行商之間在貿易上卻沒有一致的利益。清政府開海是為了解決沿

330 陳國棟：《東亞海域一千年：歷史上的海洋中國與對外貿易》，山東畫報出版社，二〇〇六，第二八六頁。

海百姓的基本生存需要，而中外貿易發展的狀況已經超出了清朝最初的制度設計，尤其是廣州貿易中屢屢發生的外商違規事件，清政府需要利用行商鉗制外商。正是在這種狀況下，清政府將壟斷權賦予行商，而行商則需要負責稅收和管理外商的責任。

清政府規定中外貿易中的大宗商品只能由行商經營，其他商人不能染指；外商來中國貿易，必須由行商作保，外商購入茶、絲等物品必須由行商代辦。這個規定保證了行商在中外貿易中的壟斷地位。但是行商必須承擔三個方面的責任：第一，行商對外商及其船員、水手之一切事務須負完全責任，船員水手違反清朝法律也須負責；第二，各行商連帶負擔對外債務及政府課稅之責任，對於各國船隻應納稅額，須負連帶支付之責任；第三，行商要充當政府與外商之間的媒介，政府的一些事項要由行商通知外商，同時監視外商，使其服從法令。

從上述規定中可以看出，政府將壟斷權授予行商的目的是為了要行商負責在對外貿易中管理外商和稅收。清政府管理外商的目的不是為了商人貿易的便利，而是為了使外商遵守清廷的貿易秩序，以維護天朝上國的威嚴。貿易對清政府來說並不重要，貿易壟斷權的授予僅僅是為了能夠將行商當作實現上述目標的工具。在這種制度安排下，當政府目標實現會有風險時，其總會首先犧牲貿易而威脅到商人的利益。對於具體執行政策的地方政府來說，他們關注的是能夠保證稅收，同時在貿易中不會違反清朝的對外限制規定。官員同樣不關注行商的利益，他們的目標與行商追逐商業利潤的動機無關。政府與商人目標的差異，造成在具體貿易過程中，政府官員總會為了自己目標的實現而屢屢干涉商人的貿易，甚至是犧牲商人利益。再加上行商由於資金周轉問題，需要外商債務資助，所以行商最終不得不在政府與外商的夾縫中生存。

與此相反，英國政府與東印度公司在海外利益上是一致的。東印度公司成立初期，英國政府賦予東印度公司在非洲好望角以東地區的貿易享有獨占權，並賦予公司在這一帶區域有制定法律、行政管理和建立貿易據點的特權。同時英國政府還派出兵力幫助東印度公司拓展貿易。所以，同樣是壟斷，中國商人為此付出的是頻頻破產的代價，而西方商人為此得到的是全世界的市場。

第四章

從國際貿易競爭的角度看明清對外貿易政策的成敗

前三章主要通過分析中西貿易政策差異與互動來揭示明清貿易政策的缺陷。結論表明中國政府不保護商人，從而將中國商人置於西方仗劍經營的危局之下，這是貿易政策最大的失誤之處。與前三章不同，第四章將從經濟自身的變化反觀貿易政策的成敗。從貿易自身發展來說，貿易環境決定了中國商業與商人客觀上需要政府的保護，然而政府卻沒有履行這一職責，最終造成中國商人無法擺脫被排擠、被剝奪與被控制的商業命運。

在這一章對商業的考察中，始終貫穿兩個主線：貿易量與商業主導權。但貿易量是數量概念，單純從貿易量上講，中國對外貿易規模一直在擴大。但國際貿易絕非單純的經濟問題，商業主導權的引入就是為了揭示量背後質的變化，誰控制了商品產地、市場和商路，誰就擁有了商業主導權。兩條主線的變化表明：明初以來，貿易量在不斷擴大，商業主導權卻在逐步喪失。

第一節講述中西相遇之前，朝貢原則取代市場原則對商業的影響；第二節分析中西初識階段，海外白銀流入帶來中國民間海上貿易發展，以及中西方商人關係的變化；第三節分析中西貿易新階段，海外貿易逐漸恢復，並帶動了茶、絲與瓷器的發展，但東南亞貿易主動權卻已喪失；第四節講述中國商人遭到西方商人打壓的過程。

第一節

明中期之前：受壓制的中國民間貿易

以中國為核心的亞洲貿易圈不是朝貢制度開創的，在明朝構建朝貢體系之前，就已經存在著以中國為核心的私人貿易體系。只不過明朝硬生生地將朝貢制度植入其間。再加上海禁制度的實行，使得私人貿易畸形發展。

一、朝貢貿易對市場運行原則的破壞

雖然明朝構築了支配亞洲貿易的朝貢體系，就如濱下所說，以中國為核心的與亞洲全境密切聯繫存在的朝貢關係即朝貢貿易關係，是亞洲而且只有亞洲才具有的唯一的歷史體系。[331]但是不能認為是朝貢開創了亞洲貿易網路。在朝貢體制全面建立之前，亞洲就已經存

331 〔日〕濱下武志：《近代中國的國際契機：朝貢貿易體系與近代亞洲經濟圈》。

在著頻繁的民間貿易往來，朝貢體制的建立只是政府將權力滲透到這個體系當中，用政治性取代原有貿易的經濟性，來「懷柔遠人」。

濱下認為是由於朝貢體制才得以形成以朝貢關係為基礎的貿易網路，這實際上是忽略了亞洲本已存在的私人貿易網路。即使在朝貢體系建立之後，許多貿易也不是通過朝貢貿易管道才發展起來的。雖然朝廷在不斷地企圖擴展朝貢體系的範圍，但是這種擴張方式與貿易擴展遵循的市場原則截然不同。貿易擴展總是遵循著利潤原則，只不過在遇到朝貢制度之後要改變自己運行的道路與方式。正是因為如此，朝貢與貿易才一度呈現負相關關係，以及在朝貢所不能影響到的範圍內私人貿易發展迅速。

早在明代之前，就存在著以中國為核心的海外華商貿易網路。宋元時期，北自朝鮮、日本，南至爪哇和蘇門答臘，東起香料群島，西至阿拉伯和東非，都有中國商船的頻繁活動，鄭和下西洋的活動範圍並沒有超過宋元時期民間商船業已開闢的龐大交通網絡。[332]在這個廣大的貿易範圍內，中國商船是最為主要的商業力量。十四世紀初，伊本·巴圖塔在印度喀里克脫（今卡利卡特）港口，看到十三艘中國商船，他認為，印度與中國的交通貿易，皆操之於中國人之手。[333]莊國土的研究也表明，在宋元時期由於貿易的發展逐漸形成了海外華商的貿易網路，這個網路北起日本，南到東南亞各國，菲律賓也在這個時期進入華商貿易區域。海外華商貿易網路形成的標誌有三：南洋地區由於華商海上貿易航線的系統化成為華商活動的範圍與基地；與貿易活動相聯繫的移民活動也在宋代以後逐漸進行；海外華商聚集地出現。[334]

到了明朝，政府推行朝貢貿易體制，企圖將早已存在的貿易網路納入朝廷控制之下。朝廷通過海禁與朝貢制度相配合，形成非入貢沒有貿易的局面。獲得中國朝貢國的資格是海外國家與中國進行經濟交往的前提，鄭和下西洋將這種朝貢體制推廣到極致。據記載，當時鄭和下西洋歷經三十多個國家，航程遠達非洲。有研究強調這種遠航的政治性，認為促進經濟交流的意義不大；但是也有研究拿出很多證據表明，遠航之後中外交流加強。從本書的視角來看，鄭和下西洋是明政府通過巨大努力推廣朝貢體制，將原本早已存在的貿易網路納入朝廷控制之下的舉動。

明朝為了將朝貢體制植入原本存在的貿易網路中，從貿易船隻的建造、貿易路線的規定、產品的交流和人員的往來等各個方面進行了貿易控制。

對於海上貿易來說，最為重要的是運輸工具。明朝控制貿易網路的第一步是控制造船業。首先，朝廷下令改造民間船隻使其無法出海航行。「近海違式商船，皆令拆卸，以五六尺為度，官給印照，聽其生理。」[335]「時福建瀕海居民，私載海船，交通外國，因而為

332 陳希育：《中國帆船與海外貿易》，廈門大學出版社，一九九一，第五十六頁。
333 陳希育：《中國帆船與海外貿易》，第五十六頁。
334 莊國土：《中國封建政府的華僑政策》，廈門大學出版社，一九八九，第十四頁。
335 陳希育：《中國帆船與海外貿易》，第七十六頁。

其[336]寇，郡縣以聞。遂下令禁民間海船。原有海船者悉改為平頭船。所在有司防其出入。」其次，取締民間造船業，將許多造船工匠納入政府官手工業。在繼承民間造船業的基礎上，官方造船業卻在洪武和永樂年間進入發展的黃金時期。據不完全統計，洪武三年（一三七〇），沿海各個衛所共計戰船已達二千七百艘，洪武二十二年（一三八九）戰船總數達三千零二艘，永樂年間明廷再度詔令福建、浙江、江蘇、廣東、湖北和江西等省建造和改造海船二千七百五十八艘，[337]可見官方造船業的規模之龐大。

政府控制的好處是可以集中力量辦大事，所以才有了鄭和下西洋的壯舉，以及下西洋在船隊規模與技術上舉世矚目的成就。根據史料記載，鄭和第一次下西洋時共有海船二百零八艘，第二次有二百四十九艘，每次下西洋的人數都在二萬七千至二萬八千人，[338]最大船隻達到四十四尺左右，載重量達一千多噸。[339]而在幾十年後，即西元一四九二年，義大利航海家哥倫布首次美洲航行只擁有三四艘船，人數一二百人，最大船隻的載重量不超過一百二十噸。[340]航海技術也十分落後，為了確定航海的方位，哥倫布命令船隻只能在海岸線附近航行，以保證能夠隨時登陸以確定方位。有史學家後來曾這樣取笑歐洲初次大航海時技術的落後：航海家一隻手握著船舵，一隻手拿著《聖經》，一看情形不對，就緊握《聖經》祈禱上帝保佑。

與官方造船業大發展形成鮮明對比的是，民間造船技術在政府的壟斷下發展遲緩。明後期出洋商船，「舟大者廣可三丈五六尺，長十餘丈。小者二丈，長約七八丈」[341]。據推算，大船載重量約為一萬零七百石（約為七百噸），比宋代五千料商船還要略小一些。至於中等船載重量約為三百三十噸，比起宋朝的中型船略大一些。[342]與鄭和下西洋巨大的「寶船」形成鮮明對照的是，民間自造商船反而出現了載重量減少的趨勢。

其次，制定勘合等朝貢貿易制度規定，欲與中國貿易須有朝廷頒發的勘合，取得勘合須是朝廷的朝貢國。勘合就是禮部製作的半印勘合文簿，凡是客商貨物需要在勘合上寫明白，到中國來之後，要比對朱墨字型大小。[343]通過這種類似措施將朝貢體制覆蓋的範圍逐漸推廣到原已存在的民間貿易範圍之內。朝貢國的範圍涵蓋了東北亞與東南亞的大部分國家，其中朝鮮、琉球、安南、暹羅等國與明朝的關係較為密切，雖然朝廷對貢期有規定，但是這些國

336 《明實錄》太宗實錄卷二十七，第四九八頁。
337 陳希育：《中國帆船與海外貿易》，第七十三頁。
338 《明實錄》太宗實錄卷二十七，第四九一－四九二頁。
339 陳希育：《中國帆船與海外貿易》，第六十八頁。
340 〔日〕上杉千年：《鄭和下西洋：一四二一中國發現世界》，大陸橋翻譯社譯，上海社會科學院出版社，二〇〇三，第二頁。
341 張燮：《東西洋考》卷九《舟師考》，中華書局，一九八一，第一七三頁。
342 陳希育：《中國帆船與海外貿易》，第七十八頁。
343 《明實錄》太祖實錄卷二百三十一，第三三七五頁。

家常常超過限制，頻繁來貢，因為這些國家離明朝較近，朝貢帶來的經濟效益較大。相應的爪哇等國較遠，貢期並不完全按照規定。在鄭和下西洋之後，許多國家積極來貢，但是隨著時間的推移，來貢國逐漸減少。

再次，對移居海外的商民施行招徠政策，招徠無效的情況下進行剿殺。明成祖即位之後，對南洋華僑進行招誘。永樂元年（一四〇三），明成祖詔稱：「爾本國家良民，或困於衣食，或苦於吏虐，不得已逃聚海島，劫掠苟活。朕念好生惡死，人之同情。帝王體天行道，視民如子，當洗滌前過，咸俾自新。故已獲罪者悉宥其罪。就俾齋敕往諭爾等：朕已大赦天下，可即還復本業，安土樂業，共享太平。若執迷不悟，失此事機，後悔無及。」[344]永樂四年（一四〇六），明成祖再次詔令華僑歸國，「爾等本皆良民，為有司虐害，不得已逃移海島劫掠苟活，流離失所，積有歲年。天理良心，未嘗泯滅。思還故鄉，畏罪未敢。朕此聞之，良用惻然。茲特遣人齎勒諭爾：凡前所犯，悉經赦宥，譬如春水，渙然消逝。宜即還鄉復業，毋懷疑慮，以取後悔」[345]。隔年既有八百多海外流民應諭而返。[346]鄭和下西洋的一個重要任務就是貫徹朝廷的上述僑民政策。鄭和在第二次下西洋時，遣人招諭陳祖義，陳祖義不從，鄭和整兵大破陳祖義部眾，「斬獲無算」，「械（攜帶）祖義至京伏誅」。[347]朝廷政策施行的結果是流寓海外的華人要麼被迫接受招誘，放棄海外回國，要麼終老他鄉。海外華人與祖國的聯繫也被迫中斷。

最後，在正常貿易受到阻止後，民間貿易中流通的貨物被朝貢體制中貢物賞賜和附進物貿易所取代，而貿易商品也被朝廷用來補充政府的經濟需要。在原來的民間貿易中，中國輸出瓷器、綢緞等商品，而換回來胡椒、香料、染料等產品。[348]這些商品仍然是朝貢貿易交流的主要商品，只不過是通過貢賜以及附進物的貿易達成交流。以胡椒為例，據估計十五至十六世紀中國在東南亞地區收購的胡椒年達五萬包，或者二百五十萬斤。[349]在永樂年間，胡椒也是朝貢貿易中最為重要的貿易產品之一，並被納入朝廷的控制範圍之內。這些胡椒被朝廷用來作為文武官吏折俸祿的工具。用胡椒折俸的規模很大，例如永樂五年（一四〇七）用胡椒折俸祿所牽涉的士兵達二十萬人以上。[350]永樂二十二年（一四二四），朝廷明確規定，「在京各衛軍士該賞布三匹、棉花一斤半者，與絹二匹，胡椒一斤；該布一匹，棉花一斤半者，與絹一匹，胡椒半斤。其南京衛所軍士，止賞布匹。該三匹者內二匹折絹一匹，一匹折

344 譚希思：《明大政纂要》卷十三，文海出版有限公司，一九八八，第七十五頁。
345 《明實錄》太宗實錄卷四十一，第七八七頁。
346 《明實錄》太宗實錄卷四十八，第八二三頁。
347 張燮：《東西洋考》卷三《西洋列國考》，第二十一頁。
348 溫斯泰德：《馬來亞史》，姚梓良譯，商務印書館，一九五八，第六十五－六十八頁。
349 J. C. Van Leur, *Indonesian Trade and Society: Essays in Asian Social and Economic History* (The Hague: W. van Hoeve, 1955), p.125.
350 《明實錄》太祖實錄卷二百二十三，第二二〇〇頁。

胡椒一斤，該一匹者胡椒一斤」[351]。

由於民間貿易受到禁止，朝貢貿易成為中外經濟交流的主要管道。朝貢中的賞賜變成中國產品流入外國的重要方式。通過官手工業滿足對海外國家賞賜的需要是朝廷控制貿易的另一種方式。當時對海外賞賜的大宗商品主要是絲織品、瓷器等手工業品。而這些商品都依靠官手工業提供。明代的官手工業包括極其龐雜的內容，從宮殿建造到紙張都包括在內。這個官手工業自然承擔起了製造賞賜海外產品的功能。由於要承擔製造大量賞賜物品的任務，往往給朝廷帶來巨大的財政負擔。對此明朝有大臣反映：「雖曰厚往薄來，然民間供納有限。況今北虜及各處進貢者眾，正宜撙節財用。」[352]

從經濟自身的變化反觀朝貢體系的構建，本書認為明朝的貿易制度實際上是用朝貢貿易的邏輯代替市場運行的邏輯。從運輸工具到貿易路線，再到貿易產品和人員往來，明政府將其權力滲透到原本早已存在的整個貿易網路。以此來看，就很容易理解為什麼大量關於朝貢體制以及鄭和下西洋的研究文獻要糾結於開關或閉關的爭論。明朝企圖用朝貢體系的原則代替市場原則，自然會壓制市場的正常發展，故而似乎是閉關；而要在原本存在的市場網路內推廣朝貢體系，那麼必然會順著貿易商路逐漸擴展朝貢範圍，這樣又使得朝貢體系有很大的開放性。

二、海禁制度下畸形的民間貿易

明廷通過種種努力企圖將所有貿易納入控制之下，民間貿易只能在這種制度壓制下曲折發展。明代初期，施行嚴格海禁，將違禁出海貿易商民皆視為海寇盜賊而予以打擊，這是從太祖到成祖一直施行的政策。除了再三強調海禁之外，又採取釜底抽薪的辦法，「禁民間用番香番貨」。洪武二十七年（一三九四），朝廷明令嚴禁私下諸番互市。帝以海外諸國多年，絕其往來。惟琉球、真臘、暹羅許其入貢。「而沿海之人，往往私下諸番貿易香貨，因誘蠻夷為盜，命禮部嚴絕之，凡番香番貨不許販賣」。[353]明朝對商品流通的禁止無異於割斷海內外的經濟聯繫，這種政策一度造成只有朝貢貿易，民間貿易完全衰落的後果。

然而，中國沿海有著很長的海岸線，政府並不能完全監督民間船隻出海的情況。而且，隨著朝廷政策在執行中的逐漸荒弛，地方官員也逐漸放鬆了監督，於是私人貿易再度暗中發展起來。此時私人貿易的發展完全不同於海禁之前私人貿易的情況，主要呈現兩個特徵：

351 申時行：《大明會典》卷二十六《互補十三》，第三一一頁。
352 《明實錄》英宗睿皇帝實錄卷二百三十六，第五一四四頁。
353 《明實錄》太祖實錄卷二百三十一，第三三七五頁。

第一，平民百姓貿易規模減小。

由於明朝海禁非常嚴格，沿海省分「設衛所城五十有九」，大規模出海貿易自然不可行。為了不引起注意，一些商人大都分散進行，沒有大的海上集團。許多史料有這樣類似的記載：例如，成化八年（一四七二），福建龍溪縣有二十九人下海貿易，結果遭海上風浪，浮上岸後被捕，其中十四人被殺，其餘人死於獄中。[354]《明實錄》記載正統九年（一四四四）二月曾有五十五人的貿易團體出海，「廣東潮州府民瀕海者，糾誘傍郡無賴五十五人私下海」，赴爪哇貿易。當時這種幾十人出海貿易的團夥居大多數，而五十五人已經是規模不小的團夥了。

第二，與地方官員勾結的豪門大賈成為出海的主力。

在本書的第二章，曾論述了明朝朝貢制度的內在缺陷，即難以監督地方政府行為，為地方官員牟利留下了巨大空間。在這種情況下，普通百姓不能獲得出海貿易的機會，但是一些有著權勢背景的地方豪門大賈往往能夠利用制度漏洞出海貿易。如成化年間，廣東番禺縣的王凱父子就是地方豪右，也是經常到海外走私的人。他們「招集各處客商，交結太監韋眷，私出海洋，通番交易」。[355]這些客商實際上是投靠王凱父子的商人，企圖尋找庇護。有些豪門大戶還私造船隻，史載，「成化、弘治之際，豪門巨室間有乘巨艦貿易海外者」。這些豪門依靠和官府的關係，如果出海貿易被發現，就暗中活動進行化解。這樣，「閩廣奸商，慣習通番，每一舶推豪右者為主」，地方豪門逐漸控制了海外貿易。

可見，由於政府對貿易的控制，帶來尋租空間，於是民間貿易通過對地方官員尋租而採取一種非正常的形式發展。（編注：尋租，又稱競租，是為了獲得和維持壟斷地位從而得到壟斷利潤所從事的非生產性尋利活動）但是這種民間貿易已不同於原本存在的民間貿易，它是在明朝制度缺陷中發展起來的新的民間貿易形式。其特徵在於政府與地方豪右的勾結，普通百姓只有攀附豪右才能獲得貿易機會。這是權力壓制下貿易的畸形發展。

354 《明實錄》憲宗實錄卷一百三，第二六四三頁。
355 《明實錄》憲宗實錄卷二百七十二，第四五八七頁。

第二節

中西初遇：海外市場、民間貿易與中西商人關係

明中後期美洲白銀大量流入中國，明朝財政改革推動了白銀貨幣化，朝貢貿易與權力壓制下畸形發展的民間貿易已經不能滿足市場需要，於是私人海上貿易再度繁榮起來，並興起了海商集團。另外，西方商人來到亞洲海域，並與中國商人展開商業競爭。

一、海外白銀大量流入

明代中後期國際貿易的一個重大變化是海外白銀大量流入中國。由於社會經濟發展，明朝對白銀產生了巨大需求。據相關研究，從洪武至建文時期，民間白銀貨幣化的趨勢已經非常明顯，到了正統、成化時期，白銀逐漸成為實際主幣，流通於全國範圍內。[356]但是中國國內產銀嚴重不足，難以滿足市場需要，缺口很大。[357]從海外輸入白銀成為解決國內白銀市場供應不足的一個重要方法。從海外流入中國的白銀主要有兩個源頭：日本和美洲，這兩個地

方是當時世界上最主要的白銀產地。

日本白銀開始大量流入中國當在十六世紀中後期。在此之前，白銀流入是小規模與分散的，在朝貢貿易物品中也很少見到關於白銀的記載。但是到了十六世紀中葉，日本銀礦開發出現激增，直到十七世紀前半葉的一百年裡，是明治以前金銀產量最多的年代，在十六世紀後半葉日本輸出品中，白銀是最為大宗的產品。[358]這些白銀大都通過換取中國的絲綢等手工業品流入中國，因為十六世紀後半葉正是中國白銀貨幣化加劇進行，對白銀需求日益增加的時期，而日本對中國絲綢的需求則是日本銀產量激增的直接原因。當時日本白銀流入中國主要有兩條管道；第一是日本商人或者中國商人從事中日之間的產品貿易；第二是葡萄牙人從澳門將絲織品等販運到日本，再到澳門，用從日本換取的白銀購買運往歐洲的中國貨物。

美洲白銀同樣從十六世紀後半葉開始流入中國。一五四五年和一五四八年，秘魯波托西和墨西哥薩卡特卡斯的銀礦被相繼發現，白銀被大量開採和向外輸出。據英國學者威廉（William）的估計，僅波托西一處，一五七一～一五九五年的二十五年中，共產白銀

356 萬明：《明代白銀貨幣化的初步考察》，《中國經濟史研究》二〇〇三年第二期，第三十九－五十一頁。
357 王裕巽：《明代白銀國內開採與國外流入數額試考》，《中國錢幣》一九九八年第三期，第十八－二十五頁。
358 全漢升：《明清間美洲白銀流入中國》，見全漢升《中國經濟史論叢》，稻禾出版社，一九九六，第四三五－四五〇頁。

七七三・六四八噸。[359]隨著銀貢混合提純生產技術的運用，美洲白銀產量大幅度提高。據沃德估計，美洲白銀在十六世紀產出約為一萬七千噸，十七世紀約為四萬二千噸，到了十八世紀約為七萬四千噸，總計約為十三・三萬噸，其中七十五％的產量直接流入歐洲。[360]白銀流入歐洲，加強了歐洲在世界市場上的購買力，於是利用白銀購買了一張三等車廂的車票，從此登上亞洲貿易列車。[361]歐洲人將大量白銀帶到亞洲，再度滿足了中國國內市場對白銀的需求。

美洲白銀通過多種管道流入中國。部分白銀經過西班牙的大帆船，通過馬尼拉貿易流入中國，馬尼拉大帆船貿易存在了兩百多年。流入歐洲的白銀通過英國、荷蘭等國逐漸輾轉流入中國。美洲白銀流入中國的通道主要包括下面三種：[362]

表 4-1　中國白銀進口量及來源 (1550-1700)

單位：噸

	1550-1600	1601-1640	1641-1685	1686-1700	1550-1700 合計
日本	1280	1968	1586	41	4875
菲律賓	584	719	108	137	1548
葡萄牙販之澳門	380	148	0	0	528
合計	2244	2835	1694	178	6951

資料來源：麥迪遜《世界經濟千年史》，北京大學出版社，2003，第 55 頁。

(1) 西班牙－歐洲－波羅的海、摩爾曼斯克－斯堪的納維亞、俄國－波斯－亞洲。

(2) 西班牙－黎凡特－亞洲。

(3) 自葡萄牙、荷蘭、英國－好望角航線－亞洲。

已有大量研究對來自各個管道的白銀流入量進行估計。首先，是中國學者的研究。全漢升認為崇禎年間（一六二八～一六四四）每年從馬尼拉流入中國的白銀為一百四十萬兩；[363]梁方仲認為，自萬曆元年（一五七三）至崇禎十七年（一六四四），共有七千二百萬兩白銀自菲律賓輸入中國；[364]彭信威保守估計，自一五七一年到明朝滅亡，菲律賓流入中國的白銀量為四千三百二十萬兩。[365]其次，外國學者對白銀流入量也進行了大量估計。表4-1是麥迪遜根據其他學者的研究對流入中國的白銀來源與數量進行的統計，此表反映出日本是中

359 William S. Atwell, *International Bullion Flows and the Chinese Economy Circa: 1530-1650* (Past and Present, 1982), p.95.

360 〔德〕安德列．貢德．弗蘭克：《白銀資本：重視經濟全球化中的東方》，第二〇三頁。

361 〔德〕安德列．貢德．弗蘭克：《白銀資本：重視經濟全球化中的東方》，第三七九頁

362 J. J. Te Paske, "New World Silver, Castile, and the Philippines, 1590-1800," in *Pre-cious Metals in the Late Medieval and Early Modern World* (Durham: Carolina Academic Press, 1983), p.433.

363 全漢升：《明清間美洲白銀流入中國》，見全漢升《中國經濟史論叢》，第四三五－四五〇頁。

364 梁方仲：《明代國際貿易與白銀的輸出入》，見梁方仲《梁方仲經濟史論文集》，中華書局，一九八九，第一七八－一七九頁。

365 彭信威：《中國貨幣史》，上海人民出版社，一九六五，第七一〇－七一九頁。

國白銀的重要供給地，從菲律賓和澳門流入中國的白銀主要是美洲白銀和從歐洲輾轉流入的白銀。格蘭（Glahn）估計一五五〇～一六五〇年約有二千三百零四噸白銀從菲律賓流入中國；[366]沃德估計一六〇〇～一八〇〇年經過馬尼拉流入中國的白銀數量為三千噸，從日本至少流入一萬噸。[367]

本書從各種資料中選取沃德的估計，認為自一四九三年到一八〇〇年，世界白銀產量的四三％至五七％都流向了中國。[368]這個估計與弗蘭克的估計較為接近，即從一五四五年到一八〇〇年，世界有紀錄的白銀產量的一半流入了中國。[369]那麼這個數目具體是多少呢？七世紀約有一萬三千噸白銀從歐洲流入中國，另外有三千噸到一萬噸甚至高達二萬五千噸白銀直接從美洲流入中國。如果再算上日本所產的九千噸白銀，那麼在一八〇〇年以前的兩個半世紀裡，中國從海外獲得了大約六萬噸白銀。平均下來，合每年二百二十六噸或六百零二萬六千六百六十七庫平兩白銀[370]。也就是說，從一五四五年到一八〇〇年，歐洲人平均每年從中國買走了價值大約為二百二十六噸白銀的貨物。

二、海外市場需求刺激下中國商人紛紛出海貿易

全世界白銀向中國流動是在需求與供給雙方作用推動下發生的。首先是中國經濟需要大量白銀，同時能夠向中國供給白銀的日本和歐洲國家需要中國的手工業品。在這種雙重作用

下，大量國際上的白銀通過換取中國手工業品的方式流入中國。白銀刺激下的巨額國際市場需求為中國手工業品創造了巨大的利潤空間，正是在這種利潤的刺激下，大量沿海商人紛紛出海貿易，並逐漸突破了原本受到豪門大賈掌控的私人貿易的範圍。

私人出海貿易的情況可以從當時私商雲集的海港大量出現得到反映，這些海港主要集中於政府難以控制的浙江寧波府和福建沿海的海岸線上。

寧波府所屬的雙嶼港、烈港、岑港等地私商雲集，形成了重要的私人海上貿易港口。聚集在這裡的私商「大群數千人，小群數百人，比比蝟起。每年夏季，大海船數百艘，乘風掛帆，蔽大洋而下」[371]。在明朝的某一天，航行在舟山洋面的商船竟達一千三百九十艘。[372]葡

366 Richard Von Glahn, *Fountain of Fortune, Money and Monetary Policy in China, 1500-1700* (Berkeley, 1996), p.140.

367 W. Barrett, "World Bullion Flows, 1450-1800," J. D. Tracyed. *The Rise of the Merchant Empire* (Cambridge: Cambridge University Press, 1990), pp.224-254.

368 W. Barrett, "World Bullion Flows, 1450-1800," J. D. Tracyed. *The Rise of the Merchant Empire* (Cambridge: Cambridge University Press, 1990), pp.224-254.

369 〔德〕安德列・貢德・弗蘭克：《白銀資本：重視經濟全球化中的東方》，第二五七頁。

370 一噸白銀＝兩萬六千六百六十七庫平兩（2000÷1.2×16）；二百二十六噸＝六百零二萬六千七百四十二兩；六萬噸＝十六億零兩萬兩。

371 陳子龍：《明經世文編》卷一百四十七《張文定甬川集》，第一二八三頁。

372 陳子龍：《明經世文編》卷二百零五《朱中丞甓餘集》，第二一六〇頁。

萄牙人托賓在他的遊記中說，當時雙嶼港每年進出口貿易額達三百多萬葡幣，其中很大一部分是用日本銀錠作貨幣的。[373]

對於福建等沿海地區來說，出海貿易是百姓謀生的重要手段。早在洪武初年，福建沿海居民「往往交通外番，私易貨物」。明成祖永樂年間，經常「私自下番，交通外國」。宣德年間，由於漳、泉一帶的商民違禁下海者日眾，明政府不得不「復敕漳州衛同知石宣等嚴通番之禁」，但是效果不佳。據正統十四年（一四四九）福建巡海僉董應軫的報告，「比年民往往嗜利忘禁，依舊通番不絕」。[374]

成化、弘治年間（一四六五～一五〇五），以漳州、泉州二府居民為首的海商，紛紛衝破朝廷禁海規定，貿易發展空前。由於走私商販集聚，位於漳州城南五十里的月港成了重要的貿易港口。史料這樣記載月港貿易盛況：「閩漳之人與番舶夷商貿販番物，往往絡繹於海上。」[375]崇禎《海澄縣誌》生動詳細地描寫了從明初至成化、弘治年間由海外貿易給月港帶來的變化。月港本來是一個十分貧瘠的地方，物產缺乏，土地產量也不高。百姓辛苦一年還不能解決溫飽問題。於是一些膽大的人開始出海從商，貿易利潤非常高，常常達到十倍以上。這吸引了大批漁民也棄漁從商，逐漸形成了出海的風潮，即使是朝廷嚴令也無法禁止。最後發展到其他地方的商人也來到月港從事海上貿易。作者這樣評價貿易給月港經濟帶來的變化，「成弘之際，稱小蘇杭者，非月港乎」[376]。

到了正德、嘉靖之際（一五〇六～一五六五），福建海商的對外貿易又進一步發展起來，這可以從遍布福建沿海各地的走私港口得到體現。之前福建僅有漳州月港一個貿易口岸。之後除了月港之外，梅嶺、海滄、龍溪、嵩嶼、南澳以及惠安的蓬城、崇武、同安的浯嶼等地也成為漳州商人出海的港口。在嘉靖年間，泉州晉江的安平港發展成為僅次於月港的貿易港口，「近年番船連翩徑至，地近卸貨物皆有所倚也」[377]。

漳、泉兩州是當時福建最為重要的港口。其他如興化、福州兩府略次於漳、泉，但也「實繁有徒」。以及福甯、福州等地商人，「恃水洋七更船之便，貪小物三倍利之多，莫不碗氈絨襪，青襖皮兜，叉手坐事，恥問耕釣。其黠者，裝作船主」[378]，紛紛出海貿易。

私人貿易的發展使得市場逐漸突破了朝貢貿易體系控制的範圍，並逐漸恢復了原本存在的貿易網路。

首先是與中國貿易的國家越來越多，這些貿易都不是朝貢貿易，而是民間貿易。據張燮《東西洋考》的記載，僅與漳州月港一地有貿易往來的就有東、西兩洋的四十多個國家和地

373 張天澤：《中葡早期通商史》，第七十七頁。
374 谷應泰：《明史紀事本末》卷五十五《沿海倭亂》，清文淵閣四庫全書，中國基本古籍庫，第八四五頁。
375 陳子龍：《明經世文編》卷二百四十三《處置平番事宜疏》，第二二二二頁。
376 轉引自傅衣凌《明清社會經濟變遷論》，中華書局，二〇〇七。原文見崇禎《海澄縣誌》卷十一《風土志》。
377 胡宗憲：《籌海圖編》卷四，清文淵閣四庫全書本，中國基本古籍庫，第四三二頁。
378 董應舉：《崇相集》卷六《閩海事宜》。

區，這些國家中除了原本的亞洲國家，還有歐洲的葡萄牙、西班牙、荷蘭、英國等國。許多沿海百姓在從事貿易的過程中發了家，「夏去秋來，率以為常，所得不貲，什九起家，於是射利愚民，輻輳競趨，以為奇貨」[379]。《東西洋考》序中描寫了貿易盛況：「熙熙水國，刳艅艎，分市東西路，其捆載珍奇，故異物不足述，而所貿金錢，歲無慮數十萬，公私並賴，其殆天子之南庫也。」[380]這表明貿易不僅幫助沿海百姓致富，而且增加了政府的財政收入。

貿易網路逐漸恢復的第二個特徵是商業移民的增多。商業移民是商業貿易的主要傳播者。當時的商業移民可分為船商和商販。船商是將中國產品運往海外的海上貿易商人，他們往往為了貿易的便利而移居海外；華人商販是將中國產品從海外各地港口再度輸送到各國各地角落，或採取長途運輸的方式或者採取腳力的方式。Houtman 在《航海日記》中記述萬丹華人小商販說：「當地的中國人多是向農民收購胡椒的小商販。他們手提一桿秤和兩個布袋，滲入到農村各地收購」，貨郎們則「整天背著沉重的包袱，從一條巷子走到另一條巷子去叫賣」。

明中後期，移民數量最多的是菲律賓的馬尼拉和印尼的巴達維亞，其次是日本的長崎，其他如馬來西亞的北大年以及暹羅的大城等地也有相當數量的華人。據統計，至萬曆十六年（一五八八），在菲律賓定居的華人已超一萬六千人。[381]萬曆三十一年（一六〇三），菲律賓華人增長到三萬餘人，當年遭到西班牙殖民當局屠殺的華人就達二．四萬至二．五萬人。[382]但是到了崇禎十二年（一六三九），也就是紅溪慘案前夕，數量再次增長到四萬人。[383]

其次是長崎，在萬曆四十六年（一六一八），華人高達二．三萬人。巴達維亞等地華人也不少，萬曆四十七年（一六一九），華人已占巴城居民人數的四〇%。[384]馬來西亞的北大年華人數量達到數千，[385]暹羅華人在四千至五千之間。[386]

三、海上貿易集團興起

隨著海外貿易的發展，一些中國南部沿海的商人，不甘心於中國封建政府打壓封鎖與西方商人排擠競爭，相互聯合、自我武裝，組成了武裝貿易集團，縱橫南部海域上百年。據林

379 謝肇淛：《五雜俎》，http://www.eywedu.com/biji/mydoc434.htm，最後訪問日期：二〇一〇年一月十五日。
380 張燮：《東西洋考》序，中華書局，一九八一，第二十三頁。
381 Eufronio M. Alip, *Ten Centuries of Philippine-Chinese Relations* (Manila, 1959), p.36.
382 Gen. J. P. Sanger, *Census of the Philippine Islands* (Taken Under the Direction of the Philippine Commission in the Year 1903), Vol.I, p.319, Washington, 1905.
383 Gen. J. P. Sanger, *Census of the Philippine Islands* (Taken Under the Direction of the Philippine Commission in the Year 1903), Vol.I, p.319, Washington, 1905.
384 黃文鷹：《荷屬東印度公司統治時期巴城華僑人口分析》，廈大南洋所，一九八一，第三十八頁。
385 張燮：《東西洋考》卷三《吉蘭丹》，清文淵閣四庫全書，中國基本古籍庫，第三十五頁。
386 Viginia Thompson, *Thailand: The New Siam* (New York, 1941), p.104.

仁川等人的研究，明朝所謂的海盜與倭寇實際上就是當時最為主要的海上武裝貿易集團，「寇與商同是人，市通則寇轉為商，市禁則商轉為寇」[387]。對中國海上貿易具有重大影響力的海商集團主要包括江浙皖海商集團、閩廣海商集團和後來壟斷沿海貿易的鄭氏海商集團。

江浙皖海商集團形成較早，主要活動時期在十六世紀四〇年代和五〇年代，嘉靖時期的一些重要倭寇首領如許棟、王直、徐海，就是這個集團的主要首領。倭寇被鎮壓之後，這個集團就衰落了。明代中葉，閩廣也出現了大的海商集團，規模較大的有何亞八、林國顯、許西池、洪迪珍、張維、張璉、吳平、林道乾、曾一本、林鳳等貿易集團。最終這些海商集團在政府的鎮壓下也逐漸走向沒落。唯有鄭氏家族投靠政府，並吞併其他海商力量，從而成為南部沿海勢力最為強大的貿易集團。

江浙皖海商集團與閩廣海商集團主要從事中日之間的走私貿易和南洋貿易。

例如江浙皖的徐氏兄弟以及李光頭在中日貿易過程中逐漸強大，並聯合起來成為「海上寇最強者」。著名海商首領王直在日本淞浦津建立貿易基地，從事中日之間的走私貿易。徐海集團也從事中日之間的貿易，史書記載徐海到日本後，「日本之夷，初見徐海，謂中華僧，敬猶活佛，多施與之，海以所得，隨繕大船」，進行海上貿易活動。[388]

史書中關於南洋貿易也多有記載。萬曆元年（一五七三），林道乾曾赴彭亨國貿易，史載林道乾「既行至甘埔寨（即柬埔寨），乃出囊中裝五百金，帛五十幀，因楊四送奉寨王，乃以乾為把水使，屬翁十、蘇老、林十六等所部，而四亦得蒲履紿絺諸物」。[389]後來為了貿易方便，林道乾匿名海外從事貿易，「乾，今更名曰林語梁，所居在臣國海澳中，專務剽劫商賈，聲欲會大泥國，稱兵犯臣國」。[390]這段史料表明林道乾武裝能力相當強，可以侵犯東南亞一些國家。著名海商林鳳就曾在東南亞一帶與西班牙人展開貿易據點的競爭。海商林鳳本來主要在福建、江浙沿海一帶貿易，後遭到政府的鎮壓，被迫遠赴南洋。為了奪取南洋重要的貿易港口馬尼拉，林鳳於萬曆二年（一五七四）冬率領六十二艘大船進軍呂宋，十一月三十日在巴拉拿克（Paranaque）登陸，爭奪貿易據點過程中打死了西班牙駐菲律賓總指揮戈伊特（Mltin Gorri）。十二月，林鳳再度向馬尼拉發起進攻，但是由於西班牙準備充分，林鳳只得撤到馮加施蘭，築寨修堡，建立了定居地。這件事情表明，其實以當時中國的勢力，完全能夠將西方國家在亞洲的勢力消滅殆盡，從而為中國商人掃除貿易障礙，但是政府完全沒有這個意識。

勢力最為強大、持續經營時間最長的是鄭氏家族海上貿易集團，鄭氏家族的成功是因為其與明朝政府的聯合。由於明朝面臨內憂外患的局面，需要利用鄭氏家族的力量消滅海上的

387 陳子龍：《明經世文編》卷四百《疏通海禁疏》，第四三三三頁。
388 林仁川：《明末清初私人海上貿易》，華東師範大學出版社，一九八七，第九十三頁。
389 林仁川：《明末清初私人海上貿易》，第一〇九一一一〇頁。
390 林仁川：《明末清初私人海上貿易》，第一〇九一一一〇頁。

不穩定勢力，而鄭氏家族也需要利用朝廷的力量打敗貿易上的競爭對手，於是這樣一次特殊情形下的聯合便造就了鄭氏海商集團壟斷南海貿易達半個世紀。[391]

天啟五年（一六二五），鄭芝龍在繼承和接納了李旦、顏思齊海商集團的資產之後，勢力逐步強大起來。史載：「芝龍之初起也不過數十船耳，至丙寅（天啟六年）而一百二十隻，丁卯（天啟七年）遂至七百，今（崇禎初年）併諸種賊計之，船且千矣。」[392]這段史料說明，在崇禎年間，鄭芝龍已有上千艘船隻，可見其勢力已經非常龐大。崇禎元年，鄭芝龍接受朝廷招撫，並借助政府力量逐一消滅或者兼併競爭對手。在擊敗劉香海商集團之後，勢力達到頂峰。當時鄭芝龍海商集團「雄踞海上」，「獨有南海之利」，「海船不得鄭氏令旗，不能往來，每一船列（例）入二千金，歲入千萬計，芝龍以此富可敵國」。[393]

鄭芝龍的兒子鄭成功在貿易經營方面更具才能。一六五〇年，鄭成功委派經驗豐富的鄭泰和洪旭專管對外貿易。並且下令採辦木材，建造航海大船，遠赴各國展開貿易通商，與日本、呂宋、暹羅、交趾等各國建立了良好的貿易關係。此外，鄭成功還將原本的貿易組織進行改革，創建了一個組織嚴密、分工細緻的商業集團。鄭成功將貿易集團分為陸商與海商，陸商以金、木、水、火、土命名，海商以仁、義、禮、智、信命名。陸上五商主要在杭州及其附近地區活動，負責採購販運到海外的貨物，貨物備齊後交付海上五商。海上五商主要在廈門及附近地區的海上接貨，一旦取得貨物，即運往海外銷售。此外，鄭成功還派遣軍艦在海上巡邏，其他國家貿易船隻須向臺灣繳納稅收才能進行貿易，即使是西方國家也不例外。

中國海商自我武裝、相互聯合縱橫於海上貿易上百年，這些海商又被稱為海盜。在西方貿易擴張中，也同樣存在著海盜，例如英國著名海盜霍金斯、德瑞克等。但是中國海商與西方海盜卻有著截然不同的命運。中國海商被政府冠以海盜之名，然後逐個被絞殺；西方名副其實的海盜卻受到政府的支持，明火執仗地搶奪他國商人。這其中的根本原因是商人與政府的關係不同。

西方政府鼓勵本國商人海外貿易，海盜行為也是政府大力支持的，因為有利於打擊別國商人。例如，英國女王伊莉莎白就曾參與著名海盜霍金斯的奴隸貿易和搶劫活動（投資了霍金斯貿易船隻中的兩隻，一共三隻）。除了直接資助海盜活動，還發放「私掠許可證」，鼓勵海盜進行海外掠奪。由於伊莉莎白的這些政策，她曾被稱為「海盜女王」。相比之下，中國的海商就沒有這樣好的機遇了，許多人是在正常貿易得不到保證的情況下，背負海盜罵名，走上私商道路。《海澄縣誌》就記載了這樣一個典型的例子，洪迪珍在閩廣一帶從事海上貿易，積累起了一定的財富。當時偶有倭寇擄掠沿海百姓，洪迪珍都以錢財幫其贖回，

391 張麗、駱昭東：《從全球經濟發展看明清商幫興衰》，《中國經濟史研究》二〇〇九年第四期，第一〇二—一一〇頁。
392 《臺灣文獻史料叢刊》第八輯，大通書局，一九八七。
393 《臺灣文獻史料叢刊》第八輯。

所以頗得百姓愛戴。但是一些官員為了完成繳獲倭寇的任務，竟然屢屢捕獲中國商船以充海盜，洪迪珍的貿易因此屢受打擊，最終被迫走上海盜貿易的道路。[394]這類例子不勝枚舉。

明政府不僅不支持商人，而且還利用商人從事貿易的願望，將商人逐一剿滅。著名的海商集團首領王直雖然從事非法貿易，但是一直沒有放棄尋找正常貿易的努力，為此王直多次請求朝廷允許其貿易。嘉靖三十四年（一五五五），王直向胡宗憲表達了「成功之後，他無所望，惟願進貢互市而已」的願望。胡宗憲趁機利用王直的這種心理，先以允許貿易誘惑，然後背叛許諾，將王直抓捕入獄。

明政府也有支持商人的例子，但明政府支持鄭氏海商集團是一種迫不得已的選擇。明朝後期，內憂外患，「東南海氛圍之熾，與西北之虜，中原之寇，稱方會三大患焉」[395]，「時方征天下兵，聚遼東，不能討芝龍，用撫羈縻之」[396]。因此才出現了政府與商人合作的特例。這種合作，很難說有利於中國海上貿易的發展。因為鄭芝龍獲得政府的支持只是一方面，另一方面是大量海商遭到剿滅。鄭芝龍為了自己壟斷貿易，先後將劉六、劉七、李魁奇、鍾斌以及劉香等海商集團擊潰。鄭氏一家獲得了南海貿易的壟斷權，天下海商卻失去了南海貿易的權利。

由於明朝政府與商人的這種關係，所以大量海商實際上淪落到流亡海上、無國可投的境地。雖然一些海商在海外建立貿易基地，但是要麼是外國需要利用海商獲得中國產品，要麼是外國政權一時難以用武力剷除而暫時得以生存下去，這些貿易基地最終都沒有擺脫被西方商人剿滅的命運。就如海商首領林鳳，雖然在馮加施蘭建立了貿易據點，但是由於影響到了西班牙的貿易，所以最終被西班牙所驅逐。這樣一群無國可依、到處受到排擠的海商集團自然難以發展壯大，更不用說與西方商人抗衡了。

四、中國商人與西方商人的關係

雖然歐洲商人將白銀帶到亞洲刺激了中國海上私人貿易，但是中國商人發現他們必須要與歐洲商人競爭爭奪亞洲貿易市場。弗蘭克說歐洲商人利用美洲白銀購買了一張亞洲貿易列車上的三等車票，[397]除了擁有白銀外，歐洲商人還表現出與傳統亞洲商人截然不同的特徵，他們有國家力量的支援，貿易船隻往往攜帶大炮等武器，商人一面攜帶白銀購買亞洲產品，一面緊握武器準備搶奪。然而歐洲商人也發現，中國商人不同於世界其他地方的商人，首先是中國商人販賣的商品價格十分便宜，對歐洲商人形成了巨大的競爭力；其次是歐洲商人的

394 《海澄縣誌》卷二十一，書目文獻出版社，一九九二。
395 中研院歷史語言研究所編《明清史料》己編，中華書局，一九八七。
396 邵廷寀：《東南紀事》卷十一，古籍出版社，二〇〇二。
397 〔德〕安德列·貢德·弗蘭克：《白銀資本：重視經濟全球化中的東方》，第三七九頁。

許多生活必需品需要中國商人的供應。因此歐洲商人在這個階段沒有肆無忌憚地使用武力，而是對中國商人採取了競爭加利用的方式。

西方商人初到亞洲，便發現他們的貿易受到中國商人的激烈競爭，根本無法打開局面。十六世紀末，到達巴達維亞的西班牙人就發現，中國商人在他們到來之前就已經從事了多年的貿易。中國帆船運來的商品物美價廉，不僅受到當地人的歡迎，而且很受西班牙人的喜愛。當時，西班牙總督非常詫異，他說：他們賣得這樣便宜，以至於我們有這樣的想法，要不是他們國家生產這些東西不需要勞動力，要不就是弄到這些東西不要錢。[398]荷蘭航海家范魯特記錄了荷蘭商人在加里曼受到中國商人的競爭，他們發現荷蘭人帶去的紡織品根本無法銷售出去，因為中國船隻帶來的紡織品價格便宜，質地優良。[399]

在《荷蘭文件》與《亞洲雜誌》中分別記載了荷蘭東印度公司與中國商人在鹿皮與金剛鑽生意上的競爭，這些事件表明當時中國商人在與荷蘭人的競爭中還占據著絕對優勢。

據記載，明朝時候暹羅是亞洲重要的鹿皮產地，這些鹿皮主要被販運到日本市場。從事鹿皮貿易的主要是中國商人，他們用一些中國的手工業品換取暹羅的鹿皮，再販運到日本換取白銀。荷蘭東印度公司到來後也參與到鹿皮貿易中來，但是貿易量無法與中國商人抗衡。然而明末日本爭貢事件造成中國一度關閉了對日本貿易的通道，東印度公司趁機占領市場，獨占鹿皮貿易達七年之久。然而在中日貿易恢復後的一六四〇年，突然出現了一個中國商人企圖奪回鹿皮市場。這個中國商人採用高價購買的方式大肆收購暹羅的鹿皮，東印度公司進行反擊，然而這個中國商人對皮革不問品質不問價格一律收購，價格抬得更高，彷彿想買光所有的皮革似的。[400]中國商人不僅在鹿皮產地與荷蘭人爭奪，而且還在銷售市場爭奪銷售管道，以至於荷蘭人發現他們的日籍收購代理人竟將公司收購的有限的鹿皮轉賣給了中國商人。結果在很短的時間內，暹羅與日本之間的鹿皮貿易便再度被中國商人壟斷。

十七世紀初，中國商人聯合當地居民破壞荷蘭東印度公司掠奪金剛鑽的計畫。一六〇四年東印度公司船長范瓦偉克（Van Warwyk）在加里曼丹西部蘇加丹那發現了蘊藏的金剛鑽，於是計畫開採。在做好了充足的準備後，東印度公司在一六〇八年武裝占據了加里曼丹地區，並分別在班格爾馬辛、若那和蘇加丹那等地設立了代理處，企圖用締結條約的方式直接掠奪金剛鑽。因為中國商人已經從事當地金剛鑽生意多年了，荷蘭人的這一行為必然損害華人的利益，於是中國商人與當地居民聯合起來抗拒荷蘭的殖民行徑，最終迫使荷蘭取消了當地的代理處。一六六四年，也就是五十多年之後，荷蘭人再度入侵班格爾馬辛，再次企圖奪取金剛鑽生意，但是這也未能阻止蘇丹與「更擅長經營的中國人之間的貿易」。[401]直到十七

398 E. H. Blair and J. A. Robertson, *The Philippine Island, 1493-1898*, Vol.25 (Cleveland, 1903), p.302.
399 引自赫里斯《航程總匯》卷一，第三十五頁。
400 轉引自田汝康《中國帆船貿易和對外關係史論集》，浙江人民出版社，一九八七，第十一頁。原文見《荷蘭文件》（*Dutch Papers* Extracts from the "Dagh Register" 1624-1642），一九一五，第六十七頁。
401 聖約翰：《印度群島》卷一，一八五三，第三十三頁。

世紀末，荷蘭人才在金剛鑽生意中打敗中國商人。

在上述的貿易競爭實例中，為什麼一貫採用武力的荷蘭人沒有直接使用武力排擠中國商人？這是因為中國商人在當時的東南亞貿易中非常重要，荷蘭人需要依靠中國商人的貿易與經營活動才能維持在亞洲的繼續存在。

其實荷蘭人並非沒有考慮過使用武力。荷蘭東印度公司成立後的最初二十年，公司為了挫敗中國帆船在東南亞商業上的優勢，曾三番五次訓令公司總督用武力阻止，只是公司總督有所顧忌不敢付諸行動。[402]在鹿皮生意敗給中國商人之後，東印度公司也曾建議使用武力，但是遭到臺灣總督的勸阻，因為他們怕因此使得與華人之間的貿易受到影響。

公司總督顧及的正是他們在貿易上以及基本生存方面都要依靠中國商人。荷蘭人之所以能夠長期占據萬丹全靠中國商人的物品供應。萬丹是個比較貧瘠的地方，僅僅產少量的米穀、胡椒與木棉，依靠當地這些東西，荷蘭人根本無法在當地生存。中國帆船運去的陶器、鐵鍋、瓷器等是荷蘭急需的物品，荷蘭人通過一些胡椒和白銀從中國商人那裡換取所需商品和生活必需品。一六四〇年，當中國的六艘帆船運來大量米穀時，荷蘭天主教父認為這是「上帝的恩賜」。[403]此外，由於荷蘭人不能直接與中國貿易，所以大量在歐洲暢銷的中國手工業品也需要中國商人賣給他們，例如中國的絲綢、棉布與瓷器等。

除了貿易與基本生存資料上要依賴中國商人，在殖民地的建設中也要依靠華人。由於東南亞一些國家手工業十分落後，即使是基本建設的工匠也極度缺乏，所以荷蘭人儘量招徠中國商人，依靠他們建設殖民地，例如華商楊昆（Jan Con）和林六哥（Lim Lacco）就是巴達維亞最大的建築承包商。巴達維亞的城堡、城牆和房屋以及建築材料都由華商負責。[404]馬尼拉建設中，漁夫、園丁、獵人、織匠、磚匠、燒石灰匠、木匠、鐵匠、修鞋匠、蠟燭匠、油漆匠、銀匠等都是由招徠的華人充任，[405]工種之細表明荷蘭人在亞洲生活的方方面面都需要中國人照顧。

中國商人的優勢僅僅是從經濟角度來說的，只有在平等競爭的基礎上才能得到體現。如果加入政府支持的因素，那麼中國商人實際上處於劣勢地位。因為荷蘭商人有政府的保護和武力支持，而中國商人只是孤軍奮戰，絲毫得不到政府的任何支持。荷蘭人需要中國商人只是因為一時還未站穩腳跟，一旦殖民統治得到穩固，他們就不需要什麼商業競爭優勢，只需稍微動用武力就可將中國商人趕出東南亞市場。

中國商人在亞洲的貿易地位是通過平等的貿易競爭取得的。中國的產品不僅價格便宜，

---

402 轉引自田汝康《中國帆船貿易和對外關係史論集》，第九頁。原文見弗勒凱（B. H. Vlekke）《千島之國》（*Nasantara*），一九四四，第一一五頁。

403 轉引自田汝康《中國帆船貿易和對外關係史論集》，第六頁。原文見何伯特（Sir Thomas Herbert）《菲亞洲旅行記》（*Some Years Travels into Africa and Asia the Great*），一六七七，第二六四頁。

404 Leonard Blusse, *Strange Company: Chinese Settlers, Mestizo Women and the Dutch in VOC Batavia* (Leiden: 1986), p.53.

405 E. H. Blair and J. A. Robertson, *The Philippine Islands*, Vol.7 (Biblio Bazaar, 2007), p.34.

而且深得亞洲各國消費者的喜愛。然而，西方國家是以征服者的姿態出現的。中國商人在亞洲的貿易優勢依靠的是廉價的中國產品、帆船運輸和商業移民建立起的貿易網路，而西方商人依靠的是武力在亞洲強制壟斷貿易。在這種條件下，中國商人雖一時在貿易中能夠占優勢，但從未來發展看卻處於一種弱勢地位。

首先，中國商人海外移民聚集地由於缺乏政府的保護，很容易受到西方殖民政權的控制。雖然在開始階段，西方商人出於經濟原因的考慮而沒有實行武力侵犯，但是隨著西方商人逐漸站穩腳跟，他們必然會從中國商人手中奪取貿易機會。例如，西班牙占據馬尼拉之後，剛開始還對中國商人採取招徠政策，之後由於害怕華人勢力的增長會影響到自己的商業利益，就開始限制華人商業。巴達維亞的荷蘭商人就曾寫信給荷蘭國會，認為中國商人的貿易過於發達以致影響了他們的利益，要求限制華人商業。[406] 一五八九年八月九日，西班牙國王訓令新任總督，禁止華人行商和攤販住留菲島，[407] 一六〇三年，西班牙總督規定馬尼拉的華人數量應限定在四千人，[408] 一六〇六年又規定為六千人，[409] 類似的禁令不斷頒布。

其次，中國商船得不到本國政府的保護，頻頻受到西方商人的打劫。當時，中國商人的帆船技術還是比較先進的，但是缺乏防衛能力。相反，西方商船航海技術並不先進，但武器裝備十分齊全，「安放炮位十餘門，鳥槍三四十枝，器械甚精」。[410] 西方商船的這種裝備就是為了在方便的時候劫掠中國商船。葡萄牙占據麻六甲之後，就不斷搶劫中國商船，造成中國商船赴麻六甲數量急劇下降。據一五一〇年阿勞喬的記載，以前每年有八至十艘華船到達麻六甲，然而在葡人攻占麻六甲之後，即一五一三年，駛抵麻六甲的華船下降到了四艘，[411]從西亞到亞齊則已經見不到華船的蹤跡。[412]

中國商人面臨的競爭局面表明，雖然中國商人在貿易中仍具有競爭優勢，但是卻已經開始失去貿易的主動權。西方商人在亞洲雖然沒有在貿易上立即取得優勢地位，甚至無法與中國商人競爭，但是他們在亞洲建立起了殖民政權。由於西方商人與國家政權是合為一體的，所以在正常的貿易競爭之外，可以依靠武力將中國商人納入控制之下。例如，西班牙在菲律賓建立起殖民政權之後，即對華人實行嚴格控制，在馬尼拉劃定專門的範圍供華人居住，這一範圍又被稱為八連市場（Parian，明代史書稱為「澗內」）。八連市場被安排在西班牙城堡大炮射程範圍之內，目的就是在需要的時候可以控制華人。隨著一些海岸港口被西方國家占據，中國商船到這些地方貿易不但要繳稅，而且要聽任殖民政權的擺布。

406 黃文鷹：《荷屬東印度公司統治時期巴城華僑人口分析》，第三十九頁。
407 E. H. Blair and J. A. Robertson, *The Philippine Islands*, Vol.7 (Biblio Bazaar, 2007), p.154
408 E. H. Blair and J. A. Robertson, *The Philippine Islands*, Vol.12 (Biblio Bazaar, 2007), p.295.
409 吳景宏：《西班牙時代之菲律賓華僑史料》，南洋大學南洋研究室，一九五九年第八期，第三十六－三十八頁。
410 周凱：《廈門志》卷五，玉屏書院刊本，一八三九。
411 M. A. P. Meilink-Roeloyse, *Asian Trade and European Influence* (The Hague, 1962), p.142.
412 M. A. P. Meilink-Roeloyse, *Asian Trade and European Influence* (The Hague, 1962), p.143.

第三節

中西貿易新階段：貿易發展與商業主導權喪失

清朝開海後，中外貿易進入一個新階段，大量商人紛紛出海貿易，華人移民海外貿易再次出現高潮。華商、華僑深入東南亞，形成了一個廣泛的華人貿易網路。隨著海外需求的增加與大量中國手工業品通過這個網路流入海外，中國長途貿易與中國商幫逐漸興盛起來，商幫將大量茶葉、瓷器等運往海外。有人將這種貿易發展的狀況看作中國的商業革命。

然而，這種表象上的貿易發展僅僅是問題的一個方面，另一方面是中國海上商業主導權逐漸喪失。因為西方商人是通過武裝貿易登上亞洲貿易歷史舞臺的，他們的產品與中國相比毫無競爭力，但是他們在用武器進行貿易方面的能力遠遠高於中國商人。故而中國產品的海外市場需求越大，就會有越來越多的西方商人企圖壟斷亞洲貿易商路，對亞洲貿易據點的爭奪與控制就會愈加激烈，中國海上貿易力量就會遭到更大程度的剝奪。

一、海外貿易網路的恢復與發展

清朝開海之後，對外貿易得到迅速恢復。禁錮已久的販洋船，「無論大小，絡繹而發」，[413]商船交於四省，遍於占城、暹羅、真臘、滿剌加、渤泥、荷蘭、呂宋、日本、蘇祿、琉球諸國。[414]根據地區的不同，可以將清朝商船出海貿易地點劃分為三大區域，各個不同的區域內形成了多條貿易航線，不同航線組成了一個巨大的海上貿易網路，通過這個網路，大量中國產品被輸送到海外。

首先是東亞日本、朝鮮與琉球的貿易區域。日本雖然閉關鎖國，但仍允許中國商人赴長崎貿易，所以貿易很快得到恢復。日本所產的銅、銀與金是清朝急需的幣材，清政府也鼓勵商人赴日本辦銅。據估計，開海之後，每年赴日船隻不下百艘。朝鮮與琉球是清朝關係最為密切的朝貢國，清朝在這兩個國家受災之時曾多次派出商船接濟，故而貿易關係十分密切。

其次是暹羅、越南等亞洲大陸海岸國家貿易區。與這些國家的貿易形成了三條較為固定的航線，分別是到越南、柬埔寨和暹羅。史料載，商船向西南經過七州洋、陵水，見大花、二花、大洲各山，順東北風四五日便過越南會安順化界，即越南王建都之所也。[415]過了越南

413 賀長齡：《清經世文編》卷三十三《論開海禁疏》，中國基本古籍庫，第二一六四頁。
414 《臺灣文獻史料叢刊》第二輯，第一九八四頁。
415 謝清高口述，楊炳南筆錄《海錄校釋》，《安京校釋》卷中，商務印書館，二〇〇二。

海域，南行二三日到新州，再南行三四日就到龍亭，由龍亭順風可到柬埔寨。此外一條是到暹羅的航線。

再次是東南亞菲律賓、印尼島嶼等貿易區。從中國沿海向這個區域有四條較為固定的航線。其一是至爪哇的航線，這條航線上的商船從廣東港口出發，出萬山向西南航行，經瓊州至昆侖，再向南行三四天可達地盆山，由地盆山過三洲洋，航行三天就可到達爪哇。其二是至蘇門答臘的航線，蘇門答臘位於中西交通的要道上。其三是至呂宋，商船經過昆侖後轉向東航行即可到達。其四是至柔佛的航線。商船經過昆侖向東南方向航行，幾日即可抵達柔佛。在這四條航線上，又可分出多條其他航線，如從蘇門答臘可至馬魯古香料群島，由呂宋可至渤泥，到達柔佛的商船還可轉口至吉打蘭。

開海後清朝與這三大區域之間的貿易各有特點。與東亞和亞洲大陸海岸國家的貿易，主要是由中國商人出海將貨物運到這些地區；而與東南亞島國之間的貿易主要由歐洲商人直接赴中國沿海貿易，中國商船已經很少到達。

第一，由於受到貿易利潤的影響，清朝與東亞之間的貿易關係已經並非單純的朝貢貿易關係。朝鮮、琉球與清朝朝貢關係保持的時間最長，直到十九世紀末朝貢關係才得以解除。但是這樣忠實的朝貢國與清朝的民間貿易也隨著開海而獲得了發展。例如琉球與清朝朝貢次數就由原本規定的兩年一貢變為現實中的六年五貢，這表明琉球也開始利用朝貢關係行貿易之實。[416]清朝與朝鮮之間在鴨綠江畔的邊境貿易十分發達，當時的江界、義州、楚山、昌城等都是著名的國際貿易中心。

日本與中國的貿易關係比較特殊。日本一度實行鎖國政策，不允許本國船隻出海，只允許中國人和荷蘭人到日本長崎貿易，所以中日之間的貿易主要依靠中國船隻維持，荷蘭人到來之後也逐漸成為中日貿易的主要仲介者。康熙二十四年（一六八五），日本規定中國赴日貿易商船年貿易總額不得超過六千萬貫，康熙二十七（一六八八）年，又限令駛日的中國商船為七十艘。[417]但是從實際情況看，貿易額與商船數量遠遠突破了這個限制。在開海後的四十年內，僅福建赴日商船就有六四〇艘，其中從福州發船的有二一九艘，其次，廈門一七〇艘，臺灣則為一三〇艘，康熙三十七年至五十三年（一六九八～一七一四）間，年均赴日船隻達到七一．三艘。[418]這些船隻大都躲過日本官方檢查從事非法貿易。

第二，清朝與暹羅、安南等國在原已存在的朝貢貿易體系上發展起繁盛的民間貿易。清朝開海後的第一年，就有十五艘中國商船赴暹羅貿易，此後這個數量大體保持在每年十艘以上。中國的絲綢、瓷器、鐵、銅和土布等都是暹羅需要的產品，這些貿易主要還是由中國商人把持。例如，乾隆四十六年（一七八一），有四十六艘外洋船從暹羅使入廈門港，其中除

416 楊雪芹：《略論清朝的朝貢制度》，《龍岩師專學報》一九九五年第二期，第六十五—六十九頁。
417 〔日〕木宮泰彥：《日中文化交流史》，第六四〇—六四一頁。
418 陳希育：《清代福建的外貿港口》，《中國社會經濟史研究》一九八八年第四期，第七十五—八十一頁。

了一艘暹羅的船隻外，其他全是中國船。[419]暹羅還是清朝進口米穀的主要國家，由於清朝生齒日繁，糧食價格上升，所以一度採取鼓勵暹羅船隻出口米穀的政策。除了這種雙邊貿易之外，中、暹、日之間發展起了三角貿易。每年從暹羅的曼谷、北大年、宋卡和六坤都有前往日本貿易的船隻，這些商船在中國江浙、福建沿海港口停留，補充貨物之後再駛往日本。[420]因為日本只准中國船隻貿易，所以這些暹羅船隻往往配備有中國船員。

中國與安南的貿易也十分興盛。開海之始，每年赴安南貿易的船隻「多不過六七艘」。到了康熙四十三年（一七〇四），「已增至十六七艘」，在安南港口有一個大唐街，都是福建的商人在此開設店鋪，「國用饒益，咸賴福庇也」。[421]此後，貿易又有所增長。根據長期居住廣南的克弗拉在一七四〇年的估計，每年約有八十艘中國船來此貿易，法國商人波武爾在一七四九年估計這個數量是六十艘左右，[422]雖然兩個人所說的資料有所差異，但是這個數量卻也大概反映了貿易的增長情況。

第三，清朝與東南亞國家之間的貿易主要由歐洲商船負責。雖然也有一些中國商人遠赴這些地區，但是已經難以與西方商人抗衡。由於這些內容與本章第四部分內容相關，所以集中放在第四部分論述。

二、海外貿易與茶、絲、瓷等產品生產的變化

從清朝四海關進出口總值的估算中可以發現，清朝貿易額是非常龐大的。這樣巨大的貿易量主要是通過茶葉、瓷器與絲織品這三種大宗產品的出口實現的。這三大商品的生產因為海外市場的變化而產生了巨大的變化。海外市場的需求，引起了產品產地以及生產結構乃至技術的變遷。除了這三大產品，沿海部分地區還出現了外向型經濟，專門針對海外需求生產產品。這表明海外貿易促進了國內經濟的發展。

茶葉是海外貿易最大宗的出口產品。下頁表4-2統計了英國東印度公司進口茶葉占總進口產品貿易值的比例。在近一半的年分裡，茶葉出口占到九〇%以上，其他年分茶葉出口比例也達到了六〇%以上。其他國家進口商品也大致保持了這種狀況。吳承明估計的茶葉國內產品流通額為二七〇八．二萬兩，出口為一一二六．一萬兩，約占國內商品流通量的一半。[423]

當時西方國家進口茶葉的品種主要有以下十六種：功夫、屯溪、熙春、小種、廣東武夷

---

419 《宮中檔乾隆朝奏摺》，第八一六頁。
420 《華夷變態》，秀光社，第一九一六頁。
421 釋大汕：《海外紀事》卷三，中國基本古籍庫，第四十二頁。
422 陳荊和：《十七、八世紀之交會安唐人街及其商業》，《新亞學報》，Vol.3，第一頁。
423 許滌新、吳承明：《中國資本主義的萌芽》第一卷，第二八四頁。

茶、福建武夷茶、雨前、園珠、花香、紅梅、珠蘭、芝珠（江浙）、白毫、皮茶、安溪、揀焙。[424]由茶葉品種可知，向西方出口的茶葉產地包括了沿海的福建、廣東，南方的江浙以及廣西、雲南，還包括江西和兩湖地區。可以說，中國產茶的大部分地區都同時生產以供出口的茶葉。

由於茶葉海外市場需求巨大，一些產茶區的經濟結構發生了變化，呈現外向型經濟的特徵。福建茶葉經濟結構的變化是海外市場對國內經濟影響的典型例子。福建當地所產外銷茶葉主要是武夷茶，產自武夷山一帶。武夷茶的紅茶味道濃烈，比較符合外國人的口味，成為主要出口茶葉品種之一。由於中國市場暢銷的主要是綠茶，武夷茶原本產量並不高，但是由於西方市場需要，武夷茶的產量增長很快。據

表4-2　東印度公司自中國輸出主要商品中茶葉的比例

單位：%

年度	茶葉占出口商品總值	年度	茶葉占出口商品總值
1760-1764	91.9	1790-1794	88.8
1765-1769	73.7	1795-1799	90.4
1770-1774	68.1	1817-1819	86.9
1775-1779	55.1	1820-1824	89.6
1780-1784	69.2	1825-1829	94.1
1785-1789	82.5	1830-1833	93.9

資料來源：姚賢鎬《中國近代對外貿易史資料》第一冊，第275頁。

馬士記載，一七三九年公司與廣州「合約訂購大量的武夷茶，這種最便宜的黑茶構成茶葉投資的較大部分」。[425]隨著武夷茶生產規模的擴大，茶葉品種逐漸出現了更新，一七三五年之後，相繼出現了功夫茶、白毫和色種。這都是由武夷茶改良出來的上等紅茶。功夫茶剛剛出現的時候，價格較高，歐洲市場消費量並不大。但是十八世紀中葉之後，歐洲人生活水準大大提高，更好的功夫茶出口數量開始超過武夷茶。例如在一七九三年英國東印度公司簽訂的合約中，購買武夷茶八千四百箱，而功夫茶則為九萬九千箱。[426]這樣，武夷茶的貿易就逐漸衰落了，生產也逐漸萎縮。據馬士的編年史反映，在一七八五年，公司購買武夷茶僅僅是因為行商將難以銷售的武夷茶作為出售生絲的條件。[427]

瓷器是清朝另一種主要出口商品。剛開始瓷器僅僅是歐洲上層社會的消費品，一些皇室、貴族上層人物將瓷器作為收藏品。之後，瓷器進入尋常百姓家，一度出現「居家無一中國瓷器則不為風雅」的風潮，市場需求猛增。在康熙、雍正和乾隆三朝，瓷器貿易逐漸進入鼎盛。據估計，一六〇〇—一八〇〇年，僅銷往歐洲有紀錄的瓷器數量大約為一．二億件，

424 姚賢鎬：《中國近代對外貿易史資料》第一冊，第二八二頁。
425 馬士：《東印度公司對華貿易編年史》卷一，第二六八頁。
426 馬士：《東印度公司對華貿易編年史》卷二，第四四八頁。
427 馬士：《東印度公司對華貿易編年史》卷二，第四三二頁。

如果再加上出口到其他地方的，數量至少在二億件。[428]

在如此大的市場需求刺激下，清朝的瓷器生產地之間出現了市場分工。景德鎮主要生產青花瓷，出口市場主要是歐洲、東亞、南亞和非洲上層社會，這類市場消費的瓷器比較高端。海外貿易促進了景德鎮的瓷器發展，「其所被自燕雲而北，南交趾，東際海，西被蜀，無所不至，皆取於景德鎮，而商賈往往牟大利」[429]。自此景德鎮代表了中國製瓷技術的最高水準。其次是東南沿海的瓷器生產，主要供應東亞、南亞和非洲的低端市場，品種主要是粗瓷。由於海外需求量很大，景德鎮的瓷器生產難以滿足，所以在沿海出現了仿製景瓷的生產。[430]

廣東彩瓷是東南沿海瓷器生產的一個代表，主要供出口。廣東彩瓷又被稱為廣彩瓷，是在市場需求拉動下市場分工日益深化所誕生的產品。史料載，海通之初，西商之來中國者，先至澳門，後則徑廣州。清代中葉，海舶雲集，商務繁盛，歐土重華瓷，我國商人投其所好，乃於景德鎮燒造白器。運至粵垣，另雇工匠，仿照西洋畫法，加以彩繪，於珠江南岸之河南，開爐烘染，製成彩瓷。然後售之西商。[431]這表明由於市場需求大，一些商人看到利潤可觀，就通過分工的方式，在景德鎮燒製白器，再運至廣州繪製成彩瓷。這樣既避免了瓷器在成品運輸中因破損而造成的成本浪費，又加快了外銷瓷輸出的週期。

廣彩瓷是適應西方市場需求的產物。為了迎合西方消費者口味，瓷器彩繪融合了西洋油畫的技法，色彩華麗，華人評之為「可厭」，但卻受到了西方人的追捧。[432]美國旅行者

Witliam Hickey於一七六九曾參觀廣州珠江南岸的廣彩加工工廠，他描述道：「在一間廠廳裡，約有二百人正忙著描繪瓷器上的圖案，並潤飾各種裝飾，有老年工人，也有六七歲的童工」，這種工廠當時有一百多個。[433]

絲和絲織品也是當時出口的重要產品之一。中國絲和絲織品的出口在一口通商前後有所變化。一口通商之前，主要出口絲織品，生絲出口值較低；之後，由於西歐本土絲織工業的興起，中國絲織品出口要低於生絲出口。如一七〇一年輸往英國的生絲為二百擔，價值三萬九千元，絲織品七千三百五十匹，價值十六萬三千八百元；一七二二年輸往英國的生絲二百擔，價值三萬元，絲織品一萬零五百匹，價值五萬三千七百元；一七三〇年輸往英國的生絲一百五十擔，價值二萬三千二百五十元，絲織品九千四百二十匹，價值五萬四千一百七十

428 劉強：《中國製瓷業的興衰（一五〇〇—一九〇〇）》，碩士學位論文，南開大學經濟研究所。
429 冷東：《中國瓷器在東南亞的傳播》，《東南亞縱橫》一九九九年第一期，第三十二頁。
430 王新天、吳春明：《論明清青花瓷業海洋性的成長》，《廈門大學學報（哲學社會科學版）》二〇〇六年第六期，第六十一—六十八頁。
431 轉引自吳建雍《清代外銷瓷與早期中美貿易》，《北京社會科學》一九八七年第一期，第九十一頁。
432 袁勝根、鍾學軍：《論清代廣彩瓷與中西文化交流的關係》，《中國陶瓷》二〇〇四年第六期，第七十九—八十頁。
433 馮先銘等：《中國陶瓷史》，文物出版社，一九八二，第四五三頁。

元。[434]絲織品的出口帶來了廣州植桑的高潮，許多地方出現了稻田改作魚塘、廢稻植桑的現象，一些地區成為蠶絲專業區。在這個過程中，廣東絲織品中出現了粵緞、剪絨和莨絲綢等譽滿天下的品種。但是到了一口通商之後，廣州絲織品出口數量有所下降，生絲出口量開始上升。如相比一八三三年，生絲出口近一萬擔，價值三百萬元。

三、海外貿易與內陸商幫的繁榮

國際貿易的巨大需求和手工業品的持續流出，促進了國內長途貿易發展和國內商幫的興盛。十八世紀大量出口的主要商品是茶葉、瓷器和絲織品，而這些商品正是商幫在興盛階段的主營產品。另外如此大量的產品運出國外也不可能依靠小商小販的單獨經營。以當時廣州的貿易來說，與中國最大的貿易商是英國東印度公司，公司商船大約在秋季來到廣州，然後與行商談判，在一個月之後就將貨物運出。這樣的經營如果依靠散商顯然效率非常低。東印度公司的商船曾經到過寧波，就因為缺乏大的貿易商無法及時集中貨物而影響了貿易的進展。只有從事長途販運的商幫才有能力將茶葉、瓷器等從原產地長途運銷到廣州海岸。其實，當時從事行商的許多人就是徽州商人，與徽州商幫有著密切的聯繫。

清朝開海之後，海外貿易的興盛促進了沿海商幫進入發展鼎盛期。康熙二十三年（一六八四），清朝開放海禁，海外貿易迅速擴張，沿海的寧波、廣東和福建商幫進入了迅速發展期。一六八八年，僅開赴日本的中國商船就達一百九十三艘。如果加上赴南洋的商船，估計每年出洋商船數量可達三百艘之多。[435]寧波商人也大批出海貿易。道光十年（一八三〇），上海、寧波駛往暹羅、安南、菲律賓等地通商的遠洋帆船有四十五艘，加上駛往其他地區的船隻，估計有七八十艘至一百艘。每艘以三四千石至五六千石不等，即二百餘噸至三四百噸，載貨量二萬噸至三萬噸。巨大的海上貿易帶動了寧波商幫與內陸貿易的繁榮。道光初，每年由山東、遼寧來寧波的海船約六百餘艘，從福建、臺灣來的約五百餘艘，從廣東來的約二十餘艘。此外，還有從內河開來的內地河船近四千艘，合計每年運量約有二十萬噸。[436]寧波商幫將內地貨物賣給海外商人，再將白銀與進口貨物輸往內地。

廣東商幫的興盛得利於廣州貿易的中心地位。廣州在十六至十九世紀，可稱為全球貿易的中心。而在康熙二十三年之後，貿易更是上升到一個新的階段。據不完全統計，從康熙二十四年至乾隆二十二年（一六八五～一七五七）的七十二年間，到廣東貿易的西歐、美洲各國商船有三百一十二艘；乾隆二十三年至道光十八年（一七五八～一八三八）有五千一百零七艘，平均每年六三．八艘。[437]廣州是當時茶葉、生絲、絲織品、瓷器等主要商品出口

434 馬士：《東印度公司對華貿易編年史》卷一，第二四二頁。
435 陳希育：《中國帆船與海外貿易》，第二二二頁。
436 張海鵬、張海瀛主編《中國十大商幫》，黃山書社，一九九三，第一一二、一一三頁。
437 張海鵬、張海瀛主編《中國十大商幫》，第一一二、一一三頁。

地。據相關資料，從十七世紀開始，廣州貿易額年均增長率為四〇%左右。[438]

不可否認，商幫興衰與其自身經營有關，但是沒有一個充足的潛在市場需求支持，很難相信會有商幫經營的傳奇，這一點從諸商幫主營商品的變化就可看出。考察商幫主營商品的變化，發現茶、瓷器和絲織品在商幫經營中的位置越來越重要，而且商幫鼎盛時期正是這三大產品經營取得巨大效益的時期。[439]之所以發生這種變化，主要原因就是海外市場的變化，只有適應這種變化才能進一步發展。

晉商以販賣軍需品起家，鹽業曾是其第一大產業。但茶葉出口貿易徹底改變了這一狀況。晉商在成為武夷茶壟斷商之時經營達到頂峰，這不是偶然現象，而是因為茶葉貿易與其經營密切相關。

晉商每年販運到恰克圖的茶葉貿易量為七百多萬斤，價值五百萬至六百萬兩白銀，這是僅僅銷售到俄羅斯的茶葉，不包括銷售到蒙古的茶葉。[440]還有研究認為數量更高，例如道光二年（一八二二），晉商銷售到俄國的茶葉貿易額達到一一七六．七六萬兩白銀。[441]相比之下，晉商的鹽業貿易額又為多少呢？清朝有四大鹽場：長蘆鹽場、兩淮鹽場、兩浙鹽場與河東鹽場。兩淮、兩浙由江南商人壟斷，晉商壟斷了河東鹽場，並參與了長蘆鹽場。乾隆年間，河東晉商鹽業貿易額年均為一六七．一二萬兩白銀，[442]假設這個數量占晉商全部鹽業貿易額的三分之一，那麼晉商全部鹽業貿易額大約為五百萬兩白銀。因此，可以得出結論，茶葉貿易額要遠遠高於鹽業貿易額，晉商主營商品向茶葉的轉變與十八世紀晉商的興盛緊密相關。

晉商將巨額資本投資於票號，也與海外市場間接有關。票號誕生以前，山西商人異地採購的現銀調動主要靠鏢局運送，但是至道光年間，晉商轉向茶葉貿易後，貿易額劇增，貿易的擴大致使鏢局已難以承擔巨大的現銀需求，於是票號發展起來。

徽商靠山林資源起家，鹽業、木業一直是其支柱產業，到清初，茶葉成為第一大支柱產業。清嘉慶年間，徽商成為浮梁茶壟斷商，其時也成為中國第一大商幫。[443]茶葉之所以這麼重要，是因為清朝中後期外商進口產品中茶葉是第一大宗產品。在鴉片戰爭前茶葉出口占中國總出口的五〇%以上。[444]雖然傳統看法認為鹽業是徽商的第一大產業，但是從貿易利潤總

---

438 原始資料見張曉寧《天子南庫：清朝前期廣州制度下的中西貿易》；陳尚勝《開放與閉關》；黃啟臣《清代前期的廣州對外貿易》等。

439 張麗、駱昭東：《從全球經濟發展看明清商幫興衰》，《中國經濟史研究》二〇〇九年第四期，第一〇二—一一〇頁。

440 穆雯瑛主編《晉商史料研究》，山西人民出版社，二〇〇一，第一三四頁。

441 白文剛、胡文生：《尋找晉商》，光明日報出版社，二〇〇三，第二十九頁。

442 王勇紅、劉建生：《乾隆年間河東鹽商經營貿易額的估算》，《鹽業史研究》二〇〇五年第二期，第二十七—三十頁。

443 張海鵬也認為鹽業衰落後，茶葉是徽商最重要的經營行業。見張海鵬、張海瀛主編《中國十大商幫》，第五〇六頁。

444 根據有關資料整理，見姚賢鎬《中國近代對外貿易史資料》第一冊，第二四五頁。

量來說，茶葉要遠遠高於鹽業。據估算，萬曆年間徽州鹽商壟斷了鹽業市場的六〇%，年度利潤總額為五十萬至六十萬兩白銀。[445]如果假設人均食鹽量不變，人口從明朝的一．五億增長到一八〇〇年的三億多，[446]並採取樂觀的假設，即徽商仍然壟斷六〇%的鹽業市場，那麼清朝徽商鹽業利潤總額為一百萬至一百二十萬兩白銀。而當時由徽商壟斷的中國南方出口茶葉額年均為六百萬兩左右，[447]按照三〇%的利潤率估算，年均利潤量大約為二百萬兩白銀。因此，茶葉出口貿易是徽商走向鼎盛的關鍵因素。

其他商幫的興盛同樣開始於主營產品轉向經營暢銷海外市場的商品。江右商幫經營商品範圍比較廣泛，從糧食、瓷器、藥材到紙張等，但是真正達到頂峰的是依靠景德鎮的瓷器，其中相當部分的瓷器被輸入海外。一七〇〇年東印度公司在歐洲的港口一天就卸下十四萬六千七百四十八件景德鎮的瓷器，一七二九～一七九四年荷蘭東印度公司運銷景德鎮的瓷器達到四千三百萬件，一七五〇～一七五五年瑞典從中國進口瓷器達一千一百萬件。[448]據《清續文獻通考》卷三百八十六記載，景德鎮瓷器有一半外銷，外銷量為中國外銷瓷器的一半。[449]山東商幫靠販運糧食、煙草與乾鮮果品起家，但其真正在國內商幫中產生影響卻是靠將棉花、綢布和茶葉遠銷到東北亞與南亞一帶獲利。據山東《臨清州志》載，清道光二十年（一八四〇），山東臨清哈達已遠銷到印度、尼泊爾、伊朗等國，當時是，「全坊機房七百等，染坊七八處，紡莊十餘家，織工五千人」，年銷售總值達百數十萬元。[450]

四、海上商業主導權的喪失

海外貿易刺激中國商業興盛並不表明中國商業與商人地位得到了提升。正如本章前言所說，上述變化僅僅是量的變化，還要看商業主導權掌握在誰的手中。

讓我們從清朝貿易網路與主要貿易對象的分析開始。除了前面關於貿易網路中所論述的第一、第二區域之外，大部分與清朝有著貿易往來的國家位於第三區域，從貿易量上來說，最主要的貿易國家也位於第三區域（從絲、茶與瓷器出口來看）。但是，這個區域的國際貿易已經被西方商人控制，中國商人赴這個區域進行貿易的主動權已經掌握在西方商人的手中。

東南亞的呂宋、蘇祿、爪哇、巴達維亞等地也是清朝貿易的主要國家。只不過這些國家受到西方商人的控制。呂宋是西班牙的殖民地，巴達維亞受到荷蘭的控制，與他們的貿易實

445 汪崇篔：《明代徽州鹽商論述》，《鹽業史研究》二〇〇一年第一期，第七—十三頁。
446 高王凌：《明清時期的中國人口》，《清史研究》一九九四年第三期，第二十七—三十二頁。
447 徐滌新、吳承明：《中國資本主義發展史》第一卷，第三一八—三二八頁。
448 劉昌兵：《海外瓷器貿易影響下的景德鎮瓷業》，《海上陶瓷之路》二〇〇五年第三期，第六十六—七十四頁。
449 劉錦藻：《清續文獻通考》卷三百八十六，第六五七二頁。
450 張海鵬、張海瀛主編《中國十大商幫》，第一八〇頁。

際上就是與西方的貿易。雖然有一些東南亞地區還沒有被西方人完全占領，但是中國商人卻受到西方國家的禁止，不准赴之貿易。例如，早在一六二六年荷蘭人就禁止中國商船到達巴達維亞以外的北大年、占卑、巴林旁、望加錫和帝汶等地貿易。一六八三年，荷蘭人把巴達維亞附近的萬丹置於控制之下，隨即中國商船隻能與荷蘭人統治區進

表 4-3　清朝海上商業主導權變化

主要貿易地區	貿易區	商業主導權
朝鮮	第一區域	中國商人
琉球		
日本		葡萄牙、荷蘭與中國商人競爭
安南	第二區域	荷蘭、英國與法國等勢力開始滲透
柬埔寨		
暹羅		
巴達維亞	第三區域	荷蘭控制
三佛齊		
滿剌加		
呂宋		
爪哇		
檳榔嶼		英國控制
柔佛		
蘇祿		西班牙控制
亞齊		先後由葡萄牙、荷蘭控制

行貿易。

目前缺乏關於商業主導權對中國商人出海貿易影響的完整資料，但比較幸運的是，本書找到了關於西班牙與荷蘭對中國赴呂宋和巴達維亞貿易船隻影響的資料（見二八〇頁表4-4）。呂宋與巴達維亞是中國商品出口的重要市場，故可作為當時中國商船赴南洋貿易的一個縮影。從十七世紀末到十八世紀中期，中國抵呂宋十年平均船隻數量大部分都在一百艘以上；在十八世紀的最初十年裡，數量增長到二百零四艘，相比一六八一～一六九〇年的八十九艘，數量增長非常快，之後又迅速下降。這是因為，西班牙開始需要中國商船運送商品和生活必需品，在殖民統治穩固之後，就將中國商船數量控制在一百多艘，防止損害自己的商業利益。赴巴達維亞的中國船隻數量要高於赴呂宋的數量，這是因為在十八世紀，荷蘭與中國的貿易要超過西班牙的緣故。一七四〇年之後，中國赴巴達維亞的船隻數量下降很多，這主要是由於荷蘭人在巴達維亞屠殺華僑、打擊中國商人造成的。

由於東南亞地區商業主導權由西方人占據，西方商人直接赴中國貿易商船的數量開始大幅增長。二八一頁表4-5統計了到粵海關貿易的外國船隻數量，一七四九年至一七五八年共有一百九十四艘，到了十八世紀末已達七百八十五艘。即從開始的每年平均十九．四艘，上升到每年七十八．五艘。根據麥迪遜的資料，[451]十七世紀，歐洲七國（包括葡萄牙、荷蘭、英

451 麥迪遜：《世界經濟千年史》，第五十五頁。

國、法國和另外三國）年均赴亞洲貿易商船是三十二艘，到了十八世紀增長了一倍，達六十七艘。

表 4-4　中國赴呂宋和巴達維亞貿易船隻數量統計

單位：艘

年代	呂宋	巴達維亞（十年平均數）
1681-1690	89	97
1691-1700	171	115
1701-1710	204	110
1711-1720	94	136
1721-1730	123	164
1731-1740	152	177
1741-1750	113	109
1751-1760	134	91
1761-1770		74
1771-1780		51
1781-1790		93
1791-1793		95

資料來源：Serafin D. Quiason, “The Sampan Trade, 1570-1770,” in *The Chinese in the Philiphine, 1570-1770* (Leonard Blusse, Strange Company), p.123.

表 4-5　外國商船到粵海關貿易數量表

單位：艘

年代	船隻數量
1749-1758	194
1759-1768	204
1769-1778	304
1779-1788	504
1789-1798	515
1799-1808	785

資料來源：陳柏堅、黃啟臣《廣州外貿史》，廣州出版社，1995，第 309 頁。

第四節
中國商人遭到西方商人的競爭與打壓

談起西方世界的興起，「讓市場發揮作用」、「資本主義精神」和「先進的制度」等歷來是被津津樂道的話題，而中國商人的不思進取、目光短淺則成為一種反面的映襯。本書並沒有打算否認這些觀點的正確性，也許在另外一些歷史中確實是這樣的。但是明清國際貿易的歷史很直觀地告訴我們，事實可能正好相反。在中國東南沿海的國際貿易中，遵守市場原則的正是中國商人，他們用公平競爭的辦法將中國產品提供給世界市場；他們按照利潤原則，受價格信號的指引，在沒有政府支援的情況下縱橫海上貿易上百年；他們沒有滿足於一時的財富，在國際貿易中從沒有停止開拓的步伐，即使在遭到政府打壓、西方殖民者掠奪的情況下，也沒有放棄進取精神；正是由於中國商人的智慧與奮鬥，所以在與西方商人的平等競爭中屢占上風。相反地，在亞洲國際貿易的歷史中，不遵守市場原則、違反自由競爭、實行原始的殘酷的剝削制度的正是西方商人。他們用武力占據貿易據點，並趁機控制商路；他們採取一切措施排擠他國商人，在商船上配備了齊全的戰爭武器，搶奪、武力征討與鴉片等是常用的手段；他們絲毫不顧市場比較優勢，建立起強制性經濟，將東南亞強制納入有利於本國經濟的分工體系。

亞洲貿易的歷史表明，西方商人到亞洲來似乎根本就不是貿易的，西方商人是以搶劫者的姿態出現的，他們是仗劍經營。首先，西方商人展開了對香料的搶奪，並依靠武力控制了東南亞貿易海域；其次，展開對中國貿易機會的爭奪。在東南亞貿易區域被他們控制之後，他們很容易地擊敗了中國海商；在國力強大之後，他們又將仗劍經營的方式推行到中國國內，造成以商幫為代表的內陸商人的衰敗。在打敗中國商人之後，他們又依靠從中國竊取的手工業技術，提升本國產品的競爭力，再度用本國產品占據中國國內市場。

一、西方商人對亞洲市場的控制

在亞洲，本來存在著以中國商人為核心建立起來的和平貿易關係，中國手工業品流入東南亞，東南亞的香料等土特產流入中國。這個過程是在平等互利的基礎上進行的，但是從葡萄牙開始，直到後來居上的英國，完全打破了這種和平貿易方式。他們依靠的不是本國商品的競爭力，而是軍事暴力與貿易壟斷，他們壟斷殖民地貿易，強行將殖民地納入其經濟體系，對經濟實行強制，排擠他國商人。西方商人用仗劍經營的方式代替了亞洲的和平貿易。

從經濟貿易的角度來看，西方商人加入亞洲貿易圈，並開始在亞洲貿易中實現盈利存在著一個過程。這個過程一方面取決於亞洲貿易圈的經濟特徵，另一方面取決於歐洲市場對亞洲產品的反應。在十七世紀中期以前，歐洲國家在亞洲貿易的主要利益仍然是對香料貿易的控制，中國的手工業商品還未在歐洲市場廣開銷路，但是亞洲本身存在的貿易網路，為歐洲人創造了獲取利潤的機會，例如大量葡萄牙商人從事中日之間的轉口貿易獲取利潤。在這個時期，爭奪香料群島和對貿易商路的控制是歐洲國家最大的利益，各國為此不惜投入大量軍事、財力。第二階段是十七世紀中期以後，隨著中國產品逐漸深入到歐洲尋常百姓家，茶葉、瓷器等大量銷往歐洲，而香料的價格逐漸下降，於是爭取與中國直接貿易便是第二階段最大的特徵。

第一階段：控制香料市場

由於葡萄牙人先到亞洲，所以在香料貿易中占了先機。葡萄牙人對香料貿易的爭奪是從占據麻六甲開始的。麻六甲對西方商人來說具有極為重要的商業地位。麻六甲是香料貿易最為重要的集散地，東南亞各地的香料首先被運到麻六甲，然後再被販賣到其他地方。麻六甲還是東西方貿易的樞紐，位於太平洋和大西洋交通要道上，商船將亞洲產品運往西方都需要在麻六甲停留和補給。

一五一一年，葡萄牙侵占了麻六甲。軍事占領之後，立即修築堡壘，鞏固軍事統治。很快在麻六甲的葡萄牙人就發現，麻六甲香料供應如此之多，以致價格非常低，如果他們不對貿易進行控制，根本不能維持香料的價格。因此，葡王任命麻六甲最高統治者，並配備艦隊司令以便控制麻六甲海峽。葡萄牙人組織了所謂的「無敵艦隊」，在麻六甲附近海面攔截船隻，強迫商船將貨物運到麻六甲。對於一些香料商人，則徵收高額的關稅。

僅僅控制麻六甲還不能完全保證控制香料貿易，因為還有許多香料群島，一些商人仍然能夠從那裡運走香料。所以葡萄牙人加快了殖民勢力的擴張，一五一二年侵占馬魯古群島，之後又相繼征服了特爾納特、蒂多雷等盛產丁香的小島。

隨後來到亞洲的是西班牙人。西班牙人也是為了香料而來的，但是他們發現自己比葡萄牙人晚來了一步，麻六甲已被葡萄牙占據，而香料群島也已納入葡萄牙控制範圍之內。由於西班牙和葡萄牙簽訂過劃分世界的條約，這使得西班牙一時難以有所作為。

在這種情況下，西班牙將目光投向了菲律賓群島。菲律賓在香料群島的北面，在此建立據點可以吸引商人前來進行貿易；另外，菲律賓靠近中國和日本，可以趁機尋找貿易機會。一五七一年西班牙人占領了馬尼拉，之後，米沙鄢群島、民都洛群島和呂宋群島的大部分陸續被征服。到了十六世紀末，除了棉蘭島和蘇祿島，菲律賓的大部分地區都已淪為西班牙的控制區。

初看起來，西班牙在菲律賓的貿易擴張並沒有多大前途，因為菲律賓既沒有多少有價值的土特產，也不產貴重金屬，而且經濟非常落後。然而西班牙很快就掌握了打開亞洲貿易的武器，那就是美洲的白銀，這使得西班牙人一躍成為中西商品交流的主要中間人。西班牙一方面鼓勵他國商人到菲律賓貿易，另一方面派出大帆船將美洲白銀運到馬尼拉，利用白銀購買亞洲商品，再運到美洲和歐洲。很快，馬尼拉就成為中國、日本、暹羅和香料群島等地商人集中貿易的港口。此間發展起來的著名的馬尼拉大帆船貿易繁榮了幾個世紀，馬尼拉大帆船貿易的一端是美洲白銀，一端是中國商品。通過這條貿易航線，中國的絲綢、瓷器等商品大量流向世界，而美洲白銀則流入中國。

荷蘭人在亞洲的生意是通過打破葡萄牙的商業壟斷和軍事威脅而建立起來的。為了便於開拓亞洲的貿易，荷蘭國會出面組建東印度公司。一六〇二年，國會將六個商業貿易公司合併為荷蘭東印度公司，並賦予該公司享有從好望角至麥哲倫海峽之間的貿易壟斷權，荷蘭政府還從軍事上為東印度公司提供保護。這為開拓亞洲貿易奠定了基礎。

荷蘭採取了兩線作戰的辦法，一方面派出軍艦奪取香料貿易的集散地麻六甲，另一方面對香料群島發動戰爭。一六〇二年荷蘭軍艦封鎖麻六甲，攔截葡萄牙的船隻。一六〇六年，荷蘭利用柔佛與葡萄牙的矛盾，與柔佛結盟，共同攻擊葡萄牙。葡萄牙仍然占據著麻六甲，但是已經失去了海上貿易的控制權。到一六四一年，荷蘭人終於占領了麻六甲。對香料群島的戰爭也取得了不少成果。一六〇二年，在武力威脅下，荷蘭獲得了班達群島香料收購的特權。不久占領了安汶島，獲得了通向摩鹿加群島的軍事據點。一六〇九年，荷蘭人將摩鹿加群島的葡萄牙人驅趕出去，從而建立起在香料群島的統治權。一六一九年，荷印總督在爪哇島上建立起巴達維亞城作為荷蘭在東印度的首府，從此，巴達維亞成為荷蘭人向亞洲其他國家侵略的基地。

通過一系列的戰爭，荷蘭終於從葡萄牙手中奪得香料貿易的壟斷權。為了控制統治區的經濟，荷蘭實行了與葡萄牙一樣的強制性經濟措施。例如，在麻六甲設立專門的艦隊，以便攻擊他國商船；在安汶島強制推行丁香種植，在班達島上種植豆蔻，其他島上的丁香樹和豆蔻樹一律砍光。收穫的丁香、豆蔻必須以極低的價格賣給荷蘭東印度公司。

在這一階段，英國的海上勢力較弱，雖然垂涎於亞洲貿易的利潤，但是由於無法與其他國家抗衡，所以貿易狀況並不盡如人意。一六〇二年，英國東印度公司的一支遠征隊在萬丹設立了一個商站。一六〇四年，第二支遠征隊駛往摩鹿加群島，本想在安汶等地設立商站，卻被荷蘭人趕走。到十七世紀中期以前，英國唯一的成就就是在北大年、萬丹等地設立了商站。而且在西班牙、荷蘭的排擠下，英國人沒有從貿易上獲得多少好處。

弗蘭克曾說，西方商人用美洲白銀購買了一張亞洲貿易列車上的三等車票，這僅僅是問題的一個方面。第一階段的貿易擴張表明，西方商人不僅購買了中國產品，而且控制了東南亞海上貿易要道。東南亞歷來是中國民間商人赴海貿易的重要地點，麻六甲、巴達維亞等地原已移居了大量華人從事貿易，前幾節中都論述了華人形成的貿易網路。然而除了越南、柬埔寨等地，馬來半島、印尼群島和菲律賓群島環繞的海域已經被西方商人控制。中國商人欲經過這片海域進行貿易，必須取得西方國家的同意，海上商業主導權已經轉移到西方商人的手中。

第二階段：控制與中國的直接貿易

第一階段是香料貿易的世紀，到了十七世紀中期以後，大量中國的茶葉、瓷器和絲綢等手工業品取代香料成為亞洲輸往歐洲最為重要的商品。由於香料重要性的下降，對香料島的爭奪轉而演變為將經濟控制區域逐漸向北移動，除了東南亞的島嶼，亞洲大陸沿海國家也成為歐洲國家角逐的目標。誰控制區域越廣，就意味著誰將中國產品運往歐洲的運輸路線越能得到保障。因此，各國在原有東南亞殖民據點的基礎上，不斷將殖民地控制權爭奪戰推向中國沿海。

葡萄牙在東南亞控制的領域已經被其他國家瓜分殆盡，但是葡萄牙幸運地在中國南部沿海獲得了澳門的居住權，這一據點成為葡萄牙人將中國產品運往其他地區的唯一通道。

因為澳門在對中國貿易方面具有非常重要的地位，所以各國先後都企圖用武力強征澳門。早在明末，葡萄牙就以澳門為據點，從事中國、日本、果亞和歐洲之間的貿易。荷蘭人到達中國沿海之後，多次派戰艦到廣州和澳門，要求通商貿易，均遭到葡萄牙人的拒絕和驅趕。之後，荷蘭人多次派軍隊在澳門登陸，在葡萄牙人的斡旋下，中國出兵支援澳門，屢屢擊敗荷蘭人的進攻。後起的英國對澳門也是虎視眈眈，在通商要求被拒絕的情況下，乾隆七年（一七四二）、乾隆三十年（一七六五）和乾隆四十一年（一七七六）三次派出海軍軍艦企圖打開澳門的貿易大門，但都未成功。

雖然葡人據擁澳門，獨占與中國貿易之利，是問題是如何順利地將中國產品運到歐洲。

因為只有掌握了制海權才能掌握國際貿易的命脈，葡萄牙在亞洲這樣一個孤立的據點並不能保證其能夠在世界其他地區順利開展貿易。相反後起的英國依靠對全球海域的控制，使得其在這一階段成為中國最大的貿易對象。

英國將制海權的控制與貿易的開展緊密聯繫在一起。一六七二年，英國的一本書中曾這樣寫道，「如果沒有強大的海軍，我們將成為鄰居的獵物；而如果沒有貿易，我們也將成為鄰居的獵物」[452]。一七五六～一七六三年的「七年戰爭」之後，英國確立了在印度的殖民統治，並成為海上霸主。英國以印度為基地向東南亞發動了一系列侵略戰爭。此後，英國不斷擴大在亞洲的勢力範圍，最終成為中國最大的貿易國。

一七八六年，英國強迫吉打蘇丹簽訂不平等條約，將檳榔嶼劃歸英國人所有。之後英國人逐步攻占馬來半島各邦。一七九五年，英國擊敗荷蘭占據麻六甲（之後又歸還荷蘭）。一八一九年，英國殖民者萊佛士抵達新加坡，占領了新加坡，一八二六年將新加坡、麻六甲和檳榔嶼合併為「海峽殖民地」，從此控制了亞洲與歐洲之間的貿易要道。海峽殖民地的建立保證了英國在亞洲貿易的暢通無阻。

英國在亞洲一些殖民地實行新的統治方式，即間接管理的方式。所謂間接管理，就是在殖民地建立自治政府，管理自己內部的事務，英國殖民當局對其干預較少。一八九五年，英

452 Nicholas Tracy, *Attack on Martime Trade* (London, 1991), p.41.

國殖民者強迫霹靂、雪蘭莪、森美蘭和彭亨的蘇丹簽訂了關於成立馬來聯邦的條約，在馬來聯邦中建立了「間接管理」的統治方式。之後，英國對吉蘭丹、丁加奴、柔佛、吉打和玻璃市五個土邦蘇丹國組成的馬來亞屬邦，也實行了「間接管理」的統治方式。相比於馬來聯邦，英國對馬來亞屬邦的控制更為直接和嚴格，海峽殖民地直接派遣馬來亞屬邦顧問，這個顧問擁有馬來亞屬邦的實權。馬來亞屬邦各個行政區的行政權力仍然由海峽殖民地總督直接控制。通過間接管理的方式，英國人吸引了大批商人來到其殖民地進行貿易，同時牢牢控制了馬來半島的重要港口。正是由於這樣一個大的制海權的取得，英國一躍成為中國最大的貿易出口國。

二、中國海上貿易發展受阻

1. 中國商人勢力增長緩慢

隨著西方國家在亞洲貿易圈中角逐與建立統治區，原有的亞洲貿易格局已經被打破，許多東南亞國家納入歐洲國家的控制之下。印尼被荷蘭人占據，馬來西亞半島被英國人占據，而菲律賓群島則被西班牙人占據。而在柬埔寨、越南等地也有西方人建立的貿易據點，中國南部出海的重要港口澳門則被葡萄牙人占據。

西方人在東南亞並非簡單地控制貿易，而是建立起殖民地經濟。所謂殖民地經濟主要包括幾方面的含義，第一，建立起殖民政權，牢牢將殖民地的一切納入自己的控制之下。第二，依靠殖民政權強制性地將東南亞經濟改造為有利於西方國家商業貿易的經濟。任何一個殖民者首先是在當地建立起一套殖民政權。例如，西班牙在殖民地建立起總督制度，同時採取當地人民統治當地人民的方式，這一模式被其他殖民政權所效仿。其次是建立一個強大的軍事力量，為殖民政權和海上貿易擴張保駕護航。第三，將殖民地經濟強制性地納入西方經濟結構中。按照原有的看法，英國、荷蘭等新興的殖民國家在亞洲貿易中與傳統殖民國家是不同的，但是從對殖民地經濟改造來看，他們本質上沒有區別。葡萄牙占據香料群島後，強制要求當地香料必須專供葡萄牙。荷蘭人相比葡萄牙人有過之而無不及，除了壟斷香料貿易之外，還實行強迫供應制，強迫供應制要求統治區的人民按照收穫量繳納貢賦，同時規定供應區域種植物產的種類與數量。如馬打蘭、萬丹、勃良安和井里汶就被迫供應大米、胡椒、蔗糖、木材及牲畜。十八世紀後，又強迫爪哇農民種植咖啡。英國在馬來亞站穩腳跟之後，就頒布土地法，剝奪馬來亞人民的土地權，這一措施實際上是為掠奪馬來亞的錫礦和橡膠做準備，當馬來亞人失去土地權之後，這些資源與礦產的開採就受到英國的支配。

西方國家在亞洲建立起了一個截然不同於傳統亞洲貿易的商業方式。這種方式以軍事暴力為基礎，以殖民地政權為後盾，以獲取最大利潤為動機。雖然濱下武志先生認為西方人來到亞洲，首先要面臨的是已經存在的朝貢貿易圈，這個朝貢貿易圈仍然發揮作用的唯一基礎是中國手工業品仍然具有很大的競爭力，西方社會需要中國產品，但是西方商人卻無法提供中國需要的商品，除了白銀。如果說朝貢貿易圈仍然在發揮作用，這種作用是以中國在商業上的絕對優勢為基礎的。但是這種優勢卻並沒有轉化為中國商人的競爭力，事實情況反而是中國商人在南亞貿易圈中的影響力不斷下降。這是因為西方採取的是仗劍經營的方式，而清政府卻不能為中國商人提供保護，造成中國商人貿易不斷從南海退縮。

由於得不到中國政府的保護，在面對西方仗劍經營的形勢下，中國商人在國際市場中的優勢逐漸喪失。為了打敗中國商人，壟斷從印尼到中國的香料貿易，荷蘭殖民當局對巴達維亞的中國商人進行了大屠殺，即歷史上的「紅溪事件」。在「紅溪事件」爆發前的一七三一～一七四〇年，平均每年有一七．七艘中國帆船到達巴達維亞，由中國海商運往巴達維亞的年均茶葉貿易值為十四萬九千零二十三荷蘭盾，比荷蘭東印度公司從廣州直接購買的年均茶葉價值十三萬五千三百三十五荷蘭盾略高。[453]「紅溪事件」後，一七四一～一七五〇年，平均每年從中國到達巴達維亞的中國商船數量已從原來的一七．七艘下降為一〇．九艘，待到一七七一～一七八〇年時，更是下降為年均五．一艘，[454]而且這些船隻主要以運送苦力為主，運送中國產品出口已不占主導地位。[455]就茶葉貿易而言，「紅溪事件」後，荷蘭人奪走了中國海商原來市場占有率的八十九％。[456]清朝與呂宋的貿易也因西班牙的控制而衰落，一七〇一～一七一五年，有二百六十四艘中國船隻抵達馬尼拉，年均十七．六艘。而到了一七六四～一七七七年，只有一百三十五艘到達，年均九．六艘，數量下降了近一半。隨著英國在十八世紀打敗了西班牙、荷蘭等國，對亞洲海上貿易權的控制轉移到英國手中，中國的帆船貿易再度受到英國的控制。

由於西方商人的打壓，雖然中國出口數量在增加，但是中國商人的實力卻並沒有多大增長。根據相關估算，一五八八～一八三〇年，中國與東南亞直接貿易的船數僅增長了二·三倍。如果再將船隻噸位考慮在內，那麼一八三〇年的貨運量勉強為明末的一倍。[457]與中國商人貿易勢力增長較緩對比鮮明的是，西方商人在東方貿易勢力的迅速擴張。一七三〇年，共有八艘西方船隻到廣州貿易，總噸位為二五九五噸；到了一八三三年，則有一百八十九艘船隻到達，總噸位為九七六九三噸，[458]在一百零三年間，船數增長了二十三倍，噸位增長了三十七倍。一六八四年英國船隻到中國的總噸位為六五五噸，一八三三年則增長到四九八二六·九噸，增長了七十五倍。

由於中國商人勢力增長較緩慢，中國出口市場增長額的一大半都被歐洲商人奪走了。

453 Glamann, Kristof, *Dutch-Asiatic Trade, 1620-1740* (Hague: Maritinus Nijhoff, 1981), p.220.
454 Leonard Blusse, *Strange Company: Chinese Settlers, Mesizo Women and the Dutch in VOC Batavia* (Leiden, 1986), p.123.
455 Leonard Blusse, *Strange Company: Chinese Settlers, Mesizo Women and the Dutch in VOC Batavia* (Leiden, 1986), p.146.
456 張麗、駱昭東：《從全球經濟發展看明清商幫興衰》，《中國經濟史研究》二〇〇九年第四期，第一〇二－一一〇頁。
457 韋紅：《十六至十九世紀前期中西國家政權在東南亞海上貿易中的作用》，《中南民族學院學報》一九九〇年第六期，第八十一－八十六頁。
458 馬士：《東印度公司對華貿易紀事》，第一六三五－一八三四頁。

一五五〇～一六四五年，年均流入中國的白銀為三九三萬兩，[459]這個數量大致代表了明末中國年均出口數額。到了一八三〇年，中國茶葉從南部沿海出口數量大約為五千萬磅，[460]按每擔茶葉價格二五・六兩計算，[461]價值約為九六〇萬兩，[462]此時各國進口中國茶葉幾乎都在其進口值的九〇％以上，[463]那麼可以保守地估計當時中國南部沿海年出口貿易額大約為一千萬兩。這個數量是明末出口貿易額的二・五倍，然而中國船隻的貨運量勉強增長了一倍，這意味著貿易增長額中的一大半都被外國人占據了。

2. 中國茶葉失去世界市場

茶葉是中國在十七世紀中期以後最大宗的出口商品，直到十九世紀中期以前，茶葉仍是中國最為暢銷的產品。但是中國商品行銷世界，中國商人卻失去了世界市場。

最初中國海商將中國茶葉運到東南亞，以供歐洲市場需要，太平洋市場受到中國商人把持。隨著西方商人在亞洲建立起殖民地，亞洲的海域已經受到西方商人的控制。中國商人出海貿易需要取得殖民政權的許可和向其納稅，中國商人在南洋海域的貿易進展完全取決於是否影響到西方商人的利潤。隨著西方在亞洲航運業的發展，西方商人直接到中國沿海購買茶葉，太平洋中國商人的身影漸少。但是西方商人對中國商人的剝奪不限於此，而是逐漸深入中國內地控制茶葉的生產與加工。這樣，中國成為西方國家的茶葉加工廠。

中西之間的茶葉貿易首先開始於中荷之間。荷蘭在巴達維亞建立起貿易據點之後，中荷之間的茶葉貿易興盛起來。中國商人將茶葉運往巴達維亞，然後從荷蘭人手中換取香料、胡椒和白銀，從而賺取雙倍利潤。有文獻記載，「原來這邊中國的貨物，拿到那邊，一倍就有三倍價；換了那邊貨物，帶到中國，也是如此。一往一回，竟有八九倍利息，所以人都拚死走這條路」[464]。在巨大的利潤誘惑下，荷蘭東印度公司決定開展與中國之間的直接貿易。從一七二七年開始，荷蘭東印度公司便派出兩艘船直接赴中國購茶。直接貿易的開展給荷蘭帶來巨大的利潤。據統計，一七二九～一七三四年，荷蘭東印度公司共有九艘船抵達中國，運回總共一百三十五萬荷磅的茶葉，價值一百七十四萬三千九百四十五荷蘭盾，占全部貨值的七三．九%，獲純利二百三十三萬四千四百五十九荷蘭盾，利潤率達一三四%。[465] 一七四〇

459 莊國土：《十六至十八世紀白銀流入中國數量估算》，《中國錢幣》一九九五年第三期，第三一十頁。
460 馬士：《中華帝國對外關係史》第一卷，張匯文譯，商務印書館，一九六三，第四一三頁。
461 馬士：《中華帝國對外關係史》第一卷，第二九三頁。
462 一擔＝一百三十三點三磅。見馬士《東印度公司對華貿易編年史》卷二，第七七七頁。
463 K. N. Chaudhuri, *The Trading World of Asia and the English East India Company, 1600-1760* (Cambridge: Cambridge University Press), p.538.
464 鮑樂史：《荷蘭東印度公司時期中國對巴達維亞的貿易》，《南洋資料譯叢》一九八四年第四期，第六十七－八十頁。
465 De Hullu, "Over den Chinaschen handel der Oostindisc he Companie in de dertig jaar van de 18e eeuw," in *Bijdragen tot de Taal-, Land-en Volkenunde van Nederlandsch Indie* (BTLV), Vol,73. pp.42-43.

年，巴達維亞發生了「紅溪慘案」，荷蘭殖民者殺害了一萬多名中國人。在前文已經指出，中國海商的貿易網路是以海外華僑為基礎的，荷蘭人對華僑的殺害對華商貿易網路來說是一個巨大的破壞。「紅溪慘案」也因此成為中荷茶葉貿易的轉捩點。自此荷蘭東印度公司徹底代替了中國帆船商人這部分的茶葉貿易。

十八世紀中期之後，英國對荷蘭的霸主地位進行挑戰。一七八〇～一七八四年英荷戰爭使荷蘭海上霸權遭到沉重打擊，荷蘭對華貿易在一七八一～一七八二年之間基本停頓，荷蘭商船不斷遭到英國戰艦的劫掠，在廣州的貿易陷入停頓。於是英國成為中國最大的茶葉出口國。一七七五～一七七六年，英國東印度公司茶葉輸出量僅占輸出總量的二〇．九四％，歐洲大陸其他國家占七九．〇六％。而到一七九〇～一七九一年，它的輸出量就提升到總輸出量的九〇．七％，歐洲其他國家下降到僅為九．三％[466]。英國取得主導地位後，中外之間的茶葉貿易進入行商壟斷時期，中國商人已經很少直接將茶葉運出海外。

雖然中國商人從茶葉出口貿易中的獲利已經大大減少，但是中國茶葉出口仍然從西方國家賺取了大量白銀，而西方國家一時又沒有具有足夠競爭力的商品以扭轉這種貿易逆差的狀態，於是西方商人進一步剝奪了中國商人的利潤鏈來減少進口成本，同時開始扶持本國茶葉生產。

從十九世紀中期開始，西方商人通過資本與市場兩條途徑，將中國商人與茶農的利潤剝奪殆盡。西方商人通過買辦將款項送到鄉下採購茶葉。內地採購普遍實行「預約訂購制」，

「買辦和茶商都可以從洋行取得資金上的幫助並利用洋行的設備，洋行相應的具有購買茶葉的優先權」。[467] 內地採購機制配以販賣鴉片和資金借貸來盤剝中國茶葉貿易的利潤。西方商人預付的茶葉款項既可以是現金也可以是鴉片，隨著大量鴉片走私進入中國，許多西方商人便將用鴉片支付，這樣就減少了白銀的支出。由於中間商購買茶葉需要大量資金，西方商人便將資金貸給這些中間商，待這些商人收購茶葉之後，再將茶葉賣給外商。借貸資本是要獲取利息的，同時出口茶葉也能獲取高額利潤，通過這兩種手段，西方商人將貿易的全部利潤納入自己的腰包。

由於茶葉出口前還要經過製茶這一程序，所以西方商人也在中國直接設立茶廠製茶。不過設立茶廠最多的是俄國而不是英國等西歐國家。由於俄國與中國貿易晚於西歐國家，所以企圖通過開辦茶廠這樣更加直接的方式來發展貿易。當時茶葉貿易的集散地漢口成為俄國集中設置茶廠的地方。一八六三年第一批俄國商人進入漢口，第二年漢口就設立了九家茶廠。這些茶廠直接前往茶葉產區收購茶葉，然後在茶廠將其製成茶磚。在漢口市場打開局面之後，俄商逐漸將經濟勢力向九江、寧州和福州進行擴散。這樣，隨著俄商經濟勢力的逐漸滲

466 格林堡：《鴉片戰爭前中英通商史》，商務印書館，一九六一，第八十七—八十九頁。
467 陶德臣、魏旭東：《外國列強對中國茶葉的早期資本輸出與後果》，《農業考古》一九九五年第四期，第二二一—二二五頁。

透，茶葉生產和運輸的各環節逐漸被西方商人所控制，這其中的利潤也被外商所占有。

但是，上述措施僅僅是部分減少了西方向中國輸出白銀的數量，西方國家最終目的是將中國變為其出口市場，因此，完全打敗中國產品才是最終的途徑。十八世紀，英國首先在其殖民地錫蘭和印度祕密試種茶葉，成功後採取了欺騙的廣告技術，吹噓印度茶葉「為地球之美品」，貶低中國綠茶的營養價值，聲稱綠茶含有鞣酸會損壞腸胃等。他們甚至把中國的高檔紅茶祁紅拼合印度、錫蘭的高檔茶，以提高印度、錫蘭茶葉的品位，或者直接把華茶的標籤換為印度和錫蘭茶出售，因而逐漸改變了英國民眾對中國茶的態度。一八三八年印度首次向英國出口茶葉，雖然只有很少的三百五十磅，但之後依靠低成本優勢不斷侵占中國茶葉市場。到一八八九年，在英國市場上華茶數量僅占印度與錫蘭茶總和的六〇%。之後華茶出口持續下降，到一八九三年，華茶在英國市場上已經難覓蹤影。[468]

3. 瓷器的世界市場喪失

中國瓷器市場的喪失也經歷了同樣的歷程。在發展起與中國直接貿易之後，西方商人開始培植本國瓷器業，中國的瓷器市場逐漸喪失。中國瓷器傳統出口市場主要是歐洲和日本，隨著美國貿易的發展，也有相當部分瓷器出口到美國。但是隨著日本瓷器和歐洲瓷器製造業的發展，中國失去了這些市場。

歐洲王室與政府出於對瓷器貿易利潤的垂涎，很早就開始支持瓷器的生產，在歐洲瓷器技術沒有重大突破的情況下，西歐的傳教士充當了技術間諜，一七一二年九月一日，法國傳教士佩雷（Pere），竊取了景德鎮製瓷的原料和製作過程，從而將景德鎮的製瓷技術傳到西方。一七二二年，他再次受命於法國教會赴景德鎮調查，將許多特殊的製瓷技術傳到歐洲，[469]從此歐洲的製瓷業突破了技術制約。到了十八世紀後期歐洲瓷器業逐漸形成了自己的特色和藝術性。例如德國麥森的硬質彩繪瓷器、法國的軟質彩繪瓷器，以及英國的骨質瓷器。這些瓷器品質可比中國瓷器，但是價格卻要便宜許多，於是中國瓷器在歐洲市場遭到排擠。當時英國與荷蘭東印度公司都做出減少華瓷購買數量的決定。一個例子可以說明這個情況。按照原來的慣例，當外國船隻從中國進口產品的時候，往往會購買瓷器作為壓倉貨物。但是十八世紀後期，英國東印度公司下令，當能夠購買銅的時候儘量不要購買瓷器作為壓倉物。一八〇一年東印度公司完全停止進口中國瓷器。一七九二年廣州總共輸出價值七百四十九萬零五百二十四兩貨物，而其中瓷器四萬四千二百三十兩，只占〇．五九％。[470]

美國本是中國瓷器出口的重要市場，但是這個市場也逐漸被歐洲瓷器所占領。一七九六年美國商人運去的瓷器占運載貨物量的十五％，一八一八年這一比例增加到二十四％。[471]然

468 趙亞楠：《近代西方海外擴張與華茶生產貿易的興衰》，碩士學位論文，南開大學經濟研究所，第四十一頁。
469 轉引自顏石麟《般弘緒和景德鎮瓷器》，《景德鎮陶瓷》一九八六年第四期，第六十三頁。
470 馬士：《東印度公司對華貿易編年史》卷二，第五二〇—五二三頁。
471 陳雨前：《中國陶瓷文化》，中國建築工業出版社，二〇〇四，第一九八頁。

而到了十九世紀中期，中美之間的瓷器貿易急速衰落。在一八三三～一八三四年的貿易季度裡，從廣州返航的美國四十三艘商船中只有四至五艘裝運瓷器，總數不過一千三百二十二箱，大部分商船已經不再購買華瓷。[472]這是因為，歐洲瓷器已經占領了美國市場。

日本是中國在亞洲最大的瓷器出口國之一，但是隨著日本製瓷技術的發展，這個市場也失去了。日本人從南宋就開始學習中國製瓷技術，但是一直無法與中國抗衡。明治維新之後，日本轉而向西歐學習近代製瓷技術，到二十世紀初期，瓷器業發展起來，其利用歐洲戰爭之機，趁機搶奪歐洲瓷器市場。

隨著歐洲、美國和日本市場的衰落，中國瓷器在世界市場上銷聲匿跡，唯有部分粗瓷出口，但是利潤十分微薄。一八七二年，中國開始進口瓷器，到了一八八六年瓷器進口量已超過四十萬兩白銀。[473]中國逐漸成為瓷器進口國，而歐洲則成為瓷器出口國。

三、內陸商幫遭到西方商人打壓

從明朝中期開始，在長途貿易中興起了一批商幫。這些商幫通過商品的長途運輸將中國各區域的經濟聯繫起來，從而形成了市場間的分工。[474]海外貿易白銀流入無疑是商幫興盛的必要條件之一，因為白銀解決了長途貿易的結算問題。徽商、晉商等就是因為販運茶葉、瓷器等海外暢銷產品而走向輝煌的，但是在西方商人的競爭下，這些缺乏保護的中國商人在貿易中逐漸走向衰敗。

1. 徽商難擋西方商人的仗劍經營

一般認為徽商衰落是因為清朝實行票鹽法，造成徽商鹽業衰落。這種看法是基於傳統觀點而得出的，即鹽業是徽商最大的產業。但是這種看法並沒有研究資料支援，而僅僅是因為古文資料中這樣的一句話，「徽郡商業，鹽、茶、木、質鋪四者為大宗」[475]。這些研究可能大大低估了茶葉的重要性。從資金投入總量來說，鹽業確實是徽商第一大產業，而從利潤量來說，茶葉的重要性要遠遠高於鹽業的重要性。鴉片戰爭前，徽州鹽業年均利潤總額為一百萬至一百二十萬兩，而茶葉出口的年均利潤總額約為二百萬兩。自十七世紀茶葉開始大規模

---

472 Jean. Mudge, *Chinese Export Porcelain for the American Trade, 1785-1835* (Newark: University of Delaware, 1981), p.125.

473 靳海彬：《中國近代海關瓷器進出口貿易研究（一八六八－一九三六）》，碩士學位論文，河北師範大學歷史系，二〇〇六，第十二－十四頁。

474 唐文基：《十六至十八世紀中國商業革命》，社會科學文獻出版社，二〇〇八，第十二頁。

475 陳去病《五石脂》。但在《歙縣誌》卷一中將徽商的茶葉貿易排在典當之後，「邑中商業鹽典茶木為最著，在昔鹽業尤興盛焉」。也有研究認為明朝茶葉是徽商第三大產業，之後於鼎盛期逐漸躍居第一位，見章傳政、柯耀《徽商經營茶葉述略》，《茶葉通報》二〇〇八年第三十期，第八十頁。

出口歐洲以來，[476]徽商便是中國茶葉出口的一支主力軍。茶葉出口的豐厚貿易利潤是徽商資金積累的主要來源，並維持了徽商自康熙年間到道光年間近一百多年的繁榮。[477]

徽商的衰落正是因為其茶葉貿易遭到外商的競爭，開始於茶葉利潤鏈不斷被外商剝奪。中國茶商貿易的完整利潤鏈為：茶葉產地－縣鎮市場－港口－巴達維亞。[478]其中，從港口到巴達維亞的利潤主要由沿海商幫獲得，但是從一七四〇年「紅溪事件」開始，荷蘭商人徹底取代沿海商幫，完全占有了從中國港口到巴達維亞的茶葉貿易利潤。而一八四〇年鴉片戰爭之後，以英國為代表的外商通過買辦建立起內地採購機制，直接到內地市鎮進口茶葉，徽商對從市鎮到港口的茶葉貿易利潤的壟斷被打破。十九世紀末，外商直接在內地設廠採茶、收茶和製茶。而且印度、錫蘭和爪哇等茶葉產地逐漸發展起來，由於殖民者在這些地方實行了類似種植園的方式經營，茶葉成本要遠遠低於中國內地茶葉的生產成本。光緒十四年（一八八八），兩江總督曾國荃奏稱：由於印度、日本產茶日旺，而且銷價較低，因此外商多爭購洋茶，以至中商「連年折閱」。光緒十一年（一八八五）、十二年（一八八六），皖南茶商虧本自三四成至五六成不等，商業已難維持。十三年虧損尤甚，統計虧銀將近百萬兩。結果是皖南茶商「營運俱窮、空乏莫補」。[479]在茶葉貿易衰落之後，徽商再也沒有資金來源以支持大規模的長途販運，其他如典當、木、絲、米等也就相繼衰落了，徽州商幫的影響越來越小。

2. 晉商不敵俄商打壓

晉商的衰敗同樣是因為外商的競爭，尤其是因為晉商茶葉貿易遭到俄羅斯商人的競爭和票號遭到外國銀行的競爭。

茶葉對晉商來說是最為大宗的一項貿易。一六八九年中俄簽訂《尼布楚條約》後，中俄茶葉貿易大幅增長，直至道光十七年至十九年間（一八三七～一八三九），每年由山西輸往俄國的茶葉已高達七百多萬斤。一八四三年，僅運到恰克圖的茶葉價值就為五百萬至六百萬兩白銀，如果再考慮到輸入蒙古與在南方出口的茶葉量，晉商當年出口茶葉貿易額已超過五百萬兩白銀，而當時晉商年均鹽業貿易額僅為五百萬兩左右。

然而好景不常，隨著俄國商人直接從事對華茶葉貿易，晉商的經營走向衰落。俄羅斯商人通過不平等條約取得了在天津比全國低三分之一稅率的特別通商權，深入中國內地攫取物產和推銷其產品。俄商採用水陸並進的方式降低運輸成本，大大節省了費用。俄商的販運路線是：將茶葉用船從漢口沿江而下運至上海，再海運至天津，然後走陸路經恰克圖

476 茶葉最早由葡萄牙人運到歐洲，後被荷蘭人在歐洲大力推廣，到十八世紀時已成為中國出口貨物中的第一大宗出口商品，在鴉片戰爭前，茶葉出口占中國總出口額的五〇％以上。參見姚賢鎬《中國近代對外貿易史資料》第一冊，第二四五頁。

477 張海鵬、王廷元：《徽商研究》，安徽人民出版社，一九九五，第十二頁。

478 趙亞楠：《近代西方海外擴張與華茶生產貿易的興衰》，碩士學位論文，南開大學經濟研究所，第十一頁。

販運到歐洲。這之後，俄商販茶業務扶搖直上，從同治四年（一八六五）的一百六十四萬七千八百八十八磅，到同治六年（一八六七）猛增至八百六十五萬九千五百零一磅。同治七年（一八六八），[480]恰克圖的山西商號已由原來的一百二十家下降到四家。同時俄商先後在漢口、九江、福州等地建立磚茶廠，使用蒸汽機代替手壓機，所製磚茶成本低、品質高、產量大。據統計，二十世紀初期漢口俄商磚茶年產就達四十萬到五十萬擔，其價值近乎為北方出口茶葉的一半還多，而十九世紀俄國茶葉需求僅為三十萬擔左右，[481]可見俄商幾乎壟斷了全部茶葉的出口。之後晉商轉移到俄羅斯境內開設茶店，但是第一次世界大戰爆發以及俄國十月革命中沒收商人資產，在俄羅斯的晉商完全被打垮。

在茶葉受到俄商打擊的情況下，晉商的票號也因受到外國競爭而紛紛倒閉。在絲織品、瓷器和茶葉普遍受到外商競爭的情況下，中商紛紛倒閉，商業危機影響到金融領域，從而造成了晉商票號的衰落。有觀點認為票號是為清政府服務的，清政府的倒臺使其失去了存在的基礎，這是票號倒閉的根本原因。但是按照黃鑒暉的資料，公款匯兌只占票號總匯兌額的四%左右，其餘主要是針對工商業的。[482]二十世紀初，北京的擠兌危機使得山西票號紛紛倒閉，造成晉商徹底的失敗。據對當時山西主要的十四家票號賬務的統計，除了大德川票號貸款比存款僅多一萬兩外，其他票號收回貸款支付存款是綽綽有餘的。[483]這說明是由於國內商業的不景氣，造成貸款無法收回致使票號倒閉，晉商票號衰敗與國內商業受到外商排擠密切相關。

3. 其他商幫受到打擊

沿海的寧波、廣東和福建商幫本來大都從事中國茶葉、瓷器與絲織品的出口貿易，但是在十九世紀中後期紛紛轉行。這是因為在十九世紀外商對陶瓷技術的掌握、紡織業的機械化以及印度、錫蘭與爪哇等地茶葉對中國茶葉的替代，造成國內商品成本的相對提高，沿海商幫販運出去的商品沒有了競爭力，所以只好轉到可以避免競爭的行業。還有部分沿海商幫受利潤誘惑反過來充當外商的買辦，推銷外商產品，打壓中國商品。《定海縣誌》載，「沖任各洋行之買辦所謂康百度者，當以邑人為首屈一指」[484]。如寧波商幫葉海生任英商信匯洋行買辦，田寧良任德商受禮司洋行買辦並成為中國最大的五金供應商。而據史料記載，許多福建商幫在鴉片戰爭之後，原有的經營行業衰落，部分商人開始經營鴉片，還有一些打著商人的旗號，行海盜之實，走向了社會經濟的反面。

在外商機器工業的競爭下，其他商幫幾經掙扎，但仍逃不脫衰落的命運。山東商幫企圖

479 張海鵬、張海瀛主編《中國十大商幫》，第五〇六頁。
480 郭蘊深：《中俄茶葉貿易史》，黑龍江教育出版社，二〇〇六，第一四八、一四九頁。
481 郭蘊深：《中俄茶葉貿易史》，第一五〇頁。
482 黃鑒暉：《山西票號史》，山西經濟出版社，二〇〇二，第五三一頁。
483 張海鵬、張海瀛主編《中國十大商幫》，第五十一頁。
484 繆燧：《定海縣誌》卷五。

將資本轉移到現代機器工業中，大量投資於現代紡織業，但是終究無法與有國家支持的日本紡織業抗衡。而乾隆末年，學習景德鎮製瓷技藝、專事出口的日本製瓷業已在國際市場上占據重要占有率。學成景德鎮生產硬質瓷技藝不久的歐洲工廠借助機械化獲得大發展，歐洲諸國東印度公司大量的瓷器訂貨到乾隆末年已經停止。江右商幫瓷器壟斷貿易也衰落了，到光緒年間外銷瓷器量下降到產量的四分之一還不到。[485]其他如龍遊、陜西商幫等轉向經營珠寶、書紙業等，以避免和外商直接競爭，但是被充當外商買辦的寧波、廣東商幫取代。[486]

485 劉錦藻：《清續文獻通考》卷三百八十六，第六五七二頁。
486 張麗、駱昭東：《從全球經濟發展看明清商幫興衰》，《中國經濟史研究》二〇〇九年第四期，第一〇二—一一〇頁。

跋

關於明清貿易政策的研究文獻很多，依據研究重點的不同，本書將這些成果分為四大部分，首先是關於貿易政策封閉性的討論，其次是關於貿易政策產生原因的研究，再次是貿易政策演變過程的分析，最後是關於貿易政策歷史影響的研究。

一、對外貿易政策的封閉性與開放性

經濟學理論認為，貿易政策要盡力創造一個自由開放的國際貿易環境。從亞當・斯密的絕對優勢理論，到李嘉圖的比較優勢論乃至當代的國際貿易理論，大都相信自由貿易才是一國走上繁榮富強之路的秘訣。受上述理論影響，許多研究開始討論明清政府的貿易政策是否封閉了國家，[487]並形成了「開關—閉關」的研究模式。[488]

對明朝貿易政策的研究大都從海禁與朝貢這兩個方面入手。一些研究認為，明朝雖然也有開海的時候，但大部分時間都實行了海禁政策，所以封閉是明朝對外政策最為主要的特徵（田培棟，一九八三；王守稼，一九八六；鄧瑞本，一九八八）；還有觀點從否認朝貢體系開放性的角度論證明朝貿易政策的封閉性（田培棟，一九八三；李金明，一九八八）。一九九四年，陳尚勝在一篇文章中對開放與封閉進行了嚴格定義，將「開」看作對外國人來明的基本政策；而「放」則是對國內商民出國貿易的基本態度。[489]

由於清朝海禁政策實行的時間較短，朝貢貿易較為寥落，所以相關研究主要從清政府對中外商人限制的角度論述貿易政策的閉關性。一些研究認為無論是對外國商人還是對本國商人的限制，都證明清朝貿易政策具有封閉性（戴逸，一九七九；徐明德，一九九五；范金明，二〇〇六）。對此，許多觀點並不完全同意，認為對中國商人的限制確實屬於閉關性質，但是對外商的限制與管理有助於維護國家主權，不應屬於閉關內容（胡思庸，一九七九；汪敬虞，一九八三；饒懷民和周新國，一九九〇）。針對這種反駁，有觀點認為雖然對外商的管理維護了國家主權，但主要還是為了「懷柔遐方，加惠四夷」，所以不存在開放的可能性（張光燦，一九八五；吳建雍，一九八九）。更有觀點認為，關鍵不在於具體的政策，而在於政府是否有開放的實質性傾向，從這一點來說清朝是閉關的（陳尚勝，一九九九）。還有觀點直接懷疑上述研究評判標準的合理性，閉關政策應該是禁止洋人傳教，限制通商不應成為主要考慮對象（王先明，一九九三）。

與上述觀點不同，許多研究並不認為明清貿易政策封閉了國家。翁惠明首先撰文全面否定了閉關論[490]。一些文章強調明清時期統治者採取了積極的外交政策，封閉國家的結論與事實並不相符（王永曾，一九八四；陳學文，一九八六；蔣作舟和陳申如，一九八七；萬明，二〇〇四）。還有研究從鄭和下西洋之後中外交流的盛況反駁封閉論（朱非亞和王緒前，一九九〇；盧葦，一九九〇）。更多的研究是從民間貿易十分繁榮的事實對明清閉關的結論進行證偽（黃啟臣，一九八六；廖聲豐，二〇〇七；尚暢，二〇〇七）。另外一些研究對明清貿易政策重新定性，採用了「有限開海」（夏秀瑞，一九八八）和「嚴格開放」（李想和楊維波，二〇〇八）等詞。

就在不同觀點相互爭論的同時，學術界對「閉關」、「開關」話語權進行了反思。早在一九八六年嚴中平先生就認為「閉關自守」是西方殖民者為了打開中國市場對清朝政府進行的詬病。[491]之後，相繼有學者也認為這類詞語是西方列強為了擴大中國市場，將之強加於明

487 張維華的《明代海外貿易簡論》開創了新中國建立以來貿易政策研究的基礎。見張維華《明代海外貿易簡論》，上海人民出版社，一九五六。
488 陳尚勝：《「閉關」或「開放」類型分析的局限性》，《文史哲》二〇〇二年第六期，第一五九－一六〇頁。
489 陳尚勝：《試論明成祖的對外政策》，《安徽史學》一九九四年第一期。
490 翁惠明：《論明代前期中國與南洋外交的演變》，見中外關係史學會編《中外關係論叢》第三輯，海洋出版社，一九八七。
491 嚴中平：《科學研究方法十講——中國近代經濟史專業碩士研究生參考講義》，人民出版社，一九八六。

清政府的（郭蘊靜，一九八二；陳尚勝，二〇〇二）。

上述反思是從這個詞語的歷史性起源進行的，「閉關」類詞語對學術研究影響之深還有其理論性原因。這要追溯到費正清的「衝擊－反應」模式，費正清是在研究中國朝貢體系時提出這一模式的。該模式認為，中國傳統文明充斥著頑固的惰性，缺乏內在的動力突破傳統的桎梏，西方的「衝擊」是進行變革的原動力。[492] 由此得出的推論自然是中國應該實行「開關」的政策以迎接西方「衝擊」，「閉關鎖國」應該為中國落後負歷史責任。這種模式逐漸成了相關研究的理論基礎，認為清朝應該「開放」成為潛在的結論前提。

本書並不否認開放有利於發展，但是開放並非是發展的充分條件，尤其是在明清時期具體的歷史環境下，客觀的條件往往決定了開放的有效性。明清時代，西方國家開始登上亞洲貿易列車，這些國家採取了仗劍經商的方式，武裝拓展貿易、壟斷市場、排擠他國商人是其常用的方法。反觀明清中國，政府並不保護商人，商人即使遭到西方國家的搶劫或屠殺也引不起政府的任何重視。在這種條件下，如果單純開放，只會將中國商人置於更大的風險當中。所以，如使用「開放」或「封閉」這樣的詞語來形容貿易政策的傾向，不如重新回到當時的歷史環境下，具體討論明清貿易政策的成敗。

二、對外貿易政策的變遷

許多研究看到了不能簡單地用一個詞語對明清貿易政策進行全面總結，因為貿易政策經歷了一個演變的過程，不同階段有不同的特徵。有觀點認為明初沒有實行海禁（吳振華，一九八八；魏華仙，二〇〇〇），海禁政策只是後來才實行的，在明朝永樂時期以及隆慶開海時期，海外貿易十分活躍（孫海峰，二〇〇三；李未醉和李魁海，二〇〇四）。也有觀點認為明朝貿易制度在各個階段各有特點，可以用「懷夷」與「抑商」形容不同時期的特徵（陳尚勝，一九九七；李慶新，二〇〇七）。

一些文獻專門針對清朝貿易政策演變進行了分析，從本書所找到的已發表文獻來看，只有一項研究成果認為清朝整個階段都實行了閉關政策（李剛，一九九四），其他的觀點大都認為清朝開海到乾隆一口通商之間的時期實行了全面開放的政策，在這之前和之後都是閉關的（王永曾，一九八四；陳東林與李丹慧，一九八七；王超，二〇〇一；李永福，二〇〇三）。甚至有研究認為清朝不僅實行了開放的政策，而且積極主動地尋求與其他國家的經濟往來（謝必震和黃國盛，一九九二）。

---

492 John King Fairbank, *The Chinese World Order: Traditional China's Foreign Relation* (Cambridge: Harvard University Press), 1986, p.259.

還有研究對整個明清貿易政策進行了全面的考察。萬明（二〇〇〇）考察了從明至清鴉片戰爭前的貿易政策演變，並將明清進行對比，認為明朝比清朝更加開放。史志宏（二〇〇四）考察了明及清前期保守主義海外貿易政策的演變歷程，也認為清代比明代的貿易政策更加封閉和保守。高淑娟（二〇〇四）則將明清貿易政策與日本的對外貿易政策進行比較。這部分研究避免了對明清貿易政策進行概念化的概括，深入到了不同時期不同政策特徵的分析，並注意到了西方商人造成中國貿易環境的變化（史志宏，二〇〇四），以及創新性地將明與清（史志宏，二〇〇四；萬明，二〇〇四）以及明清與日本進行比較（高淑娟，二〇〇四）。

上述觀點中，有一部分研究仍然深受「開關－閉關」模式影響，在對具體的貿易政策進行分析時沒有擺脫開關與閉關類詞語。這是因為這些研究忽略了不同階段中國面臨不同的貿易發展環境，以及中外之間的經濟聯繫與相互影響。明前期和中期，當明政府構築朝貢貿易體系時，在政府主導下，西方開始了大航海時代的貿易征程，世界範圍內的貿易擴張由此開始。明後期，葡萄牙、西班牙已經將仗劍經商的方式運用到亞洲貿易中。此時明政府的貿易政策根本沒有考慮到這種貿易形勢對中國商人可能造成的影響。就在中國商人遭到西班牙的屠殺，出海船隻大幅度減少的情況下，明政府卻沒有採取任何保護措施。清朝開海後，中西貿易大規模發展，但西方商人對東南亞貿易口岸與商路的占據已經威脅到中國商人的出海經營，沒有政府保護的中國商人屢遭西方商人的排擠與打壓。考慮到這種貿易環境，已經不能簡單地用「開關」、「閉關」形容不同階段的貿易政策特徵。

三、對外貿易政策產生的原因

許多觀點從傳統社會內部特徵出發，尋找明清貿易政策出臺的原因，史志宏[493]的一項研究可作為上述不同觀點的歸納，即對外貿易政策產生原因包括四個方面：重農抑商政策在海外貿易中的延續；傳統文化中的華夷觀具有封閉性；小農經濟自給自足，對外需求依賴有限；政治上維護統治安全。

第一，傳統社會歷來主張重農抑商，對商業貿易採取壓制措施，對外貿易政策是這種措施在海外的延伸（胡思庸，一九七九；戴逸，一九七九；劉成，一九八七）。在這種政策影響下，明清政府都不鼓勵對外貿易。相比之下，西方在重商主義的支持下，政府積極支持海外貿易擴張（史志宏，二〇〇四）。

第二，無論是朝貢制度還是對中外貿易的限制，最終是為了懷柔遠人，在中國與海外國家關係中樹立天朝上國的權威。傳統儒家強調天下秩序應該是以「仁」為精神、以「禮」為

493 史志宏：《明及清前期保守主義的海外貿易政策形成的原因及歷史後果》，《中國經濟史研究》二〇〇四年第四期，第三十四—四十二頁。

架構，當這種關係延伸到國際秩序中來時，就形成了以天子為核心的、倫理等級式的華夷秩序。明清統治者繼承了這種理念，企圖通過朝貢制度，以及對貿易的限制來達到懷柔遠人（侯厚文，一九二七；田培棟，一九九三；孫光圻，一九八七），樹立天朝上國權威的目的（吳建雍，一九八九；向玉成，一九九六；陳尚勝，一九九四）。

第三，將貿易政策的原因歸結於小農經濟。傳統社會的小農經濟具有自給自足的特點，大部分經濟需求都在本國內部就能得到解決，對海外貿易需求較少，缺乏擴展貿易的經濟動力（黃鴻釗，一九八六；饒懷民和周新國，一九九〇；蘇松明，一九九〇；魏華仙，二〇〇〇）。

第四，從明清貿易政策出臺所面對的具體政治經濟環境中尋找原因。如許多觀點認為雖然明朝有一些閉關性質的措施，但主要是為了打擊海盜等不穩定勢力，有助於政權的鞏固（沈渭濱和夏林根，一九七九；陳尚勝，一九八七；吳振華，一九八八）。還有研究看到了明朝中後期，西方殖民者已經來到中國沿海，明朝的限制性措施主要是為了應對西方殖民者（翁惠明，一九八七；蔣作舟和陳申如，一九八七）。對於清朝的研究文獻，同樣關注到了這兩個因素。清初面對妨害國家統一的鄭成功，統治者不得不採取措施實行海禁與遷海（陳柯雲，一九八〇；郭蘊靜，一九八二；夏秀瑞，一九八八；王超，二〇〇一；尚暢，二〇〇七）。而隨著中西貿易的開展，西方殖民者企圖打開中國市場，這威脅到了中國的主權與沿海的安全，所以清朝不得不採取措施予以防範（郭蘊靜，一九八二；夏秀瑞，一九八八；陳東林和李丹慧，一九八七；朱雍，一九八八；王超，二〇〇一；尚暢，二〇〇七）。總之，這些觀點強調明清政府面對沿海的特殊政治形勢，所採取的一些對外政策是當時條件下最好的選擇。

綜上所述，一些文獻尋找貿易政策出臺的背景，發現每個政策出臺都有其合理的原因，即維護政治穩定與國家安全，從實施的效果看，明清政府也達到了鞏固政權維護穩定的目的，所以對外政策是積極的；另外一些研究不將閉關鎖國看作政治性事件，而是從根源上尋找原因（傳統社會的封閉性、重農抑商、小農經濟的自給自足），以此來質疑開放政策的虛偽性。可以看出，相關研究陷入這樣一種分歧：究竟應該是肯定還是否定明清政府出於政治局勢需要而做出的選擇。

分歧的根本原因在於政治與經濟的標準難以統一。持否定態度的觀點實際上仍然在強調民間貿易的重要性，其潛臺詞在於朝廷必須允許私人貿易發展，市場的力量代表了歷史發展的動力，而政府禁錮了市場力量的發揮。對於「開放論」來說，明朝貿易政策的選擇是出於政治穩定的考慮，其對私人貿易的控制反而維護了和平環境。這種考慮也不無道理，因為如果沒有政治的穩定，沒有和平的環境，市場也無法正常發揮作用。如果承認雙方評判原則都是正確的話，這樣一來對明清貿易政策的研究就陷入一種相互衝突的境地，根本無法得出結論。

四、對外貿易政策的歷史影響

明清貿易政策究竟對歷史發展產生了何種影響，學者們有著不同的三種看法。第一類觀點認為明朝海禁禁錮了私人貿易（晁中辰，一九八七；黃國強，一九八八），造成中國失去了海外貿易發展的時機（何多奇，一九八八；韋紅，一九九〇）。明清貿易政策壓制了商業發展（張國剛，二〇〇三），中外貿易發展受阻（吳建雍，一九八九；陳棟有，一九九九），造成沿海經濟的凋零（冷東，一九九九）。史志宏（二〇〇四）的研究則將明清貿易政策的影響放在中國近代落後於世界這個大的背景下進行考察，認為保守性貿易政策是中國錯失發展良機、失去大國領先地位的重要原因。

與上述觀點不同，第二類觀點認為明朝的貿易政策促進了中外交流，避免了政治孤立（翁惠明，一九八七），尤其是明朝的下西洋政策，促進了中外積極的交流（朱非亞和王緒前，一九九〇；盧葦，一九九〇），有利於社會穩定，符合國家長遠根本利益（蔣作舟和陳申如，一九八七）。這引起了一些觀點的質疑，雖然中外交流加強，但這種交流主要是政治性的（孫光圻，一九八七；李金明，一九八八；晁中辰，一九八九；魏華仙，二〇〇〇），民間貿易仍然受到限制，所以不能以此反駁貿易政策的消極性。這實質上認為民間貿易才是推動歷史發展的力量，所以更加強調市場的作用。

針對中外交流主要是政治性的觀點，第三類觀點通過清朝私人貿易的盛況來反證清朝貿易政策的積極作用。這些觀點認為清朝貿易政策客觀上沒有阻礙貿易，私人貿易發展十分迅速（陳柯雲，一九八〇；郭蘊靜，一九八二），具體表現在貿易港口的擴大和貿易國的增多，商船的數量不斷增加，進出口商品數量繁多，商品流通量值的增加（黃啟臣，一九八六；謝必震和黃國盛，一九九二）和海關稅收持續增長（廖聲豐，二〇〇七）。在這種貿易發展的背景下，清朝貿易政策甚至促進了全球化（尚暢，二〇〇七）。

上述觀點分歧包含了兩個方面的內容。首先，判斷貿易政策的影響究竟是從政治角度還是從經濟（私人貿易發展）角度進行。一類觀點認為中外交流活躍而頻繁，但是另一類觀點認為這種交流以政治性為主，私人貿易仍然受到壓制，所以歷史影響是消極的；其次，該如何看待清朝私人貿易發展空前的情況。一類觀點認為私人貿易發展狀況表明貿易政策是積極有效的，但反駁方認為歷史影響不是絕對的，確實存在私人貿易發展空前的狀況，這只能表明清朝限制性貿易政策效果不佳（陳尚勝，一九九四）。

判斷貿易政策無須將政治和經濟分開來看，關鍵在於國家與商人的利益是否一致。在西方國家的貿易世界中，政治對經濟的干預也無處不在。從貿易探索、市場開拓到扶持本國商人，無不體現出政府的作用。但中西政府對貿易的干預存在很大的不同，西方國家與商人利益是緊密連繫在一起的，而明清政府與商人之間的利益互相分離。所以西方政府對經濟的干預最終轉化為商人市場擴大、貿易地位提升和國家財富增加。然而明清政府忽視商人利益，不保護商人，所以從表面看來對外政策維護了國家長治久安，但這種穩定沒有轉化為國家強大。

從全球經濟中中國商業和商人地位的變化來看，私人貿易的盛況也不足以成為判斷貿易政策成敗的關鍵。雖然從數量的角度來看，明後期海外白銀大量流入中國，清朝進出口貿易也出現了大幅增長，但問題是中國海上商業主導權卻在逐步喪失。原本主導亞洲貿易圈的是中國商人，各個航線上都是中國商船在經營。但西方商人到來之後，東南亞的香料產地、重要的貿易港口和貿易航線都受到西方商人的控制，海上貿易中中國商船漸少。這種貿易主導權的變化表明不能單純地因為貿易量擴張而樂觀，明清政府不保護商人為這種貿易盛況埋下了危機的伏筆。

參考文獻

一、歷史文獻

- 《明實錄》，上海古籍出版社，一九八三。
- 陳子龍：《明經世文編》，明崇禎平露堂刻本，中國基本古籍庫。
- 張廷玉：《明史》，中華書局，一九七四。
- 谷應泰：《明史紀事本末》，中華書局，一九七七。
- 劉惟謙：《大明律》，日本景明洪武刊本，中國基本古籍庫。
- 王圻：《續文獻通考》，文海出版社，一九七七。
- 張燮：《東西洋考》，中華書局，二〇〇〇。
- 顧炎武：《天下郡國利病書》，中國基本古籍庫。
- 胡宗憲：《籌海圖編》，清文淵閣四庫全書本，中國基本古籍庫。

- 《清實錄》，中華書局，一九八五－一九八七。
- 趙爾巽：《清史稿》，中華書局，一九九八。
- 中研院歷史語言研究所編《明清史料》，中華書局，一九八七。
- 梁廷枏：《粵海關志》，廣東人民出版社，二〇〇二。
- 《清朝文獻通考》，清文淵閣四庫全書本，中國基本古籍庫。
- 王之春：《國朝柔遠記》，廣文書局，一九七八。
- 劉錦藻：《清續文獻通考》，民國景十通本，中國基本古籍庫。
- 印光任、張汝霖：《澳門記略》，清乾隆西阪草堂刻本，中國基本古籍庫。
- 姚賢鎬：《中國近代對外貿易史資料》第一冊，中華書局，一九六二。
- 馬士：《中華帝國對外關係史》，張匯文譯，商務印書館，一九六三。
- 馬士：《東印度公司對華貿易編年史》，中山大學出版社，一九九一。

二、學術著作

- 梁嘉彬：《廣東十三行考》，廣東人民出版社，一九九九。
- 張維華：《明清之際中西關係簡史》，齊魯書社，一九八七。
- 陳尚勝：《「懷夷」與「抑商」：明代海洋力量興衰研究》，山東人民出版社，一九九七。
• 高淑娟：《中日對外經濟政策比較史綱》，清華大學出版社，二〇〇三。
• 高淑娟：《近代化起點論：中日兩國封建社會末期對外經濟政策比較》，中國社會科學出版社，二〇〇四。
• 萬明：《中國融入世界的步履：明與清前期海外政策比較研究》，社會科學文獻出版社，二〇〇〇。
• 王爾敏：《五口通商變局》，廣西師範大學出版社，二〇〇六。
• 李慶新：《明代海外貿易制度》，社會科學文獻出版社，二〇〇七。
• 李雲泉：《朝貢制度史論：中國古代對外關係體制研究》，新華出版社，二〇〇四。
• 張乃和：《貿易、文化與世界區域化：近代早期中國與世界的互動與比較》，吉林人民出版社，二〇〇七。
• 伯克：《文明的衝突：戰爭與歐洲國家體制的形成》，王晉新譯，三聯書店，二〇〇六。
• 陳曦文：《英國十六世紀經濟改革及政策研究》，首都師範大學出版社，一九九五。
• 張亞東：《重商帝國：一六八九～一七八三年的英帝國研究》，中國社會科學出版社，二〇〇四。
• 夏繼果：《伊麗莎白一世時期英國外交政策研究》，商務印書館，一九九九。

- 王加豐：《擴張體制與世界市場的開闢》，北京大學出版社，一九九九。
- 高岱、鄭家馨：《殖民主義史》（總論卷），北京大學出版社，二〇〇三。
- 李景全、田士一：《日不落之夢：十七至十八世紀荷、法、英的殖民角逐》，時事出版社，一九八九。
- 姚楠、陳佳榮、丘進：《七海揚帆》，中華書局，一九九〇。
- 楊希育：《中國帆船與海外貿易》，廈門大學出版社，一九九一。
- 何芳川：《太平洋貿易網五百年》，河南人民出版社，一九九八。
- 王賡武：《南海貿易與南洋華人》，中華書局香港有限公司，一九八八。
- 陳東有：《走向海洋貿易帶——近代世界市場互動中的中國東南商人行為》，江西高校出版社，一九九八。
- 田汝康：《十七至十八世紀中葉中國帆船在東南亞洲》，上海人民出版社，一九五七。
- 何芳川：《澳門與葡萄牙大帆船：葡萄牙與近代早期太平洋貿易網的形成》，北京大學出版社，一九九六。
- 田汝康：《中國帆船貿易與對外關係史論集》，浙江人民出版社，一九八七。
- 張天澤：《中葡早期通商史》，姚楠譯，中華書局香港有限公司，一九八八。
- 松浦章：《清代帆船東南亞航運與中國海商海盜研究》，上海辭書出版社，二〇〇九。

- 陳國棟：《東亞海域一千年》，山東畫報出版社，二〇〇六。
- 陳柏堅、黃啟臣：《廣州外貿史》，廣州出版社，一九九五。
- 李金明：《明代海外貿易史》，社會科學文獻出版社，一九九〇。
- 楊國楨：《清明中國沿海社會與海外移民》，高等教育出版社，一九九七。
- 李金明：《廈門海外交通》，鷺江出版社，一九九六。
- 莊國土：《華僑華人與中國的關係》，廣東高等教育出版社，二〇〇一。
- 傅衣凌：《明清時代商人及商業資本》，中華書局，二〇〇七。
- 李長傅：《中國殖民史》，上海書店，一九九〇。
- 戴裔煊：《明代嘉隆間的倭寇海盜與中國資本主義的萌芽》，中國社會科學出版社，一九八二。
- 朱杰勤：《東南亞華僑史》，中華書局，二〇〇八。
- 劉鑒唐編著《中英關係繫年要錄》第一卷，四川社會科學院出版社，一九八九。
- 黃慶華：《中葡關係史》，黃山書社，二〇〇六。
- 梁英明、梁志明：《東南亞近現代史》，昆侖出版社，二〇〇五。
- 弗蘭克：《白銀資本：重視經濟全球化中的東方》，劉北成譯，中央編譯出版社，二〇〇八。
- 濱下武志：《近代中國的國際契機：朝貢貿易體系與近代亞洲經濟圈》，朱蔭貴、歐陽菲譯，中國社會科學出版社，一九九九。
• 嚴中平：《科學研究方法十講》，人民出版社，一九八六。
• 彭慕蘭：《大分流》，史建雲譯，江蘇人民出版社，二〇〇四。
• 王國斌：《轉變的中國》，李伯重、連玲玲譯，江蘇人民出版社，一九九八。
• 何偉亞：《懷柔遠人》，鄧常春譯，社會科學文獻出版社，二〇〇二。
• 黃枝連：《天朝禮治體系研究》，中國人民大學出版社，一九九二。
• 費爾南．布羅代爾：《十五至十八世紀的物質文明、經濟和資本主義》第三卷，施康強、顧良譯，三聯書店，一九九三。
• 費爾南．布羅代爾：《十五至十八世紀的物質文明、經濟和資本主義》第二卷，顧良譯，三聯書店，一九九三。

三、研究論文

• 侯厚培：《五口通商以前我國國際貿易之概況》，《清華大學學報》一九二七年第一期。
• 田培棟：《明前期海外貿易政策研究》，《首都師範大學學報》一九八三年第四期。
• 王守稼：《明代海外貿易政策研究》，《史林》一九八六年第三期。

- 鄧瑞本：《論明代的市舶管理》，《海交史研究》一九八八年第一期。
- 晁中辰：《論明代海禁政策的確立及其演變》，見中外關係史學會編《中外關係論叢》第三輯《中國歷史上的開關與閉關政策》，一九八七。
- 何多奇：《早期世界市場與中國海外貿易》，《重慶師範大學學報》一九八八年第三期。
- 盧葦：《論鄭和下西洋與東西交往及東南亞地區的繁榮穩定》，《鄭和研究》一九九〇年第十一期。
- 陳尚勝：《明代海防與海外貿易——明朝閉關與開放問題的初步研究》，見中外關係史學會編《中外關係論叢》第三輯《中國歷史上的開關與閉關政策》，一九八七。
- 黃鴻釗：《明代的海外貿易》，《中學歷史教學》一九八六年第五期。
- 劉成：《論明代的海禁政策》，《海交史研究》一九八七年第二期。
- 陳學文：《試論明永樂時期的對外關係》，《海交史研究》一九八六年第二期。
- 翁惠明：《論明代前期中國與南洋外交的演變》，見中外關係史學會編《中外關係論叢》第三輯《中國歷史上的開關與閉關政策》，一九八七。
- 蔣作舟、陳申如：《評明、清兩朝的「海禁」、「閉關」政策》，《歷史教學問題》一九八七年第四期。
- 吳振華：《杭州市舶司研究》，《海交史研究》一九八八年第一期。

- 朱亞非、王緒前：《從鄭和下西洋看明朝對外政策》，《鄭和研究》一九九〇年第一期。
- 盧葦：《論鄭和下西洋與東西交往及東南亞地區的繁榮穩定》，《鄭和研究》一九九〇年第十一期。
- 孫光圻：《明永樂時期的「海外開放」》，中外關係史學會編《中外關係論叢》第三輯《中國歷史上的開關與閉關政策》，一九八七。
- 李金明：《明代海外朝貢貿易實質初探》，《中國社會經濟史》一九八八年第二期。
- 晁中辰：《論明代的朝貢貿易》，《山東社會科學》一九八九年第六期。
- 陳尚勝：《試論明成祖的對外政策》，《安徽史學》一九八四年第一期。
- 徐明德：《論十四世紀至十九世紀中國的閉關鎖國政策》，《海交史研究》一九九五年第一期。
- 范金民：《明清海洋政策對民間海洋事業的阻礙》，《學術月刊》二〇〇六年第三期。
- 冷東：《明清海禁政策閩廣地區的影響》，《人文雜誌》一九九九年第三期。
- 陳棟有：《明清東南海商壓抑心態初探》，《南昌大學學報》一九九九年第一期。
- 蔣作舟：《明代中葡兩國的第一次正式交往》，《中國史研究》一九九七年第二期。
- 王冬青、潘如丹：《明朝海禁政策與近代西方國家的第一次對華軍事衝突》，《軍事歷史研究》二〇〇四年第二期。

- 萬明：《鄭和下西洋與亞洲國際貿易網的建構》，《吉林大學社會科學學報》二〇〇四年第六期。
- 李金明：《論明初的海禁與朝貢貿易》，《福建論壇》二〇〇六年第七期。
- 尚暢：《從海禁到閉關鎖國》，《湖北經濟學院學報》二〇〇七年第一〇期。
- 魏華仙：《也談洪武年間的「海禁」與對外貿易》，《常德師範學院學報》二〇〇〇年第二期。
- 孫海峰：《略論明朝的海洋政策》，《河南大學學報》二〇〇三年第二期。
- 李未醉、李魁海：《明代海禁政策及其對中暹經貿關係的影響》，《蘭州學刊》二〇〇四年第五期。
- 張國剛：《明清之際中歐貿易格局的演變》，《天津社會科學》二〇〇三年第六期。
- 戴逸：《閉關政策的歷史教訓》，《人民日報》一九七九年三月十三日。
- 胡思庸：《清朝的閉關政策和蒙昧主義》，《吉林大學學報》一九七九年第二期。
- 汪敬虞：《論清朝前期的禁海閉關》，《中國社會經濟史研究》一九八三年第二期。
- 張光燦：《論清朝前期的閉關政策》，《寧夏大學學報》一九八五年第二期。
- 吳建雍：《清前期對外政策的性質及其對社會發展的影響》，《北京社會科學》一九八九年第一期。

- 饒懷民、周新國：《清代的閉關政策述評》，《西南民族學院學報》一九九〇年第五期。
- 王先明：《論清代的「禁教」與「防夷」——「閉關主義」政策再認識》，《近代史研究》一九九三年第一〇期。
- 陳柯雲：《論清初的「海禁」》，《首都師範大學學報》一九八〇年第一期。
- 郭蘊靜：《清代對外貿易政策的變化——兼談清代是否閉關鎖國》，《天津社會科學》一九八二年第三期。
- 王永曾：《清代順康雍時期對外政策論略》，《甘肅社會科學》一九八四年第五期。
- 黃啟臣：《清代前期海外貿易的發展》，《歷史研究》一九八六年第四期。
- 夏秀瑞：《清代前期的海外貿易政策》，《廣東社會科學》一九八八年第二期。
- 謝必震、黃國盛：《論清代前期對外經濟交往的階段性特點》，《福建論壇》一九九二年第六期。
- 陳尚勝：《也論清前期的海外貿易——與黃啟臣先生商榷》，《中國經濟史研究》一九九三年第四期。
- 史志宏：《明及清前期保守主義的海外貿易政策》，《中國經濟史研究》二〇〇四年第二期。
- 史志宏：《明及清前期保守主義的海外貿易政策形成的原因及歷史後果》，《中國經濟史研究》二〇〇四年第四期。
- 陳尚勝：《論清朝前期國際貿易政策中內外商待遇的不公平問題——對清朝對外政策具有排外性觀點的質疑》，《文史哲》二〇〇九年第二期。
- 陳尚勝：《「閉關」或「開放」類型分析的局限性》，《文史哲》二〇〇二年第六期。
- 廖聲豐：《乾隆實施「一口通商」政策的原因》，《江西財經大學學報》二〇〇七年第三期。
- 李想、楊維波：《清朝前期海外貿易政策的非「閉關性」》，《粵海風》二〇〇八年第一期。
- 饒懷民、周新國：《清代的閉關政策述評》，《西南民族學院學報》一九九〇年第五期。
- 向玉成：《清代華夷觀念的變化與閉關政策的形成》，《四川師大學報》一九九六年第一期。
- 沈渭濱、夏林根：《清代「閉關自守」有自衛意義嗎》，《復旦學報》一九七九年第六期。
- 郭蘊靜：《清代對外貿易政策的變化——兼談清代是否閉關鎖國》，《天津社會科學》一九八二年第三期。

- 陳東林、李丹慧：《乾隆限令廣州一口通商政策及英商洪仁輝事件述論》，《歷史檔案》一九八七年第一期。
- 夏秀瑞：《清代前期的海外貿易政策》，《廣東社會科學》一九八八年第二期。
- 朱雍：《洪仁輝事件與乾隆的限關政策》，《故宮博物院院刊》一九八八年第四期。
- 王超：《清代海外貿易政策的演變》，《遼寧師範大學學報》二〇〇一年第一期。
- 尚暢：《從海禁到閉關鎖國》，《湖北經濟學院學報》二〇〇七年第一〇期。
- 李剛：《論鴉片戰爭前中西經濟關係的發展階段》，《西北大學學報》一九九四年第二期。
- 王超：《清代海外貿易政策的演變》，《遼寧師範大學學報》二〇〇一年第一期。
- 李永福：《鴉片戰爭前清政府對外政策的嬗變》，《南都學壇》二〇〇三年第六期。
- 張麗：《「兩次世界經濟全球化」》，http://economy.guoxue.com/article.php/10483/1。
- 張麗、駱昭東：《從全球經濟發展看明清商幫興衰》，《中國經濟史研究》二〇〇九年第四期。
- 駱昭東：《十五至十八世紀中西國際貿易體系之差異與「大分流」》，《湖北經濟學院學報》二〇〇九年第六期。

四、外文文獻

- B. H. Vlekke, *Nusantara: A History of the East Indian Archipelago*, Cambridge, Mass: Harvard University Press, 1943.
- C. R. Boxer, *South China in the Sixteenth Century*, London: Printed for the Hakluyt Society, 1953.
- C. R. Boxer, *Fidalgos in the Far East, 1550-1770,* Oxford University Press, 1968.
- Clare Le Corbeiller, *China Trade Porcelain: Patterns of Exchange*, New York: Metropolitan Museum of Art, 1974.
- E. L. Jones, *The European Miracle*, Cambridge University Press, 1981.
- E. H. Blair and J. A. Robertson, *The Philippine Island, 1493-1898*, Cleveland, 1903.
- E. H. Pritchard, *Anglo-Chinese Relations during the Seventeenth and Eighteenth Centuries*, New York, 1970.
- Eufronio M. Alip, *Ten Centuries of Philippine-Chinese Relations*, Manila, 1959.
- Francisco Bethencourt, *Portuguese Oceanic Expansion 1400-1800*, Cambridge University Press, 2006.
- Glamann, Kristof, *Dutch-Asiatic Trade, 1620-1740*, Hague: Maritinus Nijhoff, 1981.

- G. V. Scammell, *The World Encompassed: The First European Maritime Empires, c.800-1650*, London: Methuen, 1981.
- Gen. J. P. Sanger, *Census of the Philippine Islands*, Washington, 1905.
- John King Fairbank, *The Chinese World Order: Traditional China's Foreign Relation*, Cambridge: Harvard University Press, 1986.
- John H. Elliott, *Imperial Spain 1469-1716*, Harmondsworth: Penguin, 1963.
- J. C. Van Leur, *Indonesian Trade and Society: Essays in Asian Social and Economic History*, The Hague: W. van Hoeve, 1955.
- J. D. Tracyed, *The Rise of the Merchant Empire*, Cambridge: Cambridge University Press, 1990.
- Herbert Heaton, *Economic History of Europe*, New York: Harper & Brothers, 1936.
- K. N. Chaudhuri, *The Trading World of Asia and the English East India Company, 1600-1760*, Cambridge: Cambridge University Press, 1967.
- Leonard Blusse, *Strange Company: Chinese Settlers, Mestizo Women and the Dutch in VOC Batavia*, Leiden, 1986.
- M. A. P. Meilink-Roeloyse, *Asian Trade and European Influence*, The Hague, 1962.
- Mancall, Mark, *China at the Center: 300 Years of Foreign Policy*, New York, 1984.

- Norman F. Cantor, *The Civilization of the Middle Ages*, New York, Haper Perennial, 1994.
- Nicholas Tracy, *Attack on Martime Trade*, London, 1991.
- Richard Cocks, *Diary, 1615-1622*, London: Hakluyt Society, 1883.
- Serafin D. Quiazon, *The Sampan Trade, 1570-1770*, Fernando, 1966.
- William S. Atwell, *International Bullion Flows and the Chinese Economy Circa: 1530-1650*, Past and Present, 1982.

朝貢貿易與仗劍經商：全球經濟視角下的明清外貿政策 / 駱昭東著. -- 初版. -- 新北市：臺灣商務, 2018.10
336 面；14.8×21 公分.
ISBN 978-957-05-3171-8（平裝）

1. 國際貿易史 2. 經貿關係 3. 明代 4. 清代

558.092　　107016217

歷史　中國史

朝貢貿易與仗劍經商

全球經濟視角下的明清外貿政策

作　　者—駱昭東
發 行 人—王春申
總 編 輯—李進文
編輯指導—林明昌
責任編輯—王育涵
內頁編排—張靜怡
封面設計—吳郁嫻

業務經理—陳英哲
行銷企劃—葉宜如
出版發行—臺灣商務印書館股份有限公司
23141 新北市新店區民權路 108-3 號 5 樓（同門市地址）
電話◎(02) 8667-3712　傳真◎(02) 8667-3709
讀者服務專線◎0800056196
郵撥◎0000165-1
E-mail◎ecptw@cptw.com.tw
網路書店網址◎www.cptw.com.tw
Facebook◎facebook.com.tw/ecptw

局版北市業字第 993 號
初　　版：2018 年 10 月
印 刷 廠：沈氏藝術印刷股份有限公司
定　　價：新台幣 350 元
法律顧問：何一芃律師事務所